中国社会科学院创新工程学术出版资助项目

中国经济发展战略理论研究

ZHONGGUO JINGJI FAZHAN ZHANLÜE
LILUN YANJIU

杨圣明 ◎ 著

中国社会科学出版社

图书在版编目（CIP）数据

中国经济发展战略理论研究/杨圣明著．—北京：中国社会
科学出版社，2016.10
ISBN 978 – 7 – 5161 – 9153 – 8

Ⅰ.①中…　Ⅱ.①杨…　Ⅲ.①中国经济—经济发展战略—研究
Ⅳ.①F120.4

中国版本图书馆 CIP 数据核字（2016）第 260566 号

出 版 人　赵剑英
责任编辑　王　曦
责任校对　周晓东
责任印制　戴　宽

出　　　版　中国社会科学出版社
社　　　址　北京鼓楼西大街甲 158 号
邮　　　编　100720
网　　　址　http：//www.csspw.cn
发 行 部　010 – 84083685
门 市 部　010 – 84029450
经　　　销　新华书店及其他书店

印　　　刷　北京君升印刷有限公司
装　　　订　廊坊市广阳区广增装订厂
版　　　次　2016 年 10 月第 1 版
印　　　次　2016 年 10 月第 1 次印刷

开　　　本　710 × 1000　1/16
印　　　张　15.25
插　　　页　2
字　　　数　238 千字
定　　　价　56.00 元

目　录

引　言

毛泽东同志在1954年第一届全国人民代表大会第一次会议的开幕词中指出：领导我们事业的核心力量是中国共产党。指导我们思想的理论基础是马克思列宁主义。根据这个指示，在经济领域马克思劳动价值理论应当是中国经济发展战略的理论基础。

所谓劳动价值理论，就是一种认为商品的价值是由劳动创造的理论。或者说，劳动价值理论是一种认为商品的价值源泉是活劳动的理论。除劳动价值理论外，还有生产要素价值理论、商品效用价值理论和供求价值理论等。在劳动价值理论方面，又有以马克思劳动价值理论与亚当·斯密、李嘉图为代表的古典经济学中的劳动价值理论。本书基本上不涉及非马克思劳动价值理论的问题。主要探讨马克思劳动价值理论及其在当代中国的应用与发展。

一　马克思劳动价值理论的产生

19世纪后50年为第一阶段。这是马克思劳动价值理论形成与成熟时期。它以资本主义尤其是以英国资本主义发展作为研究对象。马克思将他的劳动价值理论应用于资本主义社会的实践，创造性地提出了剩余价值学说，并进一步发展了劳动价值理论。其理论成果就是鸿篇巨制《资本论》。

1848年在《共产党宣言》中，马克思、恩格斯提出了"消灭私有制"的原则主张。① 1850年马克思在《1848年至1850年的法兰西

---

① 《马克思恩格斯选集》第1卷，人民出版社1995年版，第286页。

阶级斗争》一文中提出了未来社会"由联合起来的工人阶级支配生产资料"的思想。① 在《经济学手稿（1857—1858 年）》中，马克思提出了未来社会"共同占有和共同控制生产资料"的思想。② 在 1867 年出版的《资本论》第一卷中，马克思设想，在"自由人联合体"的未来社会中，"用公共的生产资料进行劳动"；"这个联合体的总产品是社会的产品"；"这些产品的一部分重新用作生产资料。这一部分依旧是社会的"；"另一部分则作为生活资料由联合体成员消费，因此，这一部分要在他们之间进行分配"；"仅仅为了同商品生产进行对比，我们假设，每个生产者在生活资料中得到的份额是由他的劳动时间决定的"。③ 这里隐含着："自由人联合体"的未来社会中，没有商品生产和商品交换。恩格斯 1878 年在《反杜林论》中明确指出："一旦社会占有了生产资料，那么商品生产将被消除。"④ 既然没有商品生产和商品交换，也就不存在货币和价值。因为"经济学所知道的唯一的价值就是商品的价值"⑤。显然，在马克思和恩格斯设想的未来社会中，由于商品和货币已经消失，劳动价值理论也就无用武之地了。

二 商品、货币和价值的保留与利用问题

苏联十月革命夺取政权后，开始了从资本主义向社会主义的过渡时期。这时，列宁遇到了是消除商品、货币和价值，还是保留这些东西？这是个重大的理论和实践问题。列宁根据实际情况，做出了在过渡时期必须继续保留商品、货币和价值的果断决策。列宁在 1919 年指出，过渡时期内，"立即消灭商品是不可能的"。⑥ 他又说："我们没有做到一下子废除货币。我们说，目前货币还要保留着，而且在从

---

① 《马克思恩格斯选集》第 1 卷，人民出版社 1995 年版，第 409 页。
② 《马克思恩格斯选集》第 46 卷（上），人民出版社 1975 年版，第 105 页。
③ 《马克思恩格斯选集》第 23 卷，人民出版社 1972 年版，第 95—96 页。
④ 《马克思恩格斯选集》第 3 卷，人民出版社 1992 年版，第 323 页。
⑤ 同上书，第 345 页。
⑥ 《列宁全集》第 36 卷，人民出版社 1985 年版，第 90—91 页。

资本主义旧社会向社会主义新社会过渡的时期，还要保留一个相当长的时间。"① 1921 年春天，列宁明确指出："我们不得不承认我们对社会主义的整个看法根本改变了。"1922 年 4 月，俄共（布）第十二次大会《关于工业的决议》指出："既然我们已经转而采取市场的经济形式，就一定要给各个企业在市场上从事经济活动的自由。"列宁还强调，商业是党和国家"必须全力抓住的环节"。②

斯大林面临列宁逝世后苏联国内关于商品生产和价值规律问题的思想混乱情况。他根据苏联三十年实践经验，在 1952 年撰写了《关于苏联社会主义经济问题》一书，明确指出，社会主义条件下，由于社会尚未达到占有一切生产资料的地步，还存在着全民所有制经济与集体所有制经济（或者说国营部门与集体农庄部门），"商品生产和商品流通便应作为我国国民经济体系中必要的和极其有用的因素而仍然保存着"；价值法则"是存在的，是发生作用的。在有商品和商品生产的地方，也就不能没有价值法则"。③ 但是，斯大林仍然把商品的范围限于个人消费品，不包括生产资料；价值法则的作用被严格限制在一定范围内，只影响生产，不能调节生产。

三　价值规律是一个伟大的学校

新中国成立后，第一个五年计划时期，斯大林关于商品生产和商品流通的观点，在我国占据统治地位。1956 年开始批判苏联的一些观点，理论界也开始怀疑斯大林的商品生产和商品流通问题上的理论观点。到 1958 年"大跃进"时期，否定斯大林的观点更多了。

我国 1958 年刮"共产风"期间，出现了否定商品和价值规律的倾向问题。针对这个问题，毛泽东同志写道："现在，我们有些人大

① 《列宁全集》第 36 卷，人民出版社 1985 年版，第 340 页。
② 《列宁选集》第 4 卷，人民出版社 1972 年版，第 578 页。
③ 斯大林：《苏联社会主义经济问题》，人民出版社 1958 年版，第 12、14 页。早在 1934 年，在联共（布）第十七次大会上，斯大林就批评了取消货币、取消商业、取消市场的"左"派观点，指出在社会主义阶段必须保持商品货币和市场交换。

有消灭商品生产之势。他们向往共产主义，一提商品生产就发愁，觉得这是资本主义的东西，没有分清社会主义商品生产和资本主义商品生产的区别、不懂得在社会主义条件下利用商品生产的作用和重要性。这是不承认客观法则的表现，是不认识五亿农民的问题。"① 他又说："只要还存在两种所有制，商品生产和商品交换就极其必要、极其有用。"② 毛主席高度重视价值规律的作用。他说："算账才能实行那个客观存在的价值法则。这个法则是一个伟大的学校，只有利用它，才有可能教会我们的几千万干部和几万万人民，才有可能建设我们的社会主义和共产主义。否则，一切都不可能。""所有的经济单位（包括国营企业和集体企业），都要利用价值规律，作为经济核算的工具，以便不断地改善经营管理工作，合理地进行生产和扩大再生产，以利于逐步过渡到共产主义。"③ "现在要利用商品生产、商品交换和价值法则，作为有用的工具，为社会主义服务。在这方面，斯大林讲了许多理由。商品生产有没有消极方面呢？有就限制它嘛！"④

毛泽东同志晚年对商品生产、价值规律和货币交换更多地持限制态度。1974 年 12 月 20 日，他在关于理论问题的谈话中说："现在还实行八级工资制，按劳分配、货币交换，这些跟旧社会没有多少差别。所不同的是所有制变了。"又说："我们现在实行的是商品制度，工资制度也不平等，有八级工资制；等等。这只能在无产阶级专政下加以限制。"⑤ 利用积极方面，限制消极方面，这就是毛主席对待商品生产、价值规律和货币交换的态度。

四　劳动价值论的新沃土

中国改革开放的总设计师邓小平同志提出的"社会主义也可以搞

---

① 《毛泽东文集》第 7 卷，人民出版社 1999 年版，第 437 页。
② 《毛泽东著作专题摘编》（上），中央文献出版社 2003 年版，第 976 页。
③ 同上书，第 981 页。
④ 同上书，第 973 页。
⑤ 《毛泽东传》（下），中央文献出版社 2003 年版，第 1714 页。

市场经济"的理论，是一种崭新的理论。它无论在马克思主义发展史上，还是在人类文明史上，都划出了一个新时代。1979 年 11 月 26日，邓小平会见美国和加拿大的朋友时指出："说市场经济只存在于资本主义社会，只有资本主义的市场经济，这肯定是不正确的，社会主义为什么不可以搞市场经济，这个不能说是资本主义。""社会主义也可以搞市场经济"。"方法基本上和资本主义社会相似，但也有不同，这是全民所有制之间的关系，当然也有同集体所有制之间的关系，也有同外国资本主义的关系。""这是社会主义利用这种方法来发展社会生产力。"① 邓小平同志的上述讲话语惊四座。他第一次把市场经济引入社会主义国家所有制（全民所有制）内，使市场成为内在于社会主义的本质属性。这就彻底解决了列宁、斯大林和毛泽东同志已经遇到而没能解决的重大理论和实践的难题，把马克思主义的商品和市场理论推进到一个新阶段，为劳动价值理论在社会主义市场经济中发挥作用开辟了广阔的天地。

邓小平同志不仅创造性地提出了社会主义市场经济理论，而且还强调要按照社会主义市场经济运行的基本规律即价值规律办事。他在1985 年指出："我们要按价值规律办事，按经济规律办事。搞得好，有可能为今后五十年以至七十年的持续、稳定、协调发展打下基础。"② 大家知道，价值是价格的基础，而价格则是价值的反映。只有按价值规律办事，才有合理的价格。针对以往违反价值规律的种种错误做法，邓小平同志特别强调价格改革。他指出，"物价改革非搞不可，要迎着风险，迎着困难上，要让全党和全国人民懂得，这是很艰苦的工作，十全十美的方针，十全十美的办法是没有的，面临的都是新事物、新问题，经验靠我们自己创造。"他又说："理顺物价，改革才能加快步伐。物价问题是历史遗留下来的。过去，物价都由政府规定。例如粮食，还有各种副食品，收购价格长期定得很低，这些年提高了几次，还是比较低，而城市销售价格又不能高了，购销价格倒挂，由国家补贴。这种违反价值规律的做法，一方面使农民生产积极

<hr>

① 《邓小平文选》第 2 卷，人民出版社 1983 年版，第 236 页。
② 《邓小平文选》第 3 卷，人民出版社 1993 年版，第 130 页。

性调动不起来，另一方面又使国家背了一个很大的包袱，每年用于物价补贴的开支达几百亿元。这样，国家财政收入真正投入经济建设的就不多了，用来发展教育、科学、文化事业的就更少了。所以，不解决物价问题就不能放下包袱，轻装前进。最近我们决定放开肉、蛋、菜、糖四种副食品价格，先走一步。中国不是有一个过五关斩六将的关公的故事吗？我们可能比关公还要过更多的'关'，斩更多的'将'。过一关很不容易，要担很大风险。这次副食品价格一放开，就有人抢购，议论纷纷，不满意的话多得很，但是广大群众理解中央，这个决心应该下。现在过这一关，能否成功，今天还不能讲，但我们希望成功。这就要求我们每走一步，都兢兢业业，大胆细心，及时总结经验，发现问题，做些调整，使之符合实际情况。……我们讲实践是检验真理的唯一标准，放开物价，加速改革正确不正确，也要看实践。"①

邓小平同志在这里所说的"中国在1987—1988年的那次"价格闯关虽然已过去二十多年，至今仍记忆犹新，确实惊心动魄。正是那次闯关成功，才冲破并有力地推动了中国经济体制的整体改革。实践证明，价格改革是整个经济改革成败的关键。价格改革为什么会有如此大的神力？这是因为，价格改革纠正了违背价值规律要求的种种错误做法。这是价值规律的真正威力。价值规律这个东西看起来，听起来，似乎很神秘，看不见、摸不着，然而它通过价格时时事事都显示着巨大的作用，影响着国家、企业和个人的经济生活。它同我们形影不离。它的"魔法"在通货膨胀时尤其突出，使千家万户感到切肤之痛。同时，价值规律又是无情的鞭子。它不断地催促着企业家前进、前进、再前进，改进技术，提高管理水平，增强竞争力。

今后我们一定要重视学习、研究和应用马克思劳动价值理论，根据价值规律的要求，把我国的现代化建设、经济结构调整和经济体制改革推进到新阶段。

我们祖国过去一穷二白。经过几十年的奋斗，已经实现小康。当前，正迈向现代化的富强国家。富是强的基础，只有富才能强。何谓

① 《邓小平文选》第3卷，人民出版社1993年版，第262—263页。

富？"资本主义生产方式占统治地位的社会的财富，表现为'庞大的商品堆积'，单个的商品表现为这种财富的元素形式。"① 在社会主义市场经济中何尝不是如此呢！我们的衣、食、住、用、行、医，哪一项能离开商品，因此，只有大力发展商品生产和商品流通，使商品越来越多，财富大量涌现，才能使国家富强起来。

马克思劳动价值理论认为，商品有两个因素，或者说有二重性，即使用价值与价值。商品的这种二重性决定了财富有两种形态。即使用价值形态（自然形态）的财富与价值形态（社会形态）的财富。不论财富的社会形式如何，使用价值总是构成财富的物质内容。或者说，物质财富本来就是由使用价值构成的。所谓价值形态的财富是指以货币表现和计量的财富。简言之，它就是货币形态的财富。这两种形态的财富是矛盾对立统一体，既是统一的，又是对立的。它们能够相互转化，也能够相对独立存在和运行，但是，它们的源泉不同，创造者不同。威廉·配第曾有一句名言："劳动是财富之父，土地是财富之母。"这里所说的财富仅指使用价值形态的财富。它们的创造者既有人类劳动，也有自然界的土地。而价值形态的财富则只是由劳动创造的，其中没有任何一个自然原子的作用。上述分析表明，只有劳动既创造使用价值形态财富，又创造价值形态的财富。劳动是富民强国之根本。要使国家富强起来，必须解放劳动、发展劳动、提高劳动并保证劳动所得神圣不可侵犯。

马克思劳动价值理论告诉我们，劳动有简单劳动与复杂劳动之分。复杂劳动是简单劳动的倍加，少量的复杂劳动等于多量的简单劳动。在同样的劳动时间内，复杂劳动比简单劳动既创造更多的使用价值，又创造更多的价值；既增多使用价值形态财富，又增多价值形态的财富。因此，发展教育，提高科技水平，用科学知识武装劳动者，将为国家、社会创造出更多的财富。这就是今日我国大力倡导"教育兴国"、"科技兴国"的道理，也为西方发达国家的实践所证实。在那里，人口和劳动力增长很慢，甚至停滞不前，但其复杂劳动的比重上升，因而它创造的使用价值形态的财富和价值形态的财富都有明显的增长。

① 《马克思恩格斯全集》第 23 卷，人民出版社 1972 年版，第 47 页。

要使劳动创造出更多的财富，还必须加快技术进步，使劳动手段（劳动工具）更快地升级换代，保证其现代化。马克思指出："机器除了有形损耗以外，还有所谓无形损耗。只要同样结构的机器能够更便宜地再生产出来，或者出现更好的机器同原有的机器相竞争，原有机器的交换价值就会受到损失。在这两种情况下，即使有的机器还十分年轻和富有生命力；它的价值也不再由实际物化在其中的劳动时间来决定，而由它本身的再生产或更好的机器的再生产的必要劳动时间来决定了。因此，它或多或少地贬值了。机器总价值的再生产时期越短，无形损耗的危险就越小。"① 怎样减少机器的无形损耗（贬值），保证机器的年轻和富有生命力？主要的办法就是采用加速折旧法，提高折旧率，力争在尽可能短的时间内完成原有机器总价值的再生产。我国著名经济学家孙冶方曾经将我国计划经济时期的机器设备折旧率低，阻碍技术进步的管理制度称为"复制古董的"制度。在建设现代化富强国家的今天，一定要保证亿万劳动者的劳动工具的现代化、科学化。

马克思和恩格斯在《共产党宣言》中写道："资产阶级在它的不到一百年的阶级统治中所创造的生产力，比过去一切世代所创造的生产力还要多，还要大。"② 过去资产阶级创造的如此宏伟的业绩，在今天的中国，以工人阶级为首的广大劳动人民在改革开放三十多年间不仅办到了，而且所创造的生产力更加伟大、更加辉煌！现在要问，是什么魔法有如此大的天功？它就是马克思劳动价值理论所揭示的商品经济的基本规律，即价值规律。

---

① 《马克思恩格斯全集》第 23 卷，人民出版社 1972 年版，第 443—444 页。
② 《马克思恩格斯选集》第 1 卷，人民出版社 1972 年版，第 256 页。

第一章 马克思劳动价值理论及其在当代的应用与发展

一 必须长期坚持的马克思劳动价值论的基本观点

马克思在古典经济学的基础之上，取其精华，去其糟粕，创立了科学的劳动价值论。马克思的劳动价值论是马克思主义经济学的基石。一百多年的实践证明，马克思劳动价值论的体系和基本观点是符合实际的、正确的。因此，当我们谈论深化和发展这个学说时，一定要坚持它的体系和基本观点。决不能以深化或发展为名，根本背离劳动价值论。同时，要依据新的客观实际，深化和发展劳动价值学说。只有这样才能使劳动价值论具有更强的说服力，更好地发挥指导作用，因而才能更好地坚持劳动价值论。马克思的劳动价值论博大精深，体系完整，内容丰富，方法科学。当前特别需要坚持的基本观点大致如下。

（一）关于价值实体的观点

马克思主义经济学认为，价值实体是指商品中凝结的（消耗的）人类的抽象劳动。马克思指出："把价值看作只是劳动时间的凝结，只是物化的劳动，这对于认识价值本身具有决定性的意义。"① 具体劳动创造使用价值，而抽象劳动创造价值。劳动的二重性决定了商品的二重性。马克思指出："商品中包含的劳动的这种二重性，是首先由

① 《马克思恩格斯全集》第 23 卷，人民出版社 1972 年版，第 243 页。

我批判地证明了的。这一点是理解政治经济学的枢纽。"① 因而，也是理解马克思劳动价值理论的关键。不懂得劳动二重性学说，就根本不能正确理解马克思的劳动价值论。

对于价值的实体是什么，西方经济学主要有四种回答，因而形成四大派别：一曰劳动，即形成劳动价值论；二曰供求，即形成供求价值论；三曰效用，即形成效用价值论；四曰生产要素或生产费用，即形成生产要素价值论或生产费用价值论。由于对价值实体是什么这个问题的不同回答，还形成了一元价值论与多元价值论的区别。马克思的劳动价值论是一元的价值理论，而西方经济学家大多主张多元价值论，即多种生产要素创造和形成价值，甚至像亚当·斯密这样的古典经济学的代表人物，由于其劳动价值论不彻底，而最终也成为"三要素"论者。

（二）关于价值量的观点

这是指价值的大小、多少问题。价值量是由社会必要劳动量或社会必要劳动时间决定的。社会必要劳动时间不变，价值量也就不变。但是，随着科学技术的发展和劳动生产力（率）的提高，生产单位商品的社会必要劳动时间也就随之减少。因此，商品的价值量与体现在商品中的劳动量成正比，与这一劳动的生产力（率）成反比。

社会必要劳动时间有微观与宏观两种含义。在微观上，所谓社会必要劳动时间，是指某部门生产单位使用价值耗费的劳动时间。对这种含义的劳动时间，马克思在《资本论》第1卷中进行了考察；在宏观上，所谓社会必要劳动时间，是指"由当时社会平均生产条件下生产市场上这种商品的社会必需总量所必要的劳动时间"。② 这种含义的社会必要劳动时间是在《资本论》第3卷中研究的。

衡量价值量大小的尺度有两种，社会必要劳动时间是内在的尺度，而货币则是外在的尺度。当然，国际价值大小的衡量尺度还有世界劳动的平均单位。

---

① 《马克思恩格斯全集》第23卷，人民出版社1972年版，第55页。
② 《马克思恩格斯全集》第25卷，人民出版社1974年版，第722页。

（三）关于价值形式的观点

价值形式就是指交换价值。价值与交换价值的关系，是内容与形式、本质与现象的关系。科学的方法应当是从现象入手，通过现象抓住本质。马克思正是这样做的。他说："我们实际上也是从商品的交换价值或交换关系出发，才探索到隐藏在其中的商品价值。"①

价值形式有四种类型。其中最发达的价值形式是货币形式，即用货币的使用价值表现一切商品的价值。当用货币衡量或表现价值时，就形成价格，或者说，价格是价值的货币表现。

马克思写道："古典政治经济学的最优秀的代表人物，像亚当·斯密和李嘉图，把价值形式看成一种完全无关紧要的东西或在商品本性之外存在的东西。"②"我们要做资产阶级经济学家从来没有打算做的事情：指明这种货币形式的起源，就是说，探讨商品价值关系中包含的价值表现，怎样从最简单的最不显眼的样子一直发展到炫目的货币形式。这样，货币的谜就会随着消失"。③

在西方经济学界，无论哪个派别，都没有真正区分价值、交换价值和价格。他们往往把三者当作同义语，或者说，混在一起，随便乱用。而马克思的劳动价值论则既肯定三者的相互联系，又强调三者的区别，严格划分它们的界限，决不能混淆起来。

（四）关于价值实质的观点

价值的实质是指价值中体现的人与人之间的交换关系。在阶级社会中，这种人与人之间的关系即成为阶级与阶级之间的关系。商品所有者之间表面上相互交换商品这种物，而实质上是彼此交换劳动，发生价值关系。商品交换者之间的关系不是赤裸裸的人与人之间的关系，而是在物（商品）的掩盖之下的人与人之间的关系。马克思写到商品生产者之间的社会关系，"在人们面前采取了物与物的关系的虚幻形式。因此，要找一个比喻，我们就得逃到宗教世界的幻境中去。在那里，人脑的产物表现为赋有生命的、彼此发生关系并同人发生关

---

① 《马克思恩格斯全集》第 23 卷，人民出版社 1972 年版，第 61 页。

② 同上书，第 98 页。

③ 同上书，第 61 页。

系的独立存在的东西。在商品世界里，人手的产物也是这样。我把这叫做拜物教。劳动产品一旦作为商品来生产，就带上拜物教性质，因此拜物教是同商品生产分不开的"。①

西方经济学的价值理论都是见物不见人的。在那里，谈论的都是物，不是商品，就是货币，从来不谈商品和货币背后隐藏的人与人之间的社会关系。列宁曾经说过："凡是资产阶级经济学家看到物与物之间关系（商品交换商品）的地方，马克思都揭示了人与人之间的关系。"② 马克思的劳动价值理论是既见物又见人的科学价值理论。

（五）关于价值构成的观点

价值构成，又称价值结构。众所周知，马克思劳动价值论认为，商品的价值由 C、V、M 三部分构成。在资本主义商品经济中，C 代表不变资本的转移价值（或称已消耗的不变资本）；V 代表可变资本，即工人的工资；M 代表剩余价值。在社会主义市场经济中，C 代表商品生产过程中所消耗的生产资料的价值；V 代表劳动者为自己生产和创造的必要产品价值（工资）；M 代表劳动者为社会生产和创造的剩余产品价值。

价值构成或价值结构有微观与宏观双重含义。在微观上，任何一种商品、任何一个企业的商品总体，在价值上都由 C、V、M 三部分组成；在宏观上，任何一个国家的商品总体，在价值上也都是由 C、V、M 三部分组成。前者在《资本论》第 1 卷第 7 篇论述个别资本再生产时使用过，而后者在《资本论》第 2 卷第 3 篇研究社会资本再生产时使用过。亚当·斯密由于不懂得劳动二重性，不懂得具体劳动转移价值（C），而抽象劳动创造价值（V + M），因而得出了商品价值仅由 V + M 两部分组成的错误结论，即所谓的"斯密教条"。

（六）关于价值转形的观点

价值的转形或变形，即生产价格。随着部门间竞争的加剧，利润平均化的趋向日益显著。一旦利润转化为平均利润，价值也就随之转化为生产价格。价值的构成由 C、V、M 三部分组成，而生产价格则

---

① 《马克思恩格斯全集》第 23 卷，人民出版社 1972 年版，第 89 页。
② 《列宁选集》第 2 卷，人民出版社 1995 年版，第 312 页。

由 C、V、$\overline{P}$ 三部分组成（$\overline{P}$ 代表平均利润）。生产价格的出现是市场经济更高阶段上的事情。生产价格理论更能说明资本主义的现实情况。生产价格理论与价值理论是有机的统一。然而，不少西方经济学者都认为二者是对立的、矛盾的、彼此互相否定的。其实，价值总额＝生产价格总额；剩余价值总额＝利润总额。利润虽然在各部门间进行了平均化，但其总量并没有增减。生产价格与价值的真正区别不过是前者比后者多了一次利润在部门间的再分配而已。

（七）关于国际价值的观点

在国内市场上形成的价值称为国度价值或国别价值或国民价值，而在世界市场上形成的价值则称为国际价值。马克思写道："不同国家在同一劳动时间内所生产的同种商品的不同量，有不同的国际价值，从而表现为不同的价格，即表现为按各自的国际价值而不同的货币额。"[①] 国际价值的实体是国际上的抽象劳动。国际价值量是由国际社会必要劳动量决定的，是由世界劳动的平均单位来计量的。国际价值存在着转化为国际生产价格的趋势。

（八）关于价值载体的观点

价值存在于何处？既不在空中，也不在地下，而在商品的使用价值之中。使用价值是价值的物质载体，或者说，使用价值是价值的物质承担者。任何商品的价值与使用价值都是矛盾对立统一体，二者既相互依存、相互联系、相互制约，又相互对立、相互排斥，并且在一定条件下相互转化。

有两种商品具有特殊的使用价值。一种是货币。货币的使用价值不同于任何其他商品的使用价值，它是专门用来表现其他一切商品价值的材料或工具。另一种是劳动力。劳动力这特殊商品的使用价值，即劳动，更不同于其他一切商品的使用价值，它是价值的源泉，价值的创造者。劳动力商品的使用价值所创造的价值大于其自身价值的那一部分价值，就是剩余价值。这一点就是马克思劳动价值论通向剩余价值理论的桥梁。

---

① 《马克思恩格斯全集》第 23 卷，人民出版社 1972 年版，第 614 页。

（九）关于价值余留的观点

恩格斯在《反杜林论》中写道："在决定生产问题时，上述的对效用和劳动花费的衡量，正是政治经济学的价值概念在共产主义社会中所能余留的全部东西，这一点我在 1844 年已经说过了。但是，可以看到，这一见解的科学论证，只是由于马克思的《资本论》才成为可能。"① 对于恩格斯的这段话，国内外学术界争论颇多。其实，恩格斯说得十分清楚，也很简单，仅仅是个价值的"余留"问题。在共产主义社会中，根本不存商品和商品交换，现代政治经济学中的所谓价值必然消亡。价值的消亡并不是简单的抛弃或死亡，而是一种"扬弃"。在价值整体消亡的过程中，所谓"扬弃"的或"余留"的东西是什么呢？这就是恩格斯所说的"效用和劳动花费的衡量"，或者说，效用与劳动花费的比较。用现代的话说，就是经济核算问题，即把所要取得的各种物品的效用与劳动花费进行比较，以便决定是否生产以及生产多少。

（十）关于价值规律的观点

何谓价值规律？马克思主义经典作家虽然在很多著作中都讲到价值规律，但谁也没有对价值规律下个简单、明确的定义。因此，学术界的定义就五花八门了。例如，"价值规律是价值决定的规律""价值规律是等价交换的规律""价值规律是商品生产和商品交换的规律""价值规律是时间节约的规律""价值规律是按照价值生产和交换的规律"等。

关于价值规律的作用，马克思写道："生产这些产品的社会必要劳动时间作为起调节作用的自然规律强制地为自己开辟道路，就像房屋倒在人的头上时重力定律强制地为自己开辟道路一样。"② 价值规律的作用可概括为八个字：调节、刺激、分配和分化。价值规律调节着社会生产和流通；刺激技术水平和管理水平的提高；分配国民财富和收入；分化商品生产者。

马克思的劳动价值论至少包括以上十个方面的基本观点。它们彼

---

① 《马克思恩格斯选集》第 3 卷，人民出版社 1995 年版，第 661 页。
② 《马克思恩格斯全集》第 23 卷，人民出版社 1972 年版，第 92 页。

此相互联系，组成完整的理论体系。有人只把其中的一两个方面视为马克思的劳动价值论，那显然是片面的。马克思曾经指出，"重农学派只要接触到价值实体，就把价值仅仅归结为使用价值（物质、实物），正如重商学派把价值仅仅归结为价值形式。"① 我们不要重蹈重农学派和重商学派的覆辙，必须全面、准确地理解和掌握马克思的劳动价值论。这是深化和发展劳动价值论的前提和基础。

二　马克思劳动价值论同其他价值论的界限

在讨论劳动价值论的问题时，经常有一些问题混淆不清，影响人们的视野和思路，造成许多"三岔口"，引发无谓的争论。为了使讨论更深入、更有效，有必要划清一些界限和澄清一些问题。

（一）要素价值论与劳动价值论的界限

要素价值论的全称是生产要素价值论。法国经济学家萨伊（1767—1832）利用"斯密教条"的错误，在 19 世纪初提出了"生产三要素论"和"三位一体公式"，即劳动产出工资、资本生出利息、土地生出地租。他拒绝和反对劳动价值论，认为商品的价值是由劳动、资本和土地三种生产要素各自创造的，或共同创造的。在萨伊之后，直至现在，近二百年时间里，许多西方经济学家都重复着这种观点。改革开放以来，我国也不时出现要素价值论的影子。当高科技受到重视时，有人就提出高科技创造价值；当知识经济成为时髦时，又有人提出知识创造价值；当资本市场受到青睐时，又有人提出资本创造价值；如此而已，不一而足。总之，价值是个高尚的东西，价值与人间一切美好的事物有着不解之缘。难怪都愿去创造价值，一旦创造了价值就身价百倍，高人一等。

当然，这里所说的价值是经济学意义上的价值，而不是哲学、伦理学意义上的价值。从经济学上考察，价值不外乎是生产劳动过程的一种结果。任何的生产劳动必有劳动者、劳动工具和劳动对象，三者

---

① 《马克思恩格斯全集》第 26 卷（Ⅰ），人民出版社 1972 年版，第 166 页。

缺一不可。这三种东西相互作用的结果，就生产出商品的价值与使用价值。

当讨论劳动价值论问题时，往往有人把知识、科技当作独立于劳动之外的要素，当作独立创造价值的实体。其实，不能把知识、科技等要素与劳动者的劳动要素对立起来，看成独立于劳动之外的实体，应当把它们如实地看作劳动者、劳动工具和劳动对象的内在的因素。知识、科技不外乎两种形态，一种是理论的观念的形态，这种形态的知识、科技存在于劳动者的体内，当劳动者劳动时，它们就充分发挥作用，使劳动者的效率更高；另一种是实物形态，它们存在于劳动工具和劳动对象之内，并且不断增加，不断积累，使劳动工具和劳动对象不断改进，日新月异。现代的劳动工具比过去的劳动工具更先进、更科学了，也就是科技含量、知识含量更多了。任何一种新机器、新设备、新材料，都是新知识和高科技的晶体。

知识、科技由何而来？它们是人类劳动的结果，或者说，它们是知识化的劳动、科技化的劳动。知识、科技如何发挥作用？靠人类的劳动去推动。如果没有人类劳动的推动，任何知识、科技都难以发挥作用。由现代知识、现代科技武装起来的劳动者，去推动知识含量、科技含量日益增多的劳动工具和劳动对象，结果就产生出价值与使用价值。这就是现代化的劳动生产过程。在这个过程中，劳动始终处于原创者和主导者的地位。知识、科技本身不过是劳动的凝结。由此可以说，劳动创造了价值，用新知识和高科技武装起来的劳动创造了更多的价值。

以资本为代表的物化劳动是否创造价值？这是争论较多的问题。在劳动工具和劳动对象上以实物形态存在的资本，或者说，在固定资本和流动资本形态上存在的机器、设备、原材料等物化劳动，在生产劳动过程中有巨大的作用，缺了它们，任何生产劳动都无法进行，任何价值和使用价值都无法创造。但是，它们只把自身被消耗的价值转移到新产品中，并不创造新价值。为什么？理由有：（1）物化的资本是由过去的活劳动转化或异化而来的。它们的原本物是活劳动或者说它们本身就是活劳动的凝结，是活劳动的物化。追根溯源，活劳动在先，物化劳动在后，是活劳动的变形。（2）物化的资本只有靠活劳动的推动，并且只有与活劳动结合在一起，才能运行起来，发挥作用。否则，只是一堆死物、废物。这就是说，物化形态上的资本的经济生命，是由活劳动注入的、给予的。活劳动与物化劳动相比，不能不占首位；生产的主观因素与客观因素相比，不能不占首位。这就是活劳动或者说生产的主观因素创造价值的理由。劳动创造价值、劳动创造人类、劳动创造世界，三位一体，这就是劳动价值论的本质所在。劳动价值论是受劳动者欢迎的理论。非劳动者反对劳动价值论当然也就可以理解，不足为怪了。

（二）供求价值论与劳动价值论的界限

供求价值学派的鼻祖是英国著名的经济学家约翰·穆勒（1806—1873）和马歇尔（1842—1924）。马歇尔在他的《经济学原理》一书中曾写道，"价值这个名词是相对的，表示某一地点和时间的两样东西之间的关系，一物交换另一物的数量。"[①] 这个说法与穆勒的观点一模一样。这就是说，价值不外乎就是供求一致时的交换比例。马歇尔把数学的几何方法引入经济学，把价值定义为供给曲线与需求曲线的交会点。这个结论被不少西方学者接受，广为流传。从马歇尔起直至今日，供求价值论一直相当活跃。我国改革开放以来，供求价值论也日渐盛行起来。

商品首先是生产的结果。其价值理应由生产商品时消耗的人类抽象劳动决定的。马克思认为，生产过程创造价值，而流通过程实现价值，二者相互依存、相互制约、辩证统一。价值的源泉在哪里？这是从配第开始，经过斯密和李嘉图，直至马克思，花费了两百年的时间才弄清了的问题。重商主义曾经误认为价值的源泉在流通中，商业产生价值，故曰重商主义。重农学派纠正了这个错误，将价值的形成由流通（商业）转移到农业生产中。斯密、李嘉图和马克思在肯定重农学派功绩的同时，也纠正了它的片面性，把价值的形成由农业生产扩展到一切生产。穆勒和马歇尔又反其道而行之，将价值的形成由生产领域又拉回到流通领域，认为流通中的供求关系决定商品的价值。这是前进，还是后退，难道还不清楚吗？还有什么争论的吗？这个否定

---

① ［英］马歇尔：《经济学原理》上卷，商务印书馆1964年版，第81页。

之否定的历史过程证明，坚持或否定劳动价值论绝非小事一桩，而是对人类认识能力和科学发展之重大考验！

在肯定劳动是价值的源泉、劳动决定价值的前提下，我们并不否定供求关系在价值形成与实现时的作用。供求有长期求与短期供求之分。短期供求关系影响着价格与价值的关系，使价格围绕价值上下波动，但不涉及价值的形成。长期供求关系，尤其是全局性的长期供求关系，不仅影响着价格与价值的关系，而且也影响价值的形成与实现，甚至在一定条件下决定价值的形成与实现。这是因为，全局性的长期供求关系制约着全社会的劳动资源在宏观上的配置状态，制约着各个部门、各个行业的劳动总量，也就制约着所谓第二种含义的社会必要劳动量。根据长期的全局性的供求关系，马克思曾经把价值决定区分为三种情况或类型：严重供过于求者，价值由优等条件下的劳动消耗决定；严重供不应求者，价值由劣等条件下劳动消耗决定；供求基本平衡者，价值由中等条件下劳动消耗决定。

（三）效用价值论与劳动价值论的界限

法国经济学家萨伊（1767—1832）否定亚当·斯密的劳动价值论的同时，把商品价值归结为效用，认为效用是价值的基础和决定因素。马克思在《资本论》等著作中对萨伊的"效用价值论"以及"生产要素价值论"、"三位一体公式"进行了批判，并且进一步发展了亚当·斯密的劳动价值论，使之成为科学的理论。《资本论》的问世，震惊了欧美经济学界，有的欢呼，有的谩骂，还有的攻击。19世纪70年代，巴黎公社失败后，欧美的工人运动进入低潮，诋毁《资本论》的思潮甚嚣尘上。由英国的杰文斯、奥地利的门格尔和法国的瓦尔拉斯几乎同时又各自独立地提出了"边际效用价值论"，其主要锋芒指向马克思的劳动价值论。边际效用价值论者认为，价值纯粹是一种主观心理感受，即人对商品效用的感觉与评价，而不是物品所具有的任何客观属性。他们认为，价值的源泉在于商品的效用和稀缺性。这种理论后来在马歇尔的"供求价值论"中又成为决定商品需求价格的基本理由。边际效用学派是19世纪70年代至20世纪30年代西方经济学中影响最大的学派。至今，在西方仍有相当大的市场份额。近20年，随着我国改革开放的发展，这种理论也传入我国，不时听到它的声音。

马克思劳动价值论认为，商品的效用或有用性形成商品的使用价值，而不是价值。使用价值是商品的自然属性，而价值则是商品的社会属性；使用价值构成社会的物质财富，而价值则是商品所有者之间的关系；使用价值是由具体劳动创造的，而价值则是由抽象劳动创造的。总之，使用价值与价值之间有严格的界限，不能混淆。

当然，使用价值与价值之间又有一定的联系。它们在商品之内相互依存、相互制约，又相互排斥、相互对立，并在一定条件下相互转化。但是，使用价值决不是价值的源泉。商品的效用千千万万、五花八门，无法成为决定价值的统一的社会尺度。同一种商品，对张三有用，而对李四可能无用，怎样用它的效用决定价值呢？对某人是否有用，带有很强的主观评价和感受。效用价值论是一种主观唯心主义在价值领域中的反映，它与历史唯物主义的劳动价值论是根本对立的。

（四）虚幻价格论与劳动价值论的界限

有些物质财富和精神财富是大自然的恩赐，并非劳动的结果，不是劳动产品。例如，原始森林、土地、矿藏、河流、空气、海洋、湖泊以及各种各样的自然景观等。它们既然不是劳动产品，因而也就没有价值。然而，它们有时也取得了价格形式。这是一种没有价值的虚幻的价格形式。对于这类情况，马克思写道："有些东西本身并不是商品，例如良心、名誉等等，但是也可以被它们的所有者出卖以换取金钱，并通过它们的价格，取得商品形式。因此，没有价值的东西在形式上可以具有价格。在这里，价格表现是虚幻的，就象数学中的某些数量一样；另一方面，虚幻的价格形式——如未开垦的土地的价格，这种土地没有价值，因为没有人类劳动物化在里面——又能掩盖实在的价值关系或由此派生的关系。"① 对于这种情况，我们不能用劳动价值论的道理去说明。

随着虚拟经济的发展，虚幻价格也在增多。证券市场上的股票价格、债券价格以及期货市场上的期权价格等，无一不是虚幻的价格。各种学位文凭都有各自的价格。买官与卖官的交易中也形成了官的价

① 《马克思恩格斯全集》第 23 卷，人民出版社 1972 年版，第 120—121 页。

格。对诸如此类的虚幻价格，更不能用劳动价值论去说明。我们既反对忽视和否定劳动价值论的倾向，反对"无用论"、"过时论"，又不赞成机械地生搬硬套劳动价值论。劳动价值论在劳动世界是真理，在非劳动世界则可能变成谬误！劳动价值论不是万能的，否定劳动价值论又是万万不行的。

三　必须澄清的强加给马克思
劳动价值论的不实之词

改革开放以来，围绕如何深化和发展马克思劳动价值理论所进行的热烈讨论，一方面取得了显著的进步，达成了一些共识；另一方面也强加给马克思劳动价值论一些不实之词。

（一）认为马克思的劳动价值论是毫无意义的"理论假说"

有的人写道："作为理论假设的价值一说并没有增强人们理解经济生活的任何洞察力，当人们透过价值瞭望社会现实的时候，人们并没有获得任何新颖的发现。因此，人们或许应当毫不犹豫地走向一种没有价值的价格理论。人们迟早有一天会意识到，如果想要坚持有关不同经济制度的各种看法，放弃价值一说，不会对人们的这种坚定的愿望产生任何实质性的影响，人们的那些看法同价值一说实际上不存在任何不可分割的逻辑联系。放弃价值一说，只会使人们的那些看法少些冗杂的拖累而变得更加简洁和明晰。""人们对价值理论的依依不舍之情，反映了人们对一套语言的眷恋。人们或许应当开始锻炼自己逐渐地熟悉一套新的语言，价值一词在这套新的语言里甚至没有留下一丝淡淡的拖痕，这套新的语言或许能够引导人们更加接近那个神秘的世界。"①

这里仅仅从引出结论性的两段话，就可见对马克思劳动价值论的态度了。其实，该文通篇对马克思的劳动价值论极尽歪曲、挖苦和嘲

---

① 见李琪《价值理论和没有价值的价格理论》，《价格理论与实践》1989 年第 3 期（以下引文，均出自此文）。

弄之能事，实在罕见。也许这位人士慑于马克思劳动价值论的科学威力而心虚，不敢面对马克思，不敢在他斥责的"价值学说"之前冠以马克思的名字。其实，文中引注的作为他批判对象的东西都出自马克思的著作。

强加给马克思劳动价值论的不实之词主要是把劳动价值论说成一种假说。文中写道："由社会必要劳动时间第一层含义所界说的价值，的确不是一种让人们直接感受到的事物，人们日常接触到的总是那些形形色色的价格，因此，价值一说更像是一项理论的假说。"又写道："由第二种含义的社会必要劳动时间所决定的价值，实际上已经完全丧失了同劳动的任何实质性的联系。"这样，文章就从双重含义上将马克思的劳动价值学说歪曲为"假说"。

马克思劳动价值论绝对不是一种"假设"，而是对商品经济（市场经济）中的客观经济生活的一种认识和反映，是科学的理论抽象。抽象与假设根本不同。马克思指出，"分析经济形式，既不能用显微镜，也不能用化学试剂。二者都必须用抽象力来代替。"① 马克思采用科学的抽象法，不仅从现象中抽象出价值这个范畴，而且从具体劳动中抽象出抽象劳动范畴，从利润、利息、地租中抽象出剩余价值范畴等。一切科学的抽象范畴，其中包括价值范畴，都更深刻地反映客观世界。列宁曾指出："物质的抽象，自然规律的抽象，价值的抽象等等，一句话，一切科学的抽象，都更深刻、更正确、更完全地反映自然。"② 抽象思维是人类区别于其他动物的根本标志之一，也是一切科学的共同特征之一。抽象的范畴既是科学知识的结晶，又是科学前进的阶梯。"抽象劳动"这个范畴是马克思劳动价值论的精髓。它不仅是理解马克思劳动价值论，更是理解剩余价值论以至整个马克思经济学的枢纽。不懂得劳动二重性，就根本不能理解马克思的价值概念。价值并不是马克思创立的，但是将价值归结为人类抽象劳动则是马克思的功绩。一切反对马克思劳动价值论者，对于抽象劳动都是一窍不通的。这一点，中外概莫能外。马克思劳动价值论是从商品经济（市

---

① 《马克思恩格斯全集》第 44 卷，人民出版社 2001 年版，第 8 页。
② 《列宁全集》第 55 卷，人民出版社 1990 年版，第 42 页。

场经济）中抽象出来又到商品经济（市场经济）中去的一种科学理论。它具有强大无比的洞察力，是人们理解、认识和改造商品经济的锐利武器。借助于价值范畴，可以透析商品经济中人与人之间的经济关系及其本质；可以揭示商品拜物教、货币拜物教、资本拜物教；可以通晓国民经济中价值运动的过程和特点，为宏观经济决策提供理论支撑。马克思正是借助于他的价值理论，才创立了剩余价值理论，揭露了资本主义剥削的秘密，并从根上指明了新社会创造新生活的途径。只有毫不动摇地坚持马克思的劳动价值论和剩余价值理论，才能正确认识不同社会经济制度的优劣，坚定我们为实现有中国特色的社会主义而奋斗的决心和信心。

文章从根本上否定马克思劳动价值论之后，又要人们毫不犹豫地走向一种没有价值的价格理论，并且说：放弃价值一说，只会使人们的那些看法少些冗杂的拖累而变得更加简洁和明晰。然而，这种结论经不住推敲。须知，马克思劳动价值论的价值专指生产劳动创造的商品的价值。这种价值与价格的关系是本质与现象、内容与形式的关系，二者是辩证地对立统一。一般来说，既不存在没有价值的价格，也不存在没有价格的价值。对于非劳动创造的一些东西没有价值也有虚幻价格这种情况，马克思早就指出，不能用劳动价值论去说明。他写道："有些东西本身并不是商品，例如良心、名誉等等，但是也可以被它们的所有者出卖以换取金钱，并通过它们的价格，取得商品形式。因此，没有价值的东西在形式上可以具有价格。在这里，价格表现是虚幻的，就象数学中的某些数量一样。另一方面，虚幻的价格形式——如未开垦的土地的价格，这种土地没有价值，因为没有人类劳动对象化在里面——又能掩盖实在的价值关系或由此派生的关系。"[①]

在价格与价值的关系这个问题上，西方主流经济学在不同历史时期的观点是有变化的。早期，从威廉·配第、亚当·斯密到大卫·李嘉图，创立并坚持劳动价值论，将价值与价格基本上区分开，并认为价格是由价值决定的，而价值则是由劳动创造的；中期，从萨伊的生产要素价值论，门格尔、庞巴维克的效用价值论，到马歇尔的供求价

---

① 《马克思恩格斯全集》第 23 卷，人民出版社 1972 年版，第 120—121 页。

值论，虽然它们背弃了劳动价值论，但还是区分价值与价格；后期，从凯恩斯至今的现代经济学，一般不再区分价格与价值，而将二者混同使用，或者只承认价格，而否定价值的存在。在我国，没有价值的价格之说，不是什么创新、发明。

（二）认为劳动价值论是"原始的实物交换"说

《劳动价值学说新探》一书的作者，首先将马克思劳动价值论扣上"原始的实物交换"的"大帽子"。他写道："马克思价值分析暗示的前提条件之一是实物交换，而且是人类历史上最初的原始的实物交换。"① （第24页）他又断言，马克思劳动价值论的原意是："创造商品价值的劳动只是指从原始实物交换分析条件下所抽象出来的交换当事者双方所花费的抽象劳动（体力和脑力消耗）。在马克思分析商品价值的这种条件中还没有货币，更没有资本，那纯粹是一种原始的实物交换；在马克思所说的这种商品价值源泉中没有土地，也没有资本等其他生产要素；在马克思所说的作为价值源泉的这种劳动中也完全没有什么科技含量和经营管理的成本。"（再序第5—6页）这样，他就把马克思劳动价值学说"原始化"了、"实物化"了。其次，他认为，马克思的劳动价值论"同现实社会生活之间的脱节和抵触已是不争的事实"，"特别是同我们正在进行的以社会主义市场经济为目标的改革实践格格不入"。（第1页）"许久以来劳动价值论在我国经济理论界一直是一个不可接触的理论禁区，长期无人敢于问津的结果愈发使这种理论僵化，愈发同我们的改革实践相左。"（第5页）"在西方经济学的发展中，对劳动价值论的质疑几乎同这种理论的出现和破产相始终。""对马克思劳动价值论的质疑也随着它的出现就出现了，在过去的一个半世纪中时起时伏，从未中止过。"（第1页）

最后，关于怎么办，书中写道："我们的目标应当是依据市场经济的实践，矫正传统劳动价值论的偏差，并以能够反映当代经济发展现实，体现时代精神的基本理论取而代之。"（自序第2页）那么，以什么基本理论取代马克思劳动价值论？他告诉说："生产要素价值论

---

① 见晏智杰《劳动价值学说新探》，北京大学出版社2001年版（本文所引用的，均出自该书）。

是对现代社会生产发展规律的科学概括，是人类的共同思想财富，接受这种理论并没有什么不好。""从西方经济思想发展的过程来看，他们从劳动价值论走向生产要素价值论，以及从价值论走向价格论，是一个意义极其重大的转折。""需要扩大和深化认识的不是劳动价值论，而是生产要素财富论或生产要素价值论。"（再序第10页）"我以为出路在于从传统的劳动价值论转向生产要素价值论或财富论。"（再序第8页）

完成了对马克思劳动价值论的曲解、否定和取代三部曲之后，还唯恐别人不同意、不支持他的观点和主张，于是强调指出："关键在于从什么立场出发，秉持怎样的判断标准。"（再序第6页）的确如此，换个立场，改个标准，对待马克思劳动价值论的态度就大相径庭，甚至背道而驰！

马克思的劳动价值论是不是最原始的没有货币的实物交换的价值论？让我们稍加分析一下：

马克思的价值分析中"没有货币"，这是强加的。如果真没有货币，那自然就是所谓的"原始的实物交换"。可是，马克思在对价值进行分析时十分重视货币。在《资本论》第1卷第1章第3节"价值形式或交换价值"中，马克思写道："谁都知道——即使他别的什么都不知道，——商品具有同它们使用价值的五光十色的自然形式成鲜明对照的、共同的价值形式，即货币形式。但是在这里，我们要做资产阶级经济学从来没有打算做的事情：指明这种货币形式的起源，就是说，探讨商品价值关系中包含的价值表现，怎样从最简单的最不显眼的样子一直发展到炫目的货币形式。这样，货币的谜就会随着消失。"① 在这一节中，马克思不仅深刻分析了商品价值形式发展的历史进程及其各个阶段的特征，还从这种发展中揭示了价值的最高形式——货币形式的产生、本质和特征。《资本论》第1卷第2章虽然冠名"交换过程"，但其基本内容则是分析"商品怎样、为什么、通过什么成为货币"；使人们了解和懂得"货币拜物教的谜就是商品拜

① 《马克思恩格斯全集》第44卷，人民出版社2001年版，第62页。

物教的谜，只不过变得明显了，耀眼了。"① 第 3 章以货币为标题，逐一分析货币的各种职能。第 4 章更深入地研究"货币转化为资本"。总而言之，马克思以四章 200 页 15 万字的篇幅全面、系统地研究了货币，创立了崭新的货币理论，并与价值理论形成有机体，而有人却说"马克思的价值分析中没有货币"，这是不符合事实的。

作为价值源泉的劳动"完全没有什么科技含量和经营管理的成本"。这又是强加给马克思劳动价值论的不实之词。马克思深刻揭示了科学技术和经营管理在价值形成中的重大作用。他写道："劳动生产力越高，生产一种物品所需要的劳动时间就越少，凝结在该物品中的劳动量就越小，该物品的价值就越小。相反地，劳动生产力越低，生产一种物品的必要劳动时间就越多，该物品的价值就越大。可见，商品的价值量与实现在商品中的劳动的量成正比地变动，与这一劳动的生产力成反比地变动。""劳动生产力是由多种情况决定的，其中包括：工人的平均熟练程度，科学的发展水平和它在工艺上应用的程度，生产过程的社会结合，生产资料的规模和效能，以及自然条件。"② 马克思说得多么清楚，商品的价值量与劳动生产力成反比，而劳动生产力又取决于科学的发展水平及其在工艺上的应用程度，生产过程的社会结合（即管理体制和运行机制）等众多因素。科学劳动既能创造出倍加的价值，又能生产出多量的使用价值，这种二重作用越来越明显，也越来越证明马克思劳动价值论的正确。

马克思关于价值源泉的分析中"没有土地，也没有资本"。这是曲解，是混淆价值与使用价值、价值与财富、价值源泉与财富源泉的必然结果。在马克思看来，价值的源泉是一元的，劳动是价值的唯一源泉；而财富或使用价值的源泉则是多元的，除劳动外，还有土地、资本以及其他自然要素。马克思写道："作为价值，一切商品都只是一定量的凝固的劳动时间"；"作为交换价值，商品只能有量的差别，因而不包含任何一个使用价值的原子。"③ 因此，企图在交换价值或价

① 《马克思恩格斯全集》第 44 卷，人民出版社 2001 年版，第 113 页。
② 同上书，第 53—54 页。
③ 同上书，第 50、53 页。

值中找出土地、资本，不过是缘木求鱼而已。与此相反，土地、资本、劳动等众多要素则是财富的源泉。马克思指出："劳动并不是它所生产的使用价值即物质财富的惟一源泉。正像威廉·配第所说，劳动是财富之父，土地是财富之母。"① 马克思在《哥达纲领批判》一文中，批判拉萨尔混淆价值源泉与财富源泉时也指出："劳动不是一切财富的源泉，自然界同劳动一样也是使用价值（而物质财富就是由使用价值构成的！）的源泉。"②

（三）认为马克思的劳动价值论是"斯密教条"

亚当·斯密的价值理论有科学部分，也有庸俗部分。后者即是"斯密教条"。它否定劳动是价值的源泉，把收入（工资、利润、地租）说成是价值的源泉，价值的决定者；或者把价值分解成工资、利润和地租三个部分，抛弃掉生产中消耗的不变资本部分，把价值构成由 C + V + M 变成 V + M。这个教条为"庸俗经济学的在原则上只忠于假象的浅薄性提供了牢固的活动基础"。③ 从 19 世纪初至今的两百年间，这个"教条"一直是许多西方经济学家构筑自己理论体系的基础，或者说这个教条埋下了至今两百年的祸根。众所周知的萨伊的生产要素价值论（劳动生出工资、资本生出利润、土地生出地租），不过就是"斯密教条"的翻版。当然，它也进一步庸俗化了斯密的价值理论，舍弃了其合理成分。近几年，我国有些人把"斯密教条"以及生产要素价值论奉若神明，明确提出要用生产要素价值论取代马克思劳动价值论。还有的人把生产要素价值论或"斯密教条"说成马克思劳动价值论的新发展、新应用。例如，有的文章写道："在资本积累和土地私有权产生之前，商品的价值是由耗费在商品生产上的劳动时间决定的，而一旦出现了资本积累和土地私有权，商品的价值就不再由劳动时间单独决定了，而是由'支配的劳动'或由工资、利润和地

---

① 《马克思恩格斯全集》第 44 卷，人民出版社 2001 年版，第 56—57 页；《马克思恩格斯选集》第 3 卷，人民出版社 1995 年版，第 298 页。

② "斯密教条"有三种表述方式。我们在这里仅采用一种。详见《马克思恩格斯全集》第 46 卷，人民出版社 2003 年版，第 954 页。

③ 《马克思格斯全集》第 44 卷，人民出版社 2001 年版，第 617 页。

租共同构成的了。"① 这分明是"斯密教条"及其变种生产要素价值论，哪里是新的劳动价值论一元论！哪里是对马克思劳动价值论的新发展！为了澄清问题，我们应当先看一看马克思是如何批判"斯密教条"的！

马克思在《资本论》第 1 卷第 7 篇中写道：

"亚·斯密在叙述再生产过程从而积累说明时，与他的前辈特别是重农学派相比，在很多方面不仅没有进步，而且还有决定性的退步。同本文中所提到的他的错觉有关的，是同样由他遗留给政治经济学的极其荒谬的教条：商品的价格由工资、利润（利息）和地租构成，也就是仅仅由工资和剩余价值构成。……关于这一点，我将在第二册第三篇和第三册第七篇更详细地谈到。"②

马克思在《资本论》第 2 卷第 3 篇中写道：

"亚·斯密的教条是：每一个单个商品——从而合起来构成社会年产品的一切商品（他到处都正确地以资本主义生产为前提）——的价格或交换价值，都是由三个组成部分构成，或者说分解为：工资、利润和地租。这个教条可以还原为：商品价值＝v＋m，即等于预付可变资本的价值加上剩余价值。"③

"把收入看成是商品价值的源泉，不把商品价值看成是收入的源泉，这是一种颠倒。按照这种颠倒的看法：商品价值好像是由不同种类的收入'构成'的；这各种收入是互不影响地决定的，而商品的总价值是由这些收入的价值量加在一起决定的。但是现在要问，被认为是商品价值源泉的各种收入，它们各自的价值又是怎样决定的呢？……在这方面，亚·斯密只是说了一些空话。"④ "工资、利润、地租这三种收入形成商品价值的三个'组成部分'这个荒谬的公式，在亚·斯密那里，是来源于下面这个似乎较为可信的公式：商品价值分解为这三个组成部分。但是后一种说法，即使假设商品价值只能分

① 谷书堂、柳欣：《新劳动价值论一元论》，《中国社会科学》1993 年第 6 期。
② 《马克思恩格斯全集》第 44 卷，人民出版社 2001 年版，第 682 页。
③ 《马克思恩格斯全集》第 45 卷，人民出版社 2003 年版，第 410 页。
④ 同上书，第 424—425 页。

成所消费的劳动力的等价物和劳动力所创造的剩余价值，也是错误的。"①

马克思在《资本论》第 3 卷第 7 篇中指出，萨伊的生产要素价值论是"斯密教条"的"必然的和最后的表现"。他写道："如果像萨伊先生那样，认为全部收益，全部总产品，对一个国家来说都分解为纯收益，或者同纯收益没有区别，因而这种区别从国家的角度来看不复存在，那么，这种幻想不过是亚当·斯密以来贯穿整个政治经济学的荒谬教条的必然的和最后的表现，即认为商品价值最终全部分解为收入即工资、利润和地租这样一种教条的必然的和最后的表现。"②

最后，马克思强调指出："总之，应当注意亚·斯密书中的奇怪的思路：起先他研究商品的价值，在一些地方正确地规定价值，而且正确到这样的程度，大体上说，他找到了剩余价值及其特殊形式的源泉——他从商品价值推出工资和利润。但是后来，他走上了相反的道路，又想倒过来从工资、利润和地租的自然价格的相加数推出商品价值。"③"结果是：斯密的混乱思想一直延续到今天，他的教条成了政治经济学的正统信条。"④

两百年后的今天，"斯密教条"仍然是某些人的正统信条。劳动创造工资、资本创造利润、土地创造地租，而工资＋利润＋地租＝价值，这样的公式难道不耳熟能详吗？历史又在捉弄人了！因此，坚持、发展和捍卫马克思的劳动价值论，还要继续同"斯密教条"及其诸多变种进行长期不懈的斗争！

（四）认为马克思劳动价值论是"一个多余的弯路"

美国经济学家萨缪尔森在 1957 年、1970 年和 1971 年先后发表三篇根本否定马克思的劳动价值论、剩余价值论和价值向生产价格转化的文章。其中，将马克思的劳动价值论说成是"一个多余的弯路"和

---

① 《马克思恩格斯全集》第 45 卷，人民出版社 2003 年版，第 427 页。
② 《马克思恩格斯全集》第 46 卷，人民出版社 2003 年版，第 952—953 页。
③ 《马克思恩格斯全集》第 26 卷（Ⅰ），人民出版社 1972 年版，第 78 页。
④ 《马克思恩格斯全集》第 45 卷，人民出版社 2003 年版，第 434 页。

"糊涂思想"，"对于经济分析毫无意义。"① 这些"热昏的话"丝毫无损于马克思劳动价值论。

萨缪尔森的观点首先遭到西方一些经济学家尤其是西方的马克思主义经济学家的谴责和批判。其中有伦敦大学的年轻经济学家德赛，美国的著名马克思主义经济学家爱德华·内尔、美国普林斯顿大学的威廉·鲍莫尔以及日本的经济学家森岛通夫。萨缪尔森根本不懂得劳动二重性的道理，因而否定千差万别的具体劳动可以归结为同质的人类抽象劳动，否定生产商品的社会必要劳动时间。他还混淆价值和价格的区别，仅在价格上兜圈子，否定价格的基础是价值。在他看来，必须抛弃马克思的劳动价值论，根据他的所谓物量方程或生产函数来确定商品的价格。②

四　马克思劳动价值论在当代应该深化和发展的方面

马克思劳动价值论把商品交换的一般基础归结为价值，进一步把价值归结为劳动，认为只有活劳动才能直接创造价值。这一点揭示了商品经济条件下人类生产和交换活动的一般性质，具有历史性，只要存在商品生产和商品交换，它就不会过时。但同时我们也应当看到，当代社会与马克思所处的时代相比发生了巨大变化，物质资料生产在社会生产中所占比重不断下降，提供非物质产品的科技劳动、管理劳动和服务劳动逐步成为劳动的主要方式。在这个背景下，必须拓宽创造价值的劳动的范围和种类，扩大生产劳动的领域，这样才能适应经济和社会发展的需要，保持和提高劳动价值论的理论解释力，增强它的现实指导性。

---

① ［美］萨缪尔森：《工资与利息：对马克思经济模型的现代分析》。转引自杨云生《马克思价值理论研究——对西方经济学界各种观点的评析》，辽宁大学出版社1990年版，第215、223页。

② 关于各国经济学家对萨缪尔森观点的批评可参阅杨玉生《马克思价值理论研究——对西方经济学界各种观点的评述》，辽宁大学出版社1990年版。

（一）生产劳动的范围应该扩大

马克思恩格斯认为，生产劳动和非生产劳动既可以按照劳动的自然属性来区分，也可以按照劳动的社会属性来区分。按照劳动的自然属性来区分，生产劳动和非生产劳动有着适用于所有社会的共同的标准，即凡是生产物质产品的劳动都是生产劳动，否则是非生产劳动。如果按照社会属性来区分，只有生产剩余价值的劳动才是生产劳动。过去，我国理论界对马克思的生产劳动概念的理解比较片面，仅把生产劳动定义为物质生产劳动，否定所有非物质领域的劳动是生产劳动，从而否定服务等非物质生产劳动能够创造价值。

当今时代，科技革命特别是信息技术的发展，使服务等劳动形态发生了重大变化。服务不仅有为生活提供的服务，而且越来越为生产提供服务。服务劳动不仅已成为财富的主要来源，而且积聚了大量的劳动人口。在发达资本主义国家，服务业创造的价值在国内生产总值中占60%—70%，服务业的劳动人口占就业人口的70%以上。在新的历史条件下，必须肯定服务劳动在价值创造中的地位和作用。

当今时代，应该确认：①凡生产商品的劳动就是生产劳动，否则是非生产劳动；②在经济领域的劳动是生产劳动，否则是非生产劳动。这两条标准结合起来，是区分我国社会主义市场经济条件下生产劳动和非生产劳动的较好标准。其中第一条标准是其基本内涵，第二条标准是其必要外延。在当代，服务劳动创造价值的作用已越来越大，承认服务劳动是生产劳动，才能在理论上廓清生产力发展的道路。

（二）科技劳动、管理劳动和服务劳动都是创造价值的重要劳动形式

科技劳动、管理劳动和服务劳动已成为现代社会中劳动的重要形式，它们的共同特点是不直接生产物质产品。随着技术的进步和社会分工的深化，人类劳动的形式越来越多样，越来越专业化，直接从事物质生产的劳动在社会劳动中所占的比重越来越小，科技劳动、管理劳动和服务劳动越来越成为社会的主要劳动形式。从新的情况出发，在坚持和发展马克思劳动价值论和剩余价值论时，应该将创造价值的服务劳动扩大范围，过去创造价值的服务劳动限制的范围太小了，金融、保险、商业、电信等服务劳动也应列入创造价值的范围之内。创

造价值的管理劳动应该扩大范围。目前，在我国，企业中的管理劳动是创造价值的劳动。行业管理劳动或中介组织者的劳动，是生产商品的社会必要劳动的组成部分，是创造价值的劳动。国家或政府的管理劳动应一分为二，即管理公共经济的生产劳动和管理社会文化、国家安全以及意识形态等的非生产劳动。我们认为，公共经济管理劳动是创造价值的生产劳动。创造价值的科技劳动应扩大范围，过去仅仅把企业范围之内的科技劳动视为创造价值的生产劳动，这个范围太小了。事实上，在企业之外的科技劳动，包括应用性的自然科学和社会科学在内的全社会范围内的科技劳动，凡是进入市场交换的，都应视为创造价值的生产劳动。非义务教育，如高等教育也应列入创造价值的生产劳动之列。

（三）现行的分配政策应向科技劳动、管理劳动等复杂劳动倾斜，具体的分配方式需要创新

在社会主义初级阶段，科技劳动、管理劳动等是比一般的劳动更有效率、更有利于生产力发展、更代表社会发展方向的复杂劳动。随着时代的发展，这些劳动在经济发展和社会发展中的作用越来越突出，从事这些劳动的劳动者的劳动复杂程度、责任和风险也随之加大。因此，从事科技劳动、管理劳动和其他现代服务劳动的劳动者得到同他们在社会生产中做出的贡献相适应的高一些的报酬，应当得到社会的承认和理解。但是，不能过高，不能超越社会的承受能力。

现在要更新观念，采取切实措施，按照多劳多得的原则，使收入分配向提供这些复杂劳动的劳动者倾斜。但是，倾斜多少？高多少？在社会主义市场经济条件下，这应当由市场来决定，要与市场经济环境相适应。国家也要适当调控，控制一定时期内的最高界限。对科技劳动、管理劳动等复杂劳动的具体分配方式，还要结合这些劳动的特点。由于从事这些劳动的劳动者的工作效果弹性很大，不容易监督，建议对这些人的按劳分配实行年薪制、股票期权制、技术入股等更便于操作的，也更透明的激励和约束机制，实现分配方式的创新。

（四）私营企业主的管理、协调、指挥和监督活动具有生产劳动与剥削行为的双重性质

从总体上看，私营企业是带有资本主义性质的经济。私营企业主的管理、协调、指挥、监督活动既是生产劳动，又是剥削行为。如果私营企业家既善于管理，又掌握技术，他们的劳动就成为劳动的重要形式，在现代生产中起着很大的作用。他们既创造社会财富，又创造价值。他们据此取得比一般工人更多的收入也是应当的、合理的。私营企业主的收入中有一部分是剥削收入，他们对雇佣劳动是有剥削的。但是，只要合法经营，那么，私营企业主的剥削收入也是合法的。还要鼓励私营企业主将收入更多地转化为投资，扩大再生产，为发展社会主义市场经济做出贡献。

（五）充分认识马克思说的价值决定的支配作用，使价值规律的调节作用体现社会整体利益

马克思早就指出，在未来社会主义社会中，价值决定对劳动时间的调节和社会劳动在各类不同生产之间的分配，仍然会起支配作用。这实际上是指资源的优化配置和经济的均衡协调发展问题。在我国社会主义市场经济中，在价值规律起调节作用条件下，能不能做到这一点呢？看来经过努力，还是有可能做到的。也就是说，在社会主义市场经济中，价值规律除了调节体现微观的、局部的和眼前的利益外，还有可能同时体现宏观的、整体的和长远的利益。这是因为，如果价值规律的调节只体现微观的、局部的和眼前的利益，这实际上仍然把价值规律在社会主义市场经济中的作用，看成同在私有制商品经济中的作用一样，是一只"看不见的手"，自发地分配着人间的幸福和灾难。但是，也要看到，它同时又是社会需求的信号。价值规律迫使商品生产者要为社会、为市场需要而生产，而且要选择为社会所需要和有利可图的生产。特别是在以公有制为主体，国有经济起主导作用的社会主义市场经济条件下，商品生产的经济条件改变了，社会可以自觉依据价值规律，通过制订经济计划、经济政策，运用各种价值杠杆，加强和改善宏观经济调控，来引导和调节社会的微观经济活动，使其符合宏观经济的要求，达到按比例发展国民经济的目的。在这种情况下，价值规律的调节作用就不只是事后的，而是也有事前的因素。国家对经济杠杆运用得好，事前的因素还要大一些。这样，在社会主义条件下，人们可以在一定程度上使价值规律成为一只"看得见的手"，调节社会劳动的分配，体现宏观的、整体的和长远的利益。

（六）参与世界市场竞争，实现更多的国际价值

在国内市场上，商品的价值量是由一国范围内的生产该商品的社会必要劳动量决定的。但当面对世界市场，参与全球竞争时，情形就不同了。商品的国际价值量不可能由任何一个国家的社会必要劳动量来决定，而必须是国际范围内的社会必要劳动量。在国内市场上，劳动创造的价值与其劳动生产率成正比。在国际市场上，国别劳动创造的价值与该国的劳动生产率成正比，即一个国家的生产越发达，国民劳动强度和劳动生产率越高，它所创造的价值量也就越多。在经济全球化的今天，国际商品与服务贸易的规模十分庞大，国际资本流动日益迅速，人员流动日益频繁，国际价值甚至是国际生产价格的形成已经成为明显的趋势。在这种情况下，重视科技、管理等复杂劳动在价值创造和财富创造中的作用，提高劳动生产率，就能使较少的国内价值转化为较多的国际价值；否则，较多的国内价值就只能转化为较小的国际价值了。

第二章　价值的生产问题

一　哪些劳动创造（生产）价值

首先要说明，我们目前关注的是经济学中的价值，而不是哲学、伦理学、文学等学科中的价值。恩格斯曾经指出："经济学所知道的唯一的价值就是商品的价值。"① 既然如此，不生产商品的劳动虽然对社会有很大的益处，但不生产价值，也不创造价值。劳动的结果是否作为商品出卖，这是衡量劳动是否创造价值的基础和前提。

在上述前提下，我们来研究哪些劳动创造价值？

（一）抽象劳动创造价值

生产商品的劳动具有二重性，或者说，体现在商品中的劳动具有二重性：一方面，它是具体劳动，生产出商品的使用价值；另一方面，它又是抽象劳动，形成商品的价值。劳动的二重性决定商品的二重性。马克思说："商品中包含的劳动的这种二重性，是首先由我批判地证明的。这一点是理解政治经济学的枢纽。"② 它也是理解价值的关键点。商品为什么具有价值？"只是因为有抽象人类劳动对象化或物化在里面。"③

（二）活劳动创造价值

劳动是人以自身的活动来中介、调整和控制人和自然之间的物质

---

① 《马克思恩格斯文集》第9卷，人民出版社2009年版，第323页。
② 《马克思恩格斯文集》第5卷，人民出版社2009年版，第54—55页。
③ 同上书，第51页。

变换的过程。这种劳动过程中有三大要素：劳动者、劳动对象和劳动资料（劳动手段）。劳动者提供活劳动，而劳动对象和劳动资料则是由物化劳动构成的。只有劳动者的活劳动才是价值的源泉，是价值的创造者，而物化劳动只是转移价值，将自身的价值转移到生产出的新商品中。不过，劳动对象的价值是一次性转移的，而劳动资料（劳动手段）的价值是多次性转移的。

（三）生产劳动创造价值

劳动区分为生产劳动与非生产劳动。只有生产劳动创造价值，而非生产劳动不创造价值。于是，什么是生产劳动，它与非生产劳动的界限或不同点又在哪里，争议颇多。让我们先看一看马克思是怎样说的，马克思认为，生产劳动与非生产劳动，既可以按劳动的自然属性（一般性、普通性）来区分，又可以按劳动的社会性（特殊性、个性）来划分。按前者来划分生产劳动与非生产劳动，有着适用于所有社会的一种共同标准，即凡生产物质产品的劳动都是生产劳动，都创造价值；否则，就是非生产劳动，不创造价值。这就是从简单的劳动过程来划分的生产劳动与非生产劳动。对于这一点，马克思写道："如果整个过程从其结果的角度，从产品的角度加以考察，那么劳动资料和劳动对象表现为生产资料，劳动本身则表现为生产劳动。"对于这个生产劳动的定义，马克思又加了一个注释："这个从简单劳动过程的观点得出的生产劳动的定义，对于资本主义生产过程是绝对不够的。"① 于是，马克思又按上述划分生产劳动与非生产劳动的标准，进一步划分了资本主义社会的生产劳动与非生产劳动。他认为，在资本主义制度下，凡是生产剩余价值的劳动，都是生产劳动。否则，都是非生产劳动。他据此还指出，"生产劳动的概念缩小了"②。

我国经济学界关于如何划分社会主义社会的生产劳动与非生产劳动问题的争论从 1963 年至今已达五十多年，基本上形成宽、中、窄三派。"宽派"的代表人物是著名经济学家于光远。他在《中国经济问题》杂志 1981 年第 1 期上，发表了《社会主义制度下的生产劳动

---

① 《马克思恩格斯文集》第 5 卷，人民出版社 2009 年版，第 211 页。
② 同上书，第 582 页。

与非生产劳动》一文，指出：由于社会主义是公有制，从本质上说，社会主义生产是全社会的生产，都应该承认是从社会主义观点来考察的生产劳动。具体来说，生产劳动应包括：生产物质产品的劳动；生产满足社会消费需要的劳动；从事产品交换和分配的劳动；生产精神产品的劳动；教育的劳动；用于环保和改善环境的劳动。这些劳动都是创造价值的生产劳动。"窄"派的代表人物是老一辈著名经济学家孙冶方。他在《经济学动态》1981年第8期上发表的《生产劳动只能是物质生产的劳动》一文中指出：如果把科教、文卫和服务业等都看作生产部门，在理论上就会陷入以下种种混乱：混淆了物质和精神；混淆了经济基础与上层建筑；混淆了生产与消费；混淆了初次分配与再分配；混淆了生产过程中的主体与客体；混淆了价值和使用价值；混淆了费用与效用；混淆了劳动力价值与劳动力创造的价值。孙老的最后结论是：形成价值的劳动，只能是物质生产领域的劳动。"中派"的代表人物是西北大学经济学院教授何炼成同志。他在《经济研究》1963年第3期上发表了《试论社会主义制度下的生产劳动与非生产劳动》一文。文中指出：在社会主义社会，一切物质生产部门的劳动都是生产劳动；能够满足文化需要的劳动也是生产劳动，是创造价值的劳动。到20世纪80年代中期，何炼成教授更明确肯定，科教、文化、卫生等部门的劳动也是创造价值的生产劳动。

（四）社会劳动创造价值

生产商品的劳动，在私有制下，既是私人劳动，又是社会劳动；在公有制下，既是个别劳动，又是社会劳动。商品是为了满足他人的需要、社会的需要而生产。因而只有社会劳动才形成价值。马克思指出，"劳动产品一旦作为商品来生产，就带上拜物教性质，因此，拜物教是同商品生产分不开的。商品世界的这种拜物教性质，像上面分析已经表明的，是来源于生产商品的劳动所特有的社会性质。"[1] 这种劳动所特有的社会性质，突出表现出商品中的三种矛盾，即使用价值与价值的矛盾，具体劳动与抽象劳动的矛盾，私人劳动与社会劳动的矛盾。这三种矛盾之间的关系，可以图示如下：

---

[1] 《马克思恩格斯文集》第5卷，人民出版社2009年版，第90页。

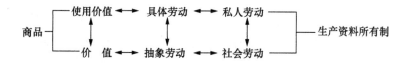

在上述三种矛盾中，私人劳动（个别劳动）与社会劳动的矛盾是主要矛盾。毛主席曾经指出，"研究任何过程，如果是存在着两个以上矛盾的复杂过程的话，就要用全力找出它的主要矛盾。捉住了这个主要矛盾，一切问题就迎刃而解了。"① 根据这个道理，研究商品问题时，必须首先从生产资料所有制问题入手，找出由它决定的私人（个别）劳动与社会劳动的矛盾。这个矛盾决定了其他矛盾以及商品所有者的命运。

（五）复杂劳动创造更多的价值

生产商品的劳动，既有简单劳动，又有复杂劳动。所谓简单劳动是指每个没有任何专长的普通人的有机体平均具有的简单劳动力的耗费。简单劳动虽然在不同的国家和不同的文化时代具有不同的性质和水平，但在一定的社会里是一定的。复杂劳动（主要指科技劳动）是自乘的或者说多倍的简单劳动。因此，少量的复杂劳动等于多量的简单劳动。或者说，在一定的劳动时间内，复杂劳动比简单劳动创造更多的价值。各种不同的复杂劳动如何转化为简单劳动？马克思是这样回答的："各种劳动化为当作它们的计量单位的简单劳动的不同比例，是在生产者背后由社会过程决定的，因而在他们看来，似乎是由习惯确定的。"②

以上考察的五种劳动创造价值的情况既是对立的，又是统一的。它们似乎各自独立地创造价值，其实不然，它们不是独立的和互不相干的，而是一种劳动过程的五种不同的特性或不同的视角。它们表明生产商品、创造价值的劳动的内涵是多么丰富。

---

① 《毛泽东选集》第 1 卷，人民出版社 1952 年版，第 310 页。
② 《马克思恩格斯文集》第 5 卷，人民出版社 2009 年版，第 58 页。

二 怎样计算和统计劳动创造的价值

我国亿万劳动者每年创造（生产）出多少价值？国家统计局如何计算出这个数字的？现在我们来研究这个问题。

从 1952 年至 2014 年的六十多年间，国家统计局计算我国劳动者创造价值的工作可以大体划分为两个阶段。第一阶段（1952—1992）主要通过社会总产值和国民收入这两个指标进行收集资料和计算工作。第二阶段（1993—2014）主要采用国内生产总值和国民总收入这两个指标来计算亿万劳动者辛勤劳动的成果。只要弄清以上四个指标的基本含义及其相互关系，就可以回答我们当前关注的问题了。

（一）社会总产值和国民收入

马克思首先将社会生产的各个部门区分为物质生产部门与非物质生产部门两大类。物质生产部门包括农业、矿业、建筑业以及加工业等行业，而非物质生产部门又称为服务部门，主要包括运输、商业、文教、卫生、通信、金融等行业。社会总产值和国民收入这两个指标都只计算物质生产部门的劳动成果。在物质生产部门，产品的价值由 C + V + m 组成。其中，C 是劳动手段和劳动对象的转移价值，而 V + m 则是劳动者的活劳动创造的价值。所谓社会总产值，就是产品的总价值（C + V + m），而国民收入则是（V + m）。社会总价值与国民收入这两个指标的区别仅在于"C"。

（二）国民总收入（GNP）

国民总收入又称国民生产总值（GNP），是指一个国家（或地区）所有常驻单位在一定时期内收入初次分配的最终结果。一国常驻单位从事生产活动所创造的增加值在初次分配中主要分配给该国的常驻单位，但也有一部分以生产税及进口税（扣除生产和进口补贴）、劳动者报酬和财产收入等形式分配给非常驻单位；同时，国外生产所创造的增加值也有一部分以生产税及进口税（扣除生产和进口补贴）、劳动者报酬和财产收入等形式分配给该国的常驻单位，从而产生了总国民收入的概念。它等于国内生产总值加上来自国外的净要素收入。与国内生产总值不同，国民总收入是个收入概念，而国内生产总值是个生产概念。①

（三）国内生产总值（GDP）

何谓国内生产总值？它是指，"按市场价格计算的一个国家所有常驻单位在一定时期内生产活动的最终成果。国内生产总值有三种表现形态，即价值形态、收入形态和产品形态。从价值形态看，它是所有常驻单位在一定时期内生产的全部货物和服务价值与同期中间投入的全部非固定资产货物和服务价值的差额，即所有常驻单位的增加值之和；从收入形态看，它是所有常驻单位在一定时期内创造并分配给常驻单位和非常驻单位的初次收入之和；从产品形态看，它是所有常驻单位在一定时期内最终使用的货物和服务价值与货物和服务净出口价值之和。在实际核算中，国内生产总值有三种计算方法，即生产法（总产出减中间投入）、收入法（由劳动者报酬、生产税净额、固定资产折旧、营业盈余组成）和支出法（由最终消费、资本形成总额、货物和服务净出口组成）。三种方法分别从不同的方面测算国内总产值及其构成"。② 这三种方法计算的国内生产总值将在本书的不同地方出现。

国内生产总值（GDP）这个经济总量指标已庆祝了八十岁的生日。1934 年 1 月 4 日，经济学家西蒙·库兹涅茨向美国参议院提出了世界上第一套统计经济活动总量的国民经济核算体系。不过，直到多年后，它才有了一个正式的名称：国内生产总值（GDP）。对这个指标的看法在经济学界有很大的分歧。有的说，有很多东西是 GDP 无法反映的，它无法反映人们的生活质量和幸福程度；③ 也有的认为，一国的财富在 GDP 中没有得到体现，或者说 GDP 并不是衡量一国财富的理想指标。④ 还有的国家将贩毒、卖淫以及军火、烟草、酒类的走私等收入均列入 GDP 的统计对象。这样做，将使意大利的 GDP 上升 2%，欧盟经济将增长 2.4%。瑞典和芬兰两国算上非法交易收入，

---

① 国家统计局编：《中国统计年鉴》（2007 年），中国统计出版社 2007 年版，第 95 页。
② 国家统计局编：《中国统计摘要》（2014 年），中国统计出版社 2014 年版，第 179 页。
③ 《参考消息》2014 年 1 月 5 日。
④ 《参考消息》2014 年 11 月 6 日。

GDP 增幅将高达 5%。在英国，仅黑市交易就令 GDP 增长 3%—4%。① 在我国，有的主张"引入知识产权概念，将研发支出计入GDP"。② 新加坡《海峡时报》在 2014 年 10 月 25 日一篇题名《"废黜中国的 GDP"至上》一文中写道："中国国家统计局较早宣布采取步骤终结所谓的'GDP 至上'。常规的 GDP 核算方法将进行适当调整，增加创新和研发之类活动的权重，就像美国不久前所做的那样。显然，这项任务充满挑战。试图调整 GDP 核算方法，使其更多地反映经济生产方面的任何举动，是极其困难的。中国国家统计局调整 GDP 核算最重要的结果，是计划对 GDP 以外的中国经济……还将提供大约 40 个核心指标。这些指标能更好地反映产业升级、技术发展、环境保护、城乡收入差距、城镇化及民生等关键领域的经济和社会变化。"③

三　国内生产总值（GDP）的增长

如上所述，国内生产总值代表着一国劳动者所创造的新价值有多少。现在我们就来研究改革开放三十多年间我国国内生产总值的增长及其诸多增长因素，并提出如何创造更多新价值的一些建议。

（一）国内生产总值（GDP）的增长概况

表 2 - 1　　　我国国内生产总值（GDP）总量与增速

指标 / 年份 / 项目	绝对值					2013 年相对以下各年的增长（%）				年平均增长速度(%)		
	1978	1990	2000	2012	2013	1978	1990	2000	2012	1979—2013	1999—2013	2001—2013
国内生产总值(亿元)	3645	18668	99215	519470	568845	2609	926	343	108	9.8	10.2	10.0

① 《环球时报》2014 年 5 月 26 日。
② 许宪春：《关于我国国民经济核算体系的修正》，《全球化》2014 年第 1 期。
③ 《环球时报》2014 年 10 月 27 日。

续表

指标 年份 项目	绝对值					2013 年相对以下 各年的增长（%）				年平均增长 速度（%）		
	1978	1990	2000	2012	2013	1978	1990	2000	2012	1979— 2013	1999— 2013	2001— 2013
第一产业	1027	5062	14945	52374	56757	475	249	171	104	4.6	4.0	4.2
第二产业	1745	7717	45556	235162	249684	4105	1350	380	108	11.2	12.0	10.8
第三产业	872	5888	38714	231935	262204	3542	978	371	108	10.7	10.4	10.6
人均国内 生产总值	381	1644	7858	38459	41908	1838	774	319	107	8.7	9.3	9.3

资料来源：国家统计局编：《中国统计年鉴》（2014 年），中国统计出版社 2014 年版，第 4—5 页。

表 2-1 的数据表明，我国的国内生产总值在 1979—2013 年以每年 9.8% 的高速增长，2013 年比 1978 年增长 26.1 倍。这在世界上是少有的，这是改革开放的巨大成果。其中，不论第一产业，还是第二、三产业，它们生产的国内生产总值（创造的新价值），都在高速增长。在这期间，虽然我国的人口增长很快，但人均国内生产总值仍以每年 8.7% 的高速度增长。这种现象在中国历史上是极少见的。

（二）国内生产总值（GDP）增长原因分析

（1）国内生产总值高速增长的原因不外乎两个：劳动者人数的增加和劳动生产率的提高。仅就前者而论，我国城乡就业劳动者人数由 1978 年的 4.02 亿增加到 2013 年的 7.7 亿，净增 3.68 亿。另一个原因是劳动生产率的提高，见表 2-2。

表 2-2　　　我国社会劳动生产率提高情况　单位：GDP 元/人·年

年份	社会劳动生产率	三次产业的劳动生产率		
		第一产业	第二产业	第三产业
1978	908	593	11398	1785
1990	2872	1301	5569	4915
2000	13780	4146	28088	19529
2012	67724	20321	101184	83761
2013	73898	23564	107762	83475

资料来源：根据《中国统计年鉴》（2014 年）的有关资料计算而得出的结果。

从表 2 - 2 中的数据可以看出，改革开放 35 年间，我国的社会劳动生产率有显著提高，全社会的劳动生产率由 1978 年的 908 元/人·年增长到 2013 年的 73898 元/人·年，增长 80.4 倍，平均每年增长 6.2%。其中，第一产业的劳动生产率由 593 元/人·年增长到 2013 年的 23564 元/人·年，增长 38.7 倍，平均每年增长 4.0%；第二产业的劳动生产率由 11398 元/人·年增长到 2013 年的 107762 元/人·年，增长 8.5 倍，平均每年增长 4.5%；第三产业的劳动生产率由 1785 元/人·年增加到 83475 元/人·年，增长 45.8 倍，平均每年增长 4.5%。在三次产业中，第二产业增长最快，第三产业次之，第一产业最低。这符合产业发展规律。社会劳动生产率是极其重要的。革命导师列宁曾经指出："劳动生产率，归根到底，是使新社会制度取得胜利的最重要最主要的东西。资本主义创造了在农奴制度下所没有过的劳动生产率。资本主义可以被最终战胜，而且一定会被最终战胜，因为社会主义能够创造新的高得多的劳动生产率。这是很困难很长期的事业，……共产主义就是利用先进技术的、自愿自觉的、联合起来的工人所创造的较资本主义更高的劳动生产率。"① 毛主席在新中国成立前夕指出："世间一切事物中，人是第一个可宝贵的。在共产党领导下，只要有了人，什么人间奇迹也可以创造出来"。②

（2）三次产业对国内生产总值（GDP）的拉动与贡献各不相同。请看表 2 - 3 和表 2 - 4 的情况。

表 2 - 3　　　　　　三次产业对国内生产总值增长的拉动　　　　　单位：%

项目 年份	国内生产总值	第一产业	第二产业	其中：工业	第三产业
1990	3.8	1.6	1.6	1.5	0.7
1995	10.9	1.0	7.0	6.4	2.9
2000	8.4	0.4	5.1	4.9	2.9
2005	11.3	0.6	5.8	4.9	4.9
2010	10.4	0.4	5.9	5.1	4.1

---

① 《列宁专题文集》（论社会主义），人民出版社 2009 年版，第 151 页。
② 《毛泽东选集》第四卷，人民出版社 1960 年版，第 1449 页。

项目 年份	国内生产总值	第一产业	第二产业	其中：工业	第三产业
2011	9.3	0.4	4.8	4.2	4.1
2012	7.7	0.4	3.7	3.1	3.5
2013	7.7	0.4	3.7	3.1	3.6

注：本表按不变价格计算。产业拉动指国内生产总值增长速度与各产业贡献率之乘积。

资料来源：《中国统计年鉴》（2014 年），中国统计出版社 2014 年版，第 61 页。

表 2 - 4　　　　　　　　**三次产业贡献率**　　　　　单位：%

项目 年份	国内生产总值	第一产业	第二产业	其中：工业	第三产业
1990	100.0	41.6	41.9	39.7	17.3
1995	100.0	9.1	64.3	58.5	26.6
2000	100.0	4.4	60.8	57.6	34.8
2005	100.0	5.6	51.1	43.4	43.3
2010	100.0	3.8	56.8	48.5	39.3
2011	100.0	4.6	51.6	44.7	43.8
2012	100.0	5.7	8.7	40.6	45.6
2013	100.0	4.9	48.3	39.9	46.8

注：本表按不变价格计算。产业贡献率指各产业增加值增量与国内生产总值增量之比。

资料来源：《中国统计年鉴》（2014 年），中国统计出版社 2014 年版，第 61 页。

　　表 2 - 3、表 2 - 4 的数据表明，三次产业对国内生产总值（GDP）增长各自做出了多大贡献，拉动国内生产总值（GDP）增长多少。在 1990 年时，第一产业的贡献率为 41.6%，第二产业的贡献率为 41.9%（其中工业为 39.7%），第三产业的贡献率为 17.3%。可见，第一产业的贡献最大、第三产业的贡献最少。显然，我国还是个以农业为主的国家。二十三年后，2013 年第一产业的贡献率仅为 4.9%，而第二产业的贡献率则上升到 48.3%（其中工业为 39.9%），第三产业的贡献率上升更多，达到 46.8%。这些事实证明，在短短的二十多年间，我国的产业结构发生了巨大的变化，成为工业、服务业并重的国家，结束了农业经济时代。这种变化从三次产业对国内生产总值

（GDP）增长的拉动情况可以看得更清楚。在 1990 年时，国内生产总值（GDP）增长 3.8 个百分点。其中农业 1.6 个百分点，工业 1.5 个百分点，而第三产业仅有 0.7 个百分点。这些事实也说明，那时我国确实处于以农业为主的时代，工业虽然接近农业，但第三产的拉动作用微不足道。二十多年后，情况发生了根本变化。在 2013 年，国内生产总值（GDP）增长 7.7 个百分点，其中农业仅有 0.4 个百分点，工业有 3.1 个百分点，而第三产业则达到 3.6 个百分点。可见，第三产业占据了首位。这种情况表明，我国已经进入以服务经济为主的时代。

四　国内生产总值（GDP）的结构

国内生产总值（GDP）的结构，又称国内生产总值（GDP）的构成。这种结构又可细分为各种产业（主要是第一、二、三产业）结构、地区之间的结构等。

（一）国内生产总值（GDP）的产业结构

我们首先考察国内生产总值（GDP）的产业结构，又称三次产业结构。这种结构三十多年来发生了显著变化，见表 2－5。

表 2－5　　　　　国内生产总值（GDP）的产业结构　　　　单位：%

占比\年份	国内生产总值	第一产业	第二产业	工业	建筑业	第三产业
1978	100.0	28.2	47.9	44.1	3.8	23.9
1985	100.0	28.4	42.9	38.3	4.6	28.7
1990	100.0	37.1	41.3	36.7	4.6	31.5
1995	100.0	20.0	47.2	41.0	4.1	32.9
2000	100.0	15.1	45.9	40.4	5.6	39.0
2005	100.0	12.1	47.4	41.8	5.6	40.5
2010	100.0	10.1	45.5	40.0	6.6	43.2
2013	100.0	10.0	43.9	37.0	6.9	46.1

注：本表按现行价格计算而得。

资料来源：国家统计局编：《中国统计年鉴》（2014 年），中国统计出版社 2014 年版，第 51 页。

从表 2 – 5 的数据可以看出，改革开放三十多年来，我国的国内生产总值（GDP）的结构发生了重大变化。第一产业所占比重显著下降，由 1978 年的 28.2％降至 2013 年的 10.0％。而与此相反，第三产业所占比重则显著上升，由 1978 年的 23.9％上升至 2013 年的 46.1％。第二产业的比重基本稳定，略有下降。以 2013 年的情况而论，第三产业的比重最高，而第一产业的比重最低，第二产业居中。这些事实表明，我国确实进入了以第三产业为主的服务经济时代。

（二）国内生产总值（GDP）的地区结构

大家知道，我国地域辽阔，幅员广大，各地区的自然条件和社会、经济、文化水平相差很大。因而，各地区的地区生产总值尤其人均地区生产总值相差悬殊。详见表 2 – 6 的资料。

表 2 – 6 　　　　　　　2013 年我国地区生产总值结构概况

生产总值 地区	地区生产总值		人均地区生产总值	
	总额（亿元）	占全国的比重(％)	总额（元）	在全国的名次
合计	629994	100.00		
北京	19500	3.10	93213	2
天津	14370	2.28	99607	1
河北	28301	4.49	38716	16
山西	12602	2.00	34813	22
内蒙古	16832	2.67	67498	6
辽宁	27077	4.30	61686	7
吉林	12981	2.06	47191	11
黑龙江	14382	2.28	37509	17
上海	21602	3.43	90092	3
江苏	59161	9.39	74607	4
浙江	37568	5.96	68462	5
安徽	19.38	3.02	31684	25
福建	21759	3.45	57856	8
江西	14338	2.28	31771	26
山东	54684	8.68	56323	10
河南	32155	5.10	34174	23

续表

地区\生产总值	地区生产总值		人均地区生产总值	
地区	总额（亿元）	占全国的比重(%)	总额（元）	在全国的名次
湖北	24668	3.92	42613	14
湖南	24501	3.89	36763	19
广东	62163	9.86	58540	9
广西	14378	2.28	30588	15
海南	3146	0.50	35317	21
重庆	12656	2.01	42795	12
四川	26260	4.17	32454	24
贵州	8006	1.27	22922	30
云南	11720	1.86	25083	28
西藏	807	0.13	26068	27
陕西	16045	2.55	42692	13
甘肃	6268	0.99	24296	29
青海	2101	0.33	36510	20
宁夏	2565	0.41	39420	15
新疆	8360	1.33	37181	18

资料来源：根据国家统计局《中国统计年鉴》（2014年）的数据计算而得。

表2-6的数据首先表明了我国各地区的地区生产总值的不同规模与结构。不同的规模就是不同的经济实力。最大的广东地区生产总值（62163亿元）相当于规模最小的西藏地区生产总值（807亿元）77倍。或者说，西藏地区生产总值仅仅是广东地区生产总值的1/77，大约相当于广东省的一个县的地区生产总值。这在一定程度上反映出我国经济发展水平上的地区差距。这种差距在人均地区生产总值方面则小得多。就人均地区生产总值而论，天津市最高，达99607元，而贵州最低，仅有22922元。

五　国内生产总值的二重形态

马克思劳动价值理论认为，商品有二重性（两个因素），即使用价值和价值。商品的这种二重性决定了财富有两种形态，即使用价值形态（自然形态）与价值形态（社会形态）。不论财富的社会形态如何，使用价值总是构成财富的物质内容。或者说，物质财富本身就是由使用价值构成的。所谓价值形态财富是指用货币表现和计量的财富。简言之，它就是货币形态的财富。以上这两种形态的财富既有统一性，又有矛盾对立性。它们在一定条件下能够相互转化，也能够相对独立存在和运行。但是，它们的创造者不同，或者说，创造它们的源泉不同。威廉·配第曾有一句名言："劳动是财富之父，土地是财富之母。"这里所说的财富当然是指使用价值形态的财富。它的创造者既有人的劳动，又有自然界的土地。然而价值形态的财富则只是由人类劳动创造的，其中没有任何一个自然原子的作用。上述分析表明，只有人类劳动才能既创造使用价值形态的财富，又创造价值形态的财富。国内生产总值（GDP）就是如此，它只是由人类劳动创造的。其中没有任何自然原子或法权、财权的作用。我国的国内生产总值（GDP）是极其庞大的商品堆集。这些商品具有二重性，既有使用价值，又有价值。这种二重性决定了我国的国内生产总值（GDP）具有二重形态，即使用价值形态（自然形态或实物形态）与价值形态（货币形态）。因此，为了保证国民经济均衡、协调和可持续发展，我国的国内生产总值（GDP）不仅要在总体上保持价值形态（货币形态）的平衡（如财政平衡、信贷平衡、外汇平衡等），而且要在自然形态（实物形态）方面保持大宗商品的供求平衡（如粮食的供求平衡、主要能源的供求平衡等）。总之，国内生产总值离不开国民经济综合平衡；反之，国民经济综合平衡也必须以国内生产总值为主体。这是我国宏观经济的根本问题，是我国经济健康、稳定高速发展的基础。

由于服务业的情况极其复杂，哪些服务业创造价值，哪些服务业不创造价值，很难统一认识。因此，对于哪些劳动创造国内生产总值、国民经济综合平衡包括哪些内容等问题的回答大约经历了三个阶段，形成三种不同的答案。从1952年至1984年这三十多年属第一阶段，认为创造价值者是工业、农业、建筑业、交通运输业和商业之五大物质生产部门的劳动者。在这个阶段，采用苏联的物质产品平衡表体系（简称 MPS）对国民经济进行核算。第二阶段是 1985 年至 1992 年，我国国民经济核算采用了从 MPS 体系向市场经济国家普遍采用的 SNA 体系转变的过渡型（混合型）体系。这个体系中的核心指标，既包括 MPS 体系的国民收入，又包括 SNA 体系中国内生产总值（GDP）。第三阶段是从 1993 年至今。在这个阶段上，只采用 SNA 体系，国内生产总值（GDP）成为国民经济核算的核心指标。① 现在我们要问，我国国民经济核算体系为什么要从 MPS 体系转向 SNA 体系？根本原因在于，服务业（或第三产业）中的劳动是否创造价值？是不是生产劳动？MPS 体系持否定态度，不承认服务业（第三产业）中的劳动是生产劳动，是创造价值的劳动；而 SNA 体系则相反，持肯定的态度，承认服务业（第三产业）的劳动是生产劳动，是创造价值的劳动。

服务业是极其复杂的。哪些服务业创造的价值应计入国内生产总值（GDP）？哪些服务业并不创造价值？各国的计算口径大不相同，真可谓八仙过海，各显其能。意大利和欧洲一些国家将贩毒、卖淫收入计入 GDP。据意大利《新闻报》报道，意大利国家统计局为拉动国内生产总值（GDP），宣布从 2014 年 9 月起，把贩毒、卖淫等非法收入计入 GDP。同时，意大利国家统计局还将军火、烟草和酒类走私列入 GDP 的统计对象。统计方法改变后，意大利的 GDP 将上升 2%。据意大利银行估计，2012 年该国总体犯罪经济高达 GDP 的 10.95%。欧盟统计机构称，如将非法经济收入计入 GDP，欧盟经济将增长 2.4%。② 由此可知，仅以 GDP 的多少衡量国家的经济实力，并不科学、公平和合理。然而，舍此也别无他途！

① 许宪春：《关于我国国民经济核算体系的修订》，《全球化》2014 年第 1 期。
② 史克栋、徐珍珍：《意大利将贩毒、卖淫计入 GDP》，《环球时报》2014 年 5 月 26 日。

第三章　价值的分配问题

一　社会需求决定着价值的分配与使用

（一）马克思关于价值分配与使用问题的论述

马克思写道："所谓的分配关系，是同生产过程的历史地规定的特殊社会形式，以及人们在他们的人类生活的再生产过程中相互所处的关系相适应的，并且是由这些形式和关系产生的。这些分配关系的历史性质就是生产关系的历史性质，分配关系不过表现生产关系的一个方面。"① 他还写道："在生产中，社会成员占有（开发、改造）自然产品供人类需要；分配决定个人分取这些产品的比例。"② 他又说："分配借社会规律决定生产者在产品世界中的份额，因而出现在生产与消费之间。"③ 他还说过："分配关系和分配方式只是表现为生产要素的背面。……分配的结构完全决定于生产的结构。分配本身是生产的产物，不仅就对象说是如此，而且就形式说也是如此。就对象说，能分配的只是生产的成果，就形式说，参与生产的一定方式决定分配的特殊形式，决定参与分配的形式。"④ 马克思的这些论述对于研究我国当前的社会产品价值的分配和使用问题仍然具有指导意义。

（二）支出法国内生产总值的规模

以支出法（或收入法）计算的国内生产总值（GDP）是从价值的

---

① 《马克思恩格斯文集》第 7 卷，人民出版社 2009 年版，第 999—1000 页。
② 《马克思恩格斯文集》第 8 卷，人民出版社 2009 年版，第 12 页。
③ 同上书，第 18 页。
④ 同上书，第 19 页。

分配和最终使用的角度来反映我国在一定时期内生产活动创造（生产）的价值是如何分配和使用的。简言之，支出法（或收入法）计算的国内生产总值（GDP）这个指标表明，我国一定时期创造（生产）的价值最终使用在三个方面：最终消费支出、资本形成总额和货物与服务的净出口。从需求方面看，这就是三大需求。它的计算公式是：支出法国内生产总值＝最终消费支出＋资本形式总额＋货物和服务净出口。我国以支出法计算的国内生产总值在改革开放三十多年间（1978—2013）的大致情况如表3－1所示。

表3－1　　　　　　　　　　　　支出法国内生产总值

年份	支出法国内生产总值（亿元）	最终消费支出	资本形成总额	货物和服务净出口	最终消费率（消费率%）	资本形成率（投资率%）
1978	3605.6	2239.1	1377.9	－ 11.4	62.1	38.2
1980	4592.9	3007.9	1599.7	－ 14.7	65.5	34.8
1985	9076.7	5986.3	3457.5	－ 367.1	66.0	38.1
1990	19347.8	12090.5	6747.0	510.3	62.5	34.9
1995	63216.9	36748.2	25470.1	998.6	58.1	40.3
2000	98749.0	61516.0	34842.8	2390.2	62.3	35.3
2005	187423.4	99357.5	77856.8	10209.1	53.0	41.5
2010	402816.5	194115.0	193603.9	15097.6	48.2	48.1
2011	142619.2	232111.5	228344.3	12163.3	49.1	48.3
2012	529399.2	261993.6	252773.2	14632.4	49.5	47.7
2013	586673.0	292165.6	280356.1	14151.3	49.8	47.8

注：最终消费率指最终消费支出占支出法国内生产总值的比重；资本形成率指资本形成总额占支出法国内生产总值的比重。

资料来源：国家统计局编：《中国统计年鉴》（2014年），中国统计出版社2014年版，第68页。

表3－1的资料表明，我国的支出法国内生产总值在改革开放三十多年间高速增长。2013年是1978年的162.7倍。平均每年增长8.3%。这是增加消费支出和积累更多资本的物质基础，是国家富强

的重要象征。在此期间，最终消费支出增长 129.5 倍，平均每年增长 7.6%；资本形成总额增长 202.5 倍，平均每年增长 9%。由于资本增长的速度高于消费增长的速度，必然出现资本形成率（投资率）上升的趋势和消费率下降的趋势。在"十五"、"十一五"和"十二五"期间，甚至出现了高投资、低消费的问题。根据我国 1953 年至今的六十多年经验，投资率（积累率）的最高界限在 40%，相应地消费率最低界限在 60%。从国外因素分析，货物和服务的净出口（或净进口）对我国的消费与投资关系的影响不大。它在每年的支出法国内生产总值中仅占 1%—2%，这不会引起消费率或投资率的重大变化。

（三）支出法国内生产总值的结构

其一，最终消费支出在 35 年间规模增大和结构变化。最终消费支出由 2239.1 亿元增加到 292165.6 亿元，增长 129.5 倍，平均每年增长 7.6%。其中，居民消费支出由 1754.1 亿元增加到 212187.5 亿元，增长 120.0 倍，平均每年增长 7.4%；政府消费支出由 480.0 亿元增加到 79978.1 亿元，增长 165.6 倍，平均每年增长 8.6%。由于政府消费支出比居民消费支出增长更快更多，因而在我国的最终消费支出中，政府消费的比重呈现上升的趋势，由 1978 年的 21.4% 上升至 2013 年的 27.4%；与此相反，居民消费的比重呈现下降的趋势，由 1978 年的 78.6% 降至 2013 年的 72.6%。这是值得注意的问题，廉洁的政府应当与居民一样，过多的消费是不好的。至于农村居民消费与城镇居民消费的关系在三十五年间也发生了重大变化。农村居民消费支出由 1092.4 亿元增加到 47113.5 亿元，增长 42.1 倍，平均每年增长 4.3%；城镇居民消费支出由 666.7 亿元增加到 165074.0 亿元，增长 246.6 倍，平均每年增长 9.6%。由于城镇居民消费支出增长更多更快，所以它的比重呈现明显的上升趋势，由 1978 年的 37.9% 上升至 2013 年的 77.8%。与此相反，农村居民消费所占的比重则呈现下降的趋势，由 1978 年的 62.1% 降至 2013 年的 22.2%。这种巨大变化原因是复杂的、多方面的。其中值得重视的可能有两个原因：一是大批农民进城，由农村居民变为城镇居民，即城镇化了；二是平均农民消费支出比城镇居民消费支出要少，因而，相同的人数，而消费支出总额则农民要少，所占比重也低一些。城乡关系、工

表3-2　支出法国内生产总值的结构及其变化

年份	最终消费支出								资本形成总额			
	绝对数（亿元）				结构（%）				绝对数（亿元）		结构（%）	
	居民消费支出	农村居民	城镇居民	政府消费支出	最终居民消费支出	政府消费支出	农村居民	城镇居民	固定资本形成总额	存货变动	固定资本形成总额	存货变动
1978	1754.1	1092.4	666.7	480.0	78.6	21.4	62.1	37.9	1073.9	304.0	77.9	22.1
1980	2331.2	1411.0	920.2	676.7	77.5	22.5	60.5	39.5	1322.4	277.3	82.7	17.3
1985	4687.4	2809.6	1877.8	1298.9	78.3	21.7	59.9	40.1	2672.0	785.5	77.3	22.7
1990	9450.9	4683.1	4767.8	2639.6	78.2	21.8	49.6	50.4	4827.8	1919.2	71.6	28.4
1995	28369.7	11271.6	17098.1	8378.5	77.2	22.8	39.7	60.3	20885.0	4585.1	82.0	18.0
2000	45854.6	15147.4	30707.2	15661.4	74.5	25.5	33.0	67.0	33844.4	998.4	97.1	2.9
2005	72958.7	19958.4	53000.3	26398.8	73.4	26.6	27.4	72.6	74232.9	3624.0	95.3	4.7
2010	140758.6	31974.6	108784.0	53356.3	72.5	27.5	22.7	77.3	183615.2	9988.7	94.8	5.2
2011	168956.6	38969.6	129987.0	63154.9	72.8	27.2	23.1	76.9	215682.0	126662.3	94.5	5.5
2012	190584.6	43065.4	147519.2	71409.0	72.7	27.3	22.6	77.4	241756.8	11016.4	95.6	4.4
2013	212187.5	47113.5	165074.0	79978.1	72.6	27.4	22.2	77.8	269075.4	11280.7	96.0	4.0

资料来源：国家统计局编：《中国统计年鉴》（2014年），中国统计出版社2014年版，第69页。

农关系是迈向现代富强国家，实现中国梦的重大课题之一，要高度重视。其二，资本形成总额及其结构的变化。固定资本形成总额由1978年的1073.9亿元增长到269075.4亿元，增长249.6倍；存货由304.0亿元增长到11280.7亿元，增长36.1倍。由于前者比后者增长快，所以资本形成所占比重上升，而存货比重下降。这说明我国改革开放三十多年经济的质量和效益还是比较好的。

（四）三大需求对国内生产总值增长的贡献率和拉动

我国的国内生产总值的规模增大和结构变化的基础性原因在于三大需求的拉动：13亿多人的消费需求、巨额的投资需求和快速增长的货物与服务净出口的需求。拉动国内生产总值高速增长的详细情况见表3-3。

表3-3　　　　三大需求对国内生产总值增长的贡献率和拉动

年份	最终消费支出		资本形成总额		货物和服务净出口	
	贡献率(%)	拉动(%)	贡献率(%)	拉动(%)	贡献率(%)	拉动(%)
1978	39.4	4.6	66.0	7.7	-5.4	-0.6
1980	71.8	5.6	26.4	2.1	1.8	0.1
1985	85.5	11.5	80.9	10.9	-66.4	-8.9
1990	47.8	1.8	1.8	0.1	50.4 -	1.9
1995	44.7	4.9	55.0	6.0	0.3	
2000	65.1	5.5	22.4	1.9	12.5	1.0
2005	39.0	4.4	38.8	4.4	22.2	2.5
2010	43.1	4.5	52.9	5.5	4.0	0.4
2011	56.5	5.3	47.7	4.4	-4.2	-0.4
2012	55.1	4.2	47.0	3.6	-2.1	-0.1
2013	50.0	3.9	54.4	4.2	-4.4	-0.3

注："贡献率"指三大需求增量分别与支出法国内生产总值增量之比；"拉动"指国内生产总值增长速度分别与三大需求贡献率的乘积。

资料来源：国家统计局编：《中国统计摘要》（2014年），中国统计出版社2014年版，第36页。

表 3 - 3 的数据表明，拉动我国国内生产总值增长的最大的因素是最终消费支出。其次是资本形成总额即投资额。净出口仅在个别年份（如 1985 年）起到较大的作用。这种态势今后还会继续。我国的国内市场是全球最大的市场。这个事实在 21 世纪是不会改变的。13 亿多人民的生活消费是经济发展最强大的动力。我们要以国内、国外两个市场为基础，但必须指出，国内市场始终占主体地位。不断开拓国内市场是永恒的主题。

二　国民收入初次分配问题

（一）国民收入分配问题的历史沿革

在西方，历史上第一个估算国民收入的经济学家是重商主义者威廉·配第（1623—1687 年）。马克思称誉他为"现代政治经济学之父"，"最有天才的和最有创见的经济学家"。他估算当时英国一年的国民收入为 7000 万英镑。法国重农学派创始人弗朗斯瓦·魁奈（1691—1774 年）在其创立的《经济表》中估算了法国当时的国民收入，即纯产品。马克思曾经称他为"现代政治经济学的真正鼻祖。"亚当·斯密（1772—1823 年）在其 1776 年出版的《国民财富的性质和原因的研究》著作中，进一步发展了古典经济学派的国民收入理论。他认为，工人的工资、地主的地租、资本家的利润这三种人的三种收入的总和就是国民收入。并不像重农学派的魁奈所说的只有土地所有者（地主）的收入才是国民收入（纯收入）。斯密的错误在于，他说工资、地租、利润这三种收入构成商品的价值。这就是所谓的"斯密教条"。这样，他就抛弃了商品价值中的"C"。大家知道，商品价值 = C + V + M。其中 V + M，是新创造的价值，即工资、地租和利润。而 C 是劳动对象和劳动手段的转移价值。斯密的错误还在于，他认为创造价值的不仅有工人的劳动，还有资本和土地。这样就把劳动价值论引入歧途。大卫·李嘉图（1883—1946 年）把国民收入分配问题作为政治经济学的研究对象。他提出了工资、地租、利润三者的对立，反映了工人、地主、资本家三个阶级的对立。① 20 世纪 30 年代，英国著名经济学家凯恩斯在他的著作《就业、利息和货币通论》中提出了他的国民收入理论。这就是他的关于国民收入的三个公式，即：

收入 = 消费 + 储蓄（$Y = C + S$）

收入 = 消费 + 投资（$Y = C + I$）

储蓄 = 投资（$S = I$）

当代西方经济学界大多沿用凯恩斯的这三个公式，没有新理论出现。从历史上看，英国既是国民收入理论学说的策源地，又是实际计算国民收入的先行者。不过在第一次世界大战前，国民收入的计算和研究都是由个人进行的。20 世纪 30 年代，第二次世界大战爆发后，在凯恩斯等经济学家的催促下，英国政府在 1939 年开始承担这项工作任务。当时在凯恩斯的直接指导下，由斯通（R. Ston）和米德（J. E. Meade）等进行计算操作。此后其他国家和国际组织陆续开始这项工作。1939 年，国际联盟在其出版的《世界经济概览》中，公布了 26 个国家的国民收入数字，这是世界上的首创。

在中国，20 世纪 40 年代，巫宝三曾经组织当时中央研究院社会科学研究所的几位研究人员，共同研究和计算了中国 1933 年的国民收入（参阅中华书局出版的《中国国民所得，1933》）。后来，他们又计算了 1936—1946 年的数字。这是中国历史上第一份国民收入统计，确属宝贵历史资料。新中国成立后，杨坚白于 1951 年组织当时东北统计局的统计人员，研究和计算了东北地区的国民收入。以后逐年计算，当时参加这项工作的有岳巍、钟兆修等人。1954 年，杨坚白调入国家统计局后，曾经主持全国的国民收入计算工作，为新中国的国民收入统计奠定了基础。杨坚白在国民收入理论研究方面，也是新中国的第一人。1955 年，他在国家计委办的《计划经济》杂志创刊号上发表了题为《国民收入的基本概念和国民收入计划的作用》这篇论文。同年，他在《计划经济》第 2 期上又发表了《国民收入的生产

---

① 参见杨坚白、余广华主编的《中国国民收入实证分析》一书中的有关内容。该书由经济管理出版社 1992 年出版。

和计算方法》一文；在《计划经济》第 3 期上还发表了《社会主义国民收入的分配和使用》一文。这三篇论文标志着杨坚白是新中国研究和计算国民收入的开拓者。1978 年改革开放以后，杨坚白更多地研究国民收入及其分配问题，先后出版了国民收入的几部著作。其中有：《社会主义社会国民收入的若干理论问题》（中国社会科学出版社 1983 年版）；《中国国民收入实证分析》（经济管理出版社 1992 年版）。①

（二）国民收入初次分配（原始分配）问题

国民收入分配有初次分配与再分配之别。我们先研究国民收入初次分配问题。所谓国民收入初次分配是指国民收入在物质生产领域的分配。在这种分配中，要正确认识和处理两种关系，一是必要产品与剩余产品的关系，二是国家、企业和劳动者之间的关系。大家知道，物质生产领域生产出的产品的价值是由 C、V、m 三部分组成。其中的 V、m 两部分是劳动者新创造的价值。V 部分是劳动者应得的报酬（工资），而 m 部分则归企业和国家支配。企业分得的部分用于两方面，一方面给本企业职工发放工资、奖金、津贴，以及给生活困难职工补助等；另一方面用于企业的扩大再生产。国家通过各种税收或利润提成等方式取得，用来满足文化、教育、卫生、国防等各种社会需要。马克思在《哥达纲领批判》一文中曾经严厉斥责拉萨尔的否定剩余产品、分光吃净的所谓"不折不扣的劳动所得"的观点。恩格斯在《反杜林论》这部著作中，批判了杜林全部分掉剩余产品的设想，并指出了剩余产品的巨大的社会价值。他写道："劳动产品超出维持劳动的费用而形成的剩余，以及社会生产基金和后备基金从这种剩余中的形成和积累，过去和现在都是一切社会的、政治的和智力的继续发展的基础。"②

（三）我国国民收入初次分配概况

近二十年来，我国国民收入初次分配的情况如表 3 - 4 所示。

---

① 请参见张卓元等主编《20 世纪中国知名科学家成就概览》（经济学卷，第一分册），科学出版社 2013 年版，第 247—256 页。

② 《马克思恩格斯文集》第 9 卷，人民出版社 2009 年版，第 202 页。

表 3 - 4　　　　　　　　　我国国民收入初次分配情况

年份	国民总收入		企业收入		政府收入		居民收入	
	总额（亿元）	(%)	总额（亿元）	(%)	总额（亿元）	(%)	总额（亿元）	(%)
1993	34560.5	100.0	7123.1	20.6	5815.0	16.8	21622.4	62.6
2004	159587.1	100.0	39076.5	24.5	28465.0	17.8	92045.6	57.7
2012	518214.7	100.0	117776.5	22.7	80975.9	15.6	319462.4	61.6

资料来源：根据《中国统计年鉴》有关年份的统计资料计算而得。

　　表3-4的数据表明，近二十年来，我国的国民收入初次分配的规模虽然有显著的扩大，但其结构变化不大，比较平稳。企业收入所占的比重略有上升，而政府收入的比重则有点下降，居民收入所占比重略有下降。三者的关系大体上是协调的，兼顾了国家、企业和居民三者的利益。

　　应当指出，国民收入初次分配是生产领域之内的分配。这种分配中有两种关系要重视处理好。一种是职工与企业的关系。在国有企业中，因为职工是企业的主人，职工与企业之间并不存在对抗性矛盾，根本利益是一致的，如何分配企业与职工要进行多方协商，兼顾双方的利益。在私营企业（或混合型企业）中，企业主与职工的矛盾多些，是否存在剥削？观点不同。有的认为存在剥削，有的则认为这里并不存在剥削。这种企业并不是资本主义国家里的私人企业，而是社会主义国家的企业，政权的性质变了。另一种是企业与国家的关系。这种关系在社会主义国家里也不同于资本主义国家里。由于国家政权是工人阶级领导的工农联盟为基础的人民当家做主的政权，企业的职工不再成为剥削的对象。因而，企业与国家是命运共同体。一方有难，八方支援。国家向企业的征税、利润提成以及其他社会负担要适度。

三　国民收入再分配问题

（一）何谓国民收入再分配？为什么要进行国民收入再分配

　　如上所述，国民收入初次分配是在物质生产领域之内进行的分配。与此不同，所谓国民收入再分配是指国民收入在全社会范围内的分配。之所以进行再分配，主要理由在于：

（1）在五大物质生产部门（工业、农业、建筑业、交通运输业、商业）之间经常出现不协调、不能均衡发展问题。有的要扩大规模，提高速度。与此相反，有的要缩小规模，降低速度。还有的要建立和发展新的生产部门、新的产业项目、新的生产基地。为了使生产领域各部门均衡、协调发展，需要对国民收入进行再分配，以促进产业结构合理化、地区结构科学化。

（2）满足非物质生产部门，即各类服务部门的需要。科研、教育、文化、卫生、体育等部门以及国防、行政、公安、司法等部门所需要的物质资料以及这些部门的职工及其家属所需要的各种产品，都由国民收入再分配解决。当然，要通过市场交换。

（3）在社会主义制度下，年老丧失劳动能力的公民，残疾者、孤儿等的赡养和教育方面的需要，必须由社会加以保障。因种种原因，家庭基本生活难以保证的城乡困难户，也要给予补助，国家不能置若罔闻，这都要通过国民收入再分配解决。

（4）随着经济体制、社会体制改革的深化，城乡劳动力市场已经出现，必然出现劳动力的大量流动。在这个过程中，很难保证劳动者都能就业，可能出现一些失业者或待业者。有的甚至相当长时间找不到工作。这样，为了保证社会的安定，必须以救济金的形式解决失业者的基本生活需要。这也需要依靠国民收入再分配解决。

（5）在国民收入再分配中不能忽视国际经济因素。我国是开放型的国家，在对外交流中，流出的资金、流入的资金以及利息的偿付，都要经过国民收入再分配，至少会影响国民收入再分配。我国巨额外汇储备、大量的国际债券以及对外投资等都会涉及国民收入再分配。

（二）经典作家关于国民收入再分配问题的基本观点

马克思在《哥达纲领批判》一文中，深刻阐明了新社会的"社会总产品"的分配问题。他写道：应当从社会总产品中做以下扣除：

第一，用来补偿消耗掉的生产资料的部分。

第二，用来扩大再生产的追加部分。

第三，用于应付不幸事故、自然灾害等的后备基金或保险基金。

剩下来的总产品中的另一部分是用来作为消费资料的。在把这部分进行个人分配之前，还得从里面扣除：

第一，同生产没有直接关系的管理费用。

第二，用来满足共同需要的部分，如学校保健设施等。

第三，为丧失劳动能力的人等设立的基金，总之，就是现在属于所谓的官办济贫事业的部分。①

列宁在《国家与革命》这部著作中进一步发展了马克思关于社会总产品的分配理论。列宁写道："马克思在《哥达纲领批判》中，详细地驳斥了拉萨尔关于劳动者在社会主义下将领取'不折不扣的'或'全部的劳动产品'的思想。马克思指出，从整个社会的全部社会劳动中，必须扣除后备基金、扩大再生产的基金和机器'磨损'的补偿等等，然后从消费品中还要扣除用做管理费用以及用于学校、医院、养老院等等的基金。马克思不像拉萨尔那样说些含糊不清的笼统的话（'全部劳动产品归劳动者'），而是对社会主义社会必须怎样管理的问题作了冷静的估计。"②

斯大林在《苏联社会主义经济问题》的著作中，全面阐发了马克思的社会再生产理论，其中包括社会产品分配以及社会基金形成和使用的原理。他写道："马克思的再生产理论的这些基本原理，比如，关于社会生产分之为生产资料的生产与消费资料的生产的原理；关于在扩大再生产条件下生产资料生产的增长占优先地位的原理；关于第一部类和第二部类之间的比例关系的原理；关于剩余产品是积累的唯一源泉的原理；关于社会基金的形成和用途的原理；关于积累是扩大再生产的唯一源泉的原理，——马克思的再生产理论的这一切基本原理，不仅对于资本主义社会形态是有效的，而且任何一个社会主义社会在计划国民经济时，不运用这些原理也是不行的。"③

毛泽东主席在《论十大关系》中，专门把国家、生产单位和生产者个人的关系作为第四种关系加以论述。他写道：国家和工厂、合作

---

① 《马克思恩格斯文集》第 3 卷，人民出版社 2009 年版，第 432—433 页。

② 《列宁专题文集》（论马克思主义），人民出版社 2009 年版，第 262—263 页。

③ 《斯大林文选》（1934—1952），人民出版社 1962 年版，第 636 页。

社的关系，工厂、合作社和生产者个人的关系，这两种关系都要处理好。为此，就不能只顾一头，必须兼顾国家、集体和个人三方面，也就是我们常说的军民兼顾、公私兼顾。

经典作家关于社会产品分配的指示精神，对于今天我们研究国民收入的分配与再分配问题，都是有用的，仍具有指导意义。

（三）国民收入再分配的主要杠杆和机制

（1）国家财政。财政以税收、利润提成等形式从企业、事业等单位和各部门、各地区取得大量收入。这些收入除劳动者为社会、为国家提供的剩余产品价值外，还有一定的补偿基金和劳动报酬的一部分。大量的财政收入将用于扩大再生产的投资，发展社会文化教育事业，满足行政管理和国防、外交的需要。社会主义财政的本质是"取之于民，用之于民"。财政收入在根本上取决于国民收入；而财政支出又制约着国民收入分配中的许多比例关系。长期以来，对于国民收入与财政的关系，尤其是以财政收入占国民收入的比重多少为宜，进行过不少的争论。我国财政收入占国民收入的比重"一五"时期为33.3%，"二五"时期为42.4%，1963—1965年为34.2%，"三五"时期为31.5%，"四五"时期为34.4%，"五五"和"六五"时期超过30%。改革开放后，这个比例发生了明显变化，由1978年的31.1%下降到1995年的10.4%，2013年又升至22.8%。对于这种变化，存在两种截然相反的观点，即正常与异常。我们关注的不是这些问题，而是目前的情况如何？（如表3-5所示）

表3-5　　　　我国财政收入占国民收入的比重变化情况

	1978	1995	2000	2005	2010	2012	2013
国民收入（亿元）	3645.2	59810.5	98000.5	183617.4	399759.5	518214.7	566130.2
财政收入（亿元）	1132.3	6242.2	13395.2	31649.3	83101.5	117253.5	129142.9
财政收入占国民收入的比重（%）	31.1	10.4	13.7	17.1	20.7	22.6	22.8

资料来源：国家统计局编：《中国统计摘要》（2014年），中国统计出版社2014年版，第20、69页。

表 3 - 5 的数据表明，我国财政收入占国民收入的比重，改革开放以来由高到低，再由低到高，像"过山车"一样，起伏异常。这种现象的根源何在？这是由体制改革造成的。1978 年以前的三十年实行的是高度集中的计划经济制度，这个比重很高是可以理解的。随着市场经济的实行，这个比重又下降至 1995 年的 10.4%，从这个低点开始，近二十年来又上升至 22.8%。今后二十年将如何？可能还会有小幅度上升。我国是个大国，国情复杂，中央政府没有足够的财权和事权，就会缺乏驾驭全国的力量。我们不能简单地认为这个比重越低越好。

（2）银行信贷。以银行信贷为代表的各种金融活动以及相应的利率机制是国民收入再分配的另一杠杆。财政是无偿地占有和分配一部分国民收入，而银行信贷则是有偿地占有和分配另一部分国民收入。这是两种杠杆的不同点。银行信贷与国民收入再分配的活动主要是通过聚集社会上闲散资金并借贷出去的方式进行的。政府各部门、各企业和广大居民都有一部分资金暂时处于闲散状态。这些资金陆续存入银行等金融机构，又经常从银行等金融机构取出。这样，银行等金融机构通过信贷方式参与资金分配。随着金融市场的发展，银行等金融机构的信贷业务，在国民收入再分配中的作用将不断增强。要强调指出，银行信贷参与国民收入再分配时，要充分重视和发挥利息率的作用。利率市场化符合社会主义市场经济发展的要求，也将促进国民收入再分配更加合理。

（3）价格机制。价格机制是国民收入再分配的一个重要机制。价格有多种功能，其中主要有调节功能、分配功能和计量核算功能。这些功能既互相制约，又互相促进。要全面、科学、合理利用这些功能，不能偏废，片面强调某一功能。价格具有强大的再分配国民收入的功能。如果产品的价格高于价值，生产该产品的企业就会通过不等价交换取得额外利润，而购置这种商品的企业或消费者就会吃亏，他们的一部分收入就会转移到商品生产者和经营者的手里，成为他们的利润。价格既有微观价格，又有宏观价格。只有将两者结合起来，才能充分发挥价格的各种功能，尤其是价格分配国民收入的作用。

四 国民收入超分配问题

(一) 国民收入超分配问题的由来

"国民收入超分配"这一提法,最早可能源于波兰前总理巴比乌赫。巴比乌赫曾经说过:波兰"用于分配的国民收入超过了创造出来的国民收入",并说他们"是靠贷款生活和发展的"。[①]

所谓"国民收入超分配",一般来说,是指在一定时期内(通常为一年)某个国家的货币形态(价值形态)的国民收入最终分配额(或称使用额)超过了实物形态的国民收入生产额。

"国民收入超分配"这个提法最早出现在我国的文献中,大约是在1983年的下半年。董辅礽在《价值—货币形态与使用价值—实物形态的积累基金和消费基金在总量上的不平衡问题》一文中提出这个问题的。他认为,在实物形态上,国民收入的使用额都只能等于而不可能大于或小于国民收入的生产额。因而不存在超额分配问题;而在价值形态上,则有可能出现国民收入使用额大于生产额的情况。[②]

1989年11月9日,中共十三届五中全会通过的《中共中央关于进一步治理整顿和深化改革的决定》中,明确提出我国出现了国民收入超分配问题。决定写道:"党中央、国务院对我国经济生活中出现的困难和问题负有重要责任,应从中吸取深刻的经验教训。……从1984年下半年开始,我国就出现了经济过热,货币发行过多,国民收入超分配等现象。"[③] 这是党的文献中第一次出现"国民收入超分配"的提法。全国人大七届四次会议通过的国务院《关于国民经济和社会发展十年规划和第八个五年计划纲要的报告》中,也提出了要防止国民收入超分配问题。

---

① 杨坚白:《国民经济综合平衡的理论和方法论》,人民出版社1984年版,第260页。

② 杨坚白主编:《社会主义社会国民收入的若干理论问题》,中国社会科学出版社1983年版,第177—194页。

③ 中共中央文献研究室编:《十一届三中全会以来党的历次全国代表大会中央全会重要文件汇编》(下),中央文献出版社1997年版,第11页。

（二）如何计算国民收入超分配

把国民收入超分配多少计算出来是相当困难的。这里仅介绍学术界提出的几种方法供参考。①

1. 第一种计算方法

国民收入超分配额＝按现价计算的国民收入使用额－按上年价格计算的国民收入生产额。

这种方法计算的国民收入生产额可以较全面地反映货币形态（价格形态）国民收入最终分配（使用）超过国民收入实际生产的数额。这是因为，以上年价格计算的国民收入生产额（也假定物价不变）代表实物形态的国民收入，以当年价格计算的国民收入使用额代表货币形态的国民收入最终分配（使用）情况。

2. 第二种计算方法

国民收入超分配额＝非正常货币发行量×货币流通速度×（1－物耗率）

第二种计算方法实质上是以货币的非经济发行量代表国民收入超分配的数量。也就是说，它把国民收入超分配最终归因于货币的非经济发行。这种方法的估算因素较多，而且像物耗率、货币流通速度等也难以估算准确，因而这种计算方法的误差较大。

3. 第三种计算方法

国民收入超分配额＝借用外债＋动用上年库存＋物价上升总额

这种计算方法是从国民收入超分配形成的主要原因的视角来估算的。这三个原因是国民收入超分配的三个主要途径。这种方法需要大量原始数据，取之也相当困难。

（三）国民收入超分配形成的根源与治理

国民收入有实物形态与货币形态（价值形态）之分。在实物形态上，国民收入不可能出现超分配的问题。一个西瓜切两块或三块，最终还是一个西瓜，绝不会因为分配而多出丝毫。在价格形态上，则不然。由于价值形态的国民收入可以离开使用价值而独立运行，而且运

---

① 杨坚白、余广华主编：《国民收入实证分析》，经济管理出版社1992年版，第416页。

行的渠道和环节又多种多样，还由于财政、信贷、价格、税收、进出口等经济机制介入价值形态的国民收入的运行，这就有可能使价值形态的国民收入出现分配额超过生产额的所谓超额分配问题。这种超额分配一般表现为财政赤字、货币发行过多、价格非结构性上升等。我们曾经测算过，我国的国民收入超额分配的程度与货币超量发行的程度基本上是一致的。因此，治理国民收入超分配的主要措施是：在国民收入分配与再分配中，坚持量力而行的原则，不搞大量的财政赤字，不搞过量的货币发行，不搞通货膨胀，严格控制价格的非结构性上升。[1]

五 国民收入与补偿基金

（一）何谓补偿基金

大家知道，商品的价值由 C、V、m 三部分组成。其中，V + m 是活劳动新创造的价值，而 C 则是生产过程中劳动对象和劳动手段（生产资料）的转移的价值。一般将前者称为国民收入，而后者则是所谓的补偿基金。在分配社会产品时，必须严格区分补偿基金与国民收入，正确处理它们之间的关系。首先，必须拿出一部分社会产品用以补偿生产过程中消耗掉的生产资料，即形成补偿基金。这是维持简单再生产所必需的。剩余的部分才是国民收入。补偿基金与国民收入之间存在着此消彼长的关系。节约补偿基金，减少生产过程中的物质消耗，是增加国民收入的一条途径。我国的重化工业中的物资消耗比国际先进水平高出不少。这是制约国民收入更快增长的一个重要因素。必须加快技术创新，把物资消耗降下来。

（二）补偿基金的两种类型

生产过程中消耗的生产资料有两部分：一部分是劳动手段，另一部分是劳动对象。这两部分生产资料的价值转移方式是不同的。原材

---

① 参见杨圣明《国民收入分配问题》一文。原载杨坚白主编《社会主义宏观经济论》，东北财经大学出版社 1990 年版，第 104—129 页。

料、燃料、辅助材料等生产资料的价值一次性转入产品中；而机器、设备、厂房等劳动手段的价值则随着它们的磨损程度逐渐地转移到产品中去。它们价值转移方式上的差别，决定了补偿基金区分为两种类型，即劳动手段补偿基金与劳动对象补偿基金。这两种补偿基金在形成、使用等方面存在显著差异，对国民收入生产与分配的影响也不同。

（三）价值补偿与实物替换

在劳动对象补偿基金方面，由于购买原材料、燃料、辅助材料等的支出都可以在产品售出后一次性收回，可以实现一次性补偿。不论在价值上，还是在实物上都是一次性完成补偿。当然，由于价格发生变化，可能导致价值上的简单再生产，而使用价值上的扩大再生产，或者相反，使用价值上的简单再生产，而价值上的扩大再生产或萎缩再生产。一旦发生这种问题，就通过原来的国民收入分配来解决。

在劳动手段补偿基金方面，价值补偿与实物补偿（又称实物替换）是分开进行的。通过提取折旧基金的方式，价值补偿每年每月都在进行；在实物上，只有劳动手段不能再继续使用时，才进行实物补偿或替换。这样，就出现一个问题，每年应当替换或补偿多少劳动手段？一般来说，一年需要替换的劳动手段总额应当等于当年折旧基金的总额。如果不相等，那就要通过国民收入的再分配进行调剂。

（四）完善固定资产加速折旧政策

为了促进技术进步，更好地补偿机器、设备等劳动手段的消耗，2014年9月24日，国务院总理李克强主持国务院常务会议，布置了我国固定资产加速折旧政策。主要内容有三项。

（1）对所有行业企业2014年1月1日后新购进用于研发的仪器、设备单位价值不超过100万元的，允许一次性计入当期成本费用在税前扣除；超过100万元的，可按60%比例缩短折旧年限，或采取双倍余额递减等方法加速折旧。

（2）对所有行业企业持有的单位价值不超过5000元的固定资产，允许一次性计入当期成本费用在税前扣除。

（3）对生物药品制造业、专用设备制造业，铁路、船舶、航空航天和其他运输设备制造业，仪器仪表制造业，信息传递，软件和信息技术服务业等行业企业 2014 年 1 月 1 日后新购进的固定资产，允许按规定年限的 60% 缩短折旧年限，或采取双倍余额递减等加速折旧方法，促进扩大高技术产品进口。根据实施情况，适时扩大政策适用的行业范围。

会议要求加快落实上述政策，努力用先进技术和装备武装"中国制造"，推出附加值更高、市场竞争力更强的产品，最终实现"中国创造"。①

---

① 参见任泽平《发达国家加速折旧的经验与我的选择》，《经济纵横》2014 年第 3 期。

第四章　价值的流通问题

一　马克思流通理论的基本内容

随着我国社会主义市场经济快速发展，尤其市场在资源配置中决定性作用的充分发挥，流通问题的重要性与日俱增，深化流通体制改革的紧迫性不言而喻。在这种情况下，认真学习马克思流通理论，就十分必要了。

（一）流通的内涵与外延问题

何谓流通？对这个问题，马克思曾有多种说法。比如，他写道：

"流通本身只是交换的一定要素，或者也是从交换总体上看的交换。"[①]

"交换就是流通。"[②]

"流通是商品占有者的全部相互关系的总和。"[③]

"真正的流通，只是表现为周期更新的和通过更新而连续进行的再生产媒介。"[④]

"流通即商人阶层内部的交换。"[⑤]

马克思对流通的以上五种界定，从不同的侧面展现出流通的丰富内涵。这五种说法实际上就是五种定义。它们可以分为三种类型。第

---

① 《马克思恩格斯文集》第8卷，人民出版社2009年版，第22页。
② 《马克思恩格斯全集》第26卷（Ⅱ），人民出版社1973年版，第580页。
③ 《马克思恩格斯文集》第5卷，人民出版社2009年版，第192页。
④ 《马克思恩格斯全集》第24卷，人民出版社1972年版，第76页。
⑤ 《马克思恩格斯文集》第8卷，人民出版社2009年版，第47页。

一种类型包括第一种、第二种和第五种，它们的共同点在于表明流通与交换的关系：流通即交换，交换即流通，只不过附加的条件不同而已。第二种类型是第三种定义，它是从商品占有者的相互关系来界定流通的。第四种定义属于第三种类型，它是从社会再生产过程中的不同阶段的媒介来界定流通的。

学术界有人提出，不能把流通混同于交换。有的同志写道："交换和流通是不能等同的，生产物与生产物的直接交换，只能称作商品交换，不能称为商品流通；只有以货币为媒介的商品交换过程，才能称为商品流通。"① 我国社会主义流通理论和实践的先驱孙冶方把流通称为"交换的总和"②。这同马克思把流通称为"交换总体"是一致的。许涤新主编的《政治经济学辞典》认为："流通是连续的交换，或从总体上看的交换。"③ 这个定义增加了交换的连续性，使流通成为动态的或具有动态性。

商品的交换，不论是直接的物物交换，还是以货币为媒介的商品交换，既是商品的使用价值的交换，又是商品的价值的交换。这种交换表面上是商品体的物物交换，而其实质是商品的所有者之间发生经济关系（交换关系）。正如列宁指出的："凡是资产阶级经济学家看到物与物之间的关系的地方（商品交换商品），马克思都揭示了人与人之间的关系。"④ 基于以上的道理，笔者认为，上述马克思对流通所下的第三个定义也是很好的，它揭示了流通的本质，即流通是商品占有者的全部交换关系的总和。

（二）流通的类型（分类）问题

流通分多少种类？这个问题很难回答。按不同的标准（标志）划分，流通有许许多多的分类。我们在这里仅仅学习马克思对流通的一种主要分类，即按流通的对象（客体）来分类。

马克思在《资本论》中将流通按其对象（客体）划分为商品流

---

① 赵效民：《回顾对〈社会主义经济论〉流通过程篇的讨论》，载《社会主义流通理论探索》，中国展望出版社1985年版，第77—78页。

② 孙冶方：《社会主义流通理论探索》，中国展望出版社1984年版，第24页。

③ 许涤新主编：《政治经济学辞典》（上），人民出版社1980年版，第97页。

④ 《列宁选集》第2卷，人民出版社1972年版，第444页。

通、货币流通、资本流通和社会总资本流通四大类，并分别对它们进行了考察和研究。

1. **商品流通（简单商品流通）问题**

马克思指出，"每个商品的形态变化系列所形成的循环，同其他商品的循环不可分割地交错在一起。这全部过程就表现为商品流通。"① 商品流通的公式是 W—G—W（商品—货币—商品）。其中，W—G 表示商品卖出，换回货币；G—W 表示商品买进，货币换回商品。在这里，G—W，即买，同时就是卖，即 W—G。因此，一个商品的后一形态变化，同时就是另一个商品的前一形态变化。可见，每个人的买与卖都不是孤立的，而是联系在一起的，形成交织在一起的变化系列和循环。这就形成商品流通。

在商品流通中，从商品的所有者与货币的所有者相互关系来看，卖与买是同一个行为。但是，作为同一个人的活动来看，卖与买却是两极对立的两个行为。没有人买，也就没有人卖。谁也不会因为自己已经卖，就必须马上买。所以，流通被分裂成卖与买的对立。这种对立中，自然包含着危机的可能性。"但仅仅是可能性。这种可能性要发展为现实，必须有整整一系列的关系，从简单商品流通的观点来看，这些关系还根本不存在。"②

应当指出，在简单商品流通的买与卖这个矛盾的对立统一体中，卖是矛盾的主要方面，而买则是矛盾的次要方面。同买相比，卖处于更加困难的境地。对于这一点，马克思曾经指出，"商品价值从商品体跳到金体上，象我在别处说过的，是商品的惊险的跳跃。这个跳跃如果不成功，摔坏的不是商品，但一定是商品所有者。"③ 这是消费者（买方）成为"上帝"的真谛所在。

2. **货币流通问题**

马克思指出："商品流通直接赋予货币的运动形式，就是货币不断地离开起点，就是货币从一个商品所有者手里转到另一个商品所有

---

① 《马克思恩格斯全集》第 23 卷，人民出版社 1972 年版，第 131 页。
② 同上书，第 133 页。
③ 同上书，第 124 页。

者手里，或者说，就是货币流通。"① 货币流通表示同一个过程的不断的、单调的重复。

商品流通决定货币流通，而不是相反。表面上看，似乎货币流通决定商品流通。其实不然。不论是商品的卖或商品的买，货币都必须交换一次位置。商品的运动是因，而货币的运动是果。

每一个商品在流通中走出第一步，即进行第一次形式变换后，就退出流通，而总有新的商品进入流通。与此相反，货币作为流通手段却不断地留在流通领域。这样，商品流通领域便成了货币的蓄水池。于是产生了一个问题：究竟有多少货币处于这个蓄水池之中？这个问题的答案将由货币流通规律给出。货币流通规律可以表述为：执行流通手段职能的货币量 = 商品价格总额/同名货币的流通次数。马克思强调指出："这个规律是普遍适用的。"②

货币流通规律还可以表述为：已知商品价值总额和商品形态的变化的平均速度，流通的货币或货币材料的量决定于货币本身的价值。③

在流通领域执行货币职能的还有纸币。"纸币流通的特殊规律只能从纸币是金的代表这种关系中产生。这一规律简单说来就是：纸币的发行限于它象征地代表的金（或银）的实际流通的数量。"④

在世界市场上，世界货币同商品相对立。世界货币原来是贵金属（金和银）。后来，强大国家的纸币（如英镑、美元）逐渐演变成世界货币。随着中国经济实力的增强，人民币已迈出国门，正在逐步成为世界货币之一。

3. 资本流通问题

资本流通问题比商品流通、货币流通问题更复杂也更重要。因此，应当成为本书研究的重点。

（1）资本必须在流通中又不在流通中产生 "商品流通是资本的起点。商品生产和发达的商品流通，即贸易，是资本产生的历史前提。

① 《马克思恩格斯全集》第23卷，人民出版社1972年版，第134页。
② 同上书，第139页。
③ 同上书，第142—143页。
④ 同上书，第147页。

世界贸易和世界市场在十六世纪揭开了资本的近代生活史。"①

　　大家知道，商品流通的公式是 W—G—W。除这个形式外，我们还看到具有不同特征的另一个形式 G—W—G，即货币转化为商品，商品再转化为货币。为卖而买。这个形式看起来，它似乎毫无内容，是同义反复。这个形式如果具有意义，一个货币额同另一个货币额只能有量的差别，最后从流通中取出的货币多于起初投入的货币。因此，它的完整形式是：G—W—G'。其中的 G' = G + △G，即等于原预付货币额再加上一个增值额。这个增值额，马克思称为剩余价值。可见，原预付价值额不仅在流通中保存下来，还加上了一个剩余价值，或者说增值了。正是这个流通过程使货币转化为资本。

　　资本和剩余价值必须既在流通中又不在流通中产生，不能从流通中产生又不能不从流通中产生。这是为什么？因为它们必须在流通中，按照价值规律的要求，实行等价交换。但是，流通并不创造价值，也不创造剩余价值。所以，资本和剩余价值又不能从流通中产生。马克思指出："只有当生产资料和生活资料的所有者在市场上找到出卖自己劳动力的自由工人的时候，资本才产生；而单是这一历史条件就包含着一部世界史。因此，资本一出现，就标志着社会生产过程的一个新时代。"②

　　劳动力商品像其他商品一样，既有使用价值，又有价值。劳动力商品的使用价值即劳动是很特殊的，它是价值的源泉。劳动力商品的使用价值创造的价值大于其自身的价值。这个增值额就是剩余价值。劳动力商品的使用价值，即劳动，是剩余价值的唯一源泉。资本剥削劳动者的秘密就在这里。

　　（2）资本流通的三种形式。马克思在《资本论》第24卷中列出了货币资本、生产资本和商品资本各自不同的三种循环流通形式。③它们如下：

　　①货币资本：在 G⋯G' 中，流通形式是 G—W⋯W'—G' = G—

---

① 《马克思恩格斯全集》第23卷，人民出版社1972年版，第167页。
② 同上书，第193页。
③ 《马克思恩格斯全集》第24卷，人民出版社1972年版，第101页。

W—G'。

②生产资本：在 P···P 中，则相反，流通形式却是 W'—G'，G—W ＝ W—G—W。

③商品资本：在 W'···W' 中，流通形式与后一个相同。

以上三种循环流通形式都具有重要的实践价值和理论意义。对于它们的理论意义，马克思曾经指出：

"把 G—W···P···W'—G' 肯定为唯一的形式，它就成了更为发展的重商主义体系的基础，因为在重商主义那里，不仅商品流通，而且商品生产，也表现为必要的要素。只要把 G—W···P···W'—G' 肯定是一次的而不是流动的，不断更新的；从而只要把它不是当作循环形式的一种，而是当作唯一的循环形式，它的虚幻性质以及与它相适应的虚幻的解释就会存在。"① "G—G'，生出货币的货币，……资本的最初解释者重商主义者就是这样来描绘资本的。"②

"W···W' 是魁奈《经济表》的基础。他选用这个形式，而不选用 P···P 形式来和 G···G'（重商主义体系孤立地坚持的形式）相对立，这就显示出他的伟大的正确的见识。"③

"生产资本的循环是古典经济学用米考察产业资本循环过程的形式。"④

以上马克思对重商主义、魁奈《经济表》以及古典经济学与其倡导的流通形式之间关系的评价，充分说明马克思创立和阐明的资本循环流通的三种形式是多么重要。它们从表面上看仅仅是极其简单的由几个字母构成的图示，但却含有极其深刻的经济理论尤其是流通理论，使我们不仅理解了三种流通形式，也更深入理解了重商主义、重农主义和古典经济学的精髓。

（3）流通时间问题。所谓流通时间是指资本在流通领域停留的时间。流通时间分成两部分，即商品转化为货币所需要的时间（卖出商品的时间）和货币转化为商品所需要的时间（购买商品的时间）。一

---

① 《马克思恩格斯全集》第 24 卷，人民出版社 1972 年版，第 73 页。
② 《马克思恩格斯全集》第 23 卷，人民出版社 1972 年版，第 177 页。
③ 《马克思恩格斯全集》第 24 卷，人民出版社 1972 年版，第 115 页。
④ 同上书，第 100 页。

般来说，卖比买更困难。所以，卖的时间更长一些。

"资本完成它的循环的全部时间，等于生产时间和流通时间之和。"① 流通时间和生产时间是相互排斥的。流通时间会限制生产时间，从而限制价值增值过程。限制的程度与流通时间持续的长短成比例。

流通时间的长短，还取决于多种因素。其中包括产销两地之间的距离、交通运输状况以及商品体易坏速度。商品的使用价值变坏的时间，是其流通时间的绝对界限。

（4）流通费用问题。流通费用是指商品流通过程中所支付的各种费用。它分为生产性流通费用与纯粹流通费用两种。纯粹流通费用又称非生产性流通费用。它包括三个部分：其一，用于商品买卖上的费用。如广告费、通信费、销售费用、人员工资等。其二，簿记费用。包括簿记员的工资、纸张、写字台、计算机等。其三，货币上的费用。货币在流通中的磨损、增补、替换等支出。此外，囤积居奇、超额储备以及高价运输等也应属于纯粹流通费用。如果纯粹流通费用是因商品的价值形态变化所引起的，那么生产性流通费用则是由商品的使用价值运动产生的，是生产过程在流通过程中的继续而支付的费用。如仓储费、保管费、包装费、运输费。这些费用所代表的劳动是生产性劳动。它们不但将消耗的物质资料的价值转移到商品中去，而且还能创造新的价值。马克思写道："一般的规律是：一切只是由商品的形式转化而产生的流通费用，都不会把价值追加到商品上。这仅仅是实现价值或价值由一种形式转变为另一种形式所需的费用。投在这种费用上的资本（包括它所支配的劳动），属于资本主义生产上的非生产费用。"②

4. 社会总资本流通问题

马克思指出："现在，我们就要考察作为社会总资本的组成部分的各个单个资本的流通过程（这个过程的总体就是再生产过程的形

---

① 《马克思恩格斯全集》第24卷，人民出版社1972年版，第138页。在该书的第276页上，马克思写道："资本的周转时间等于它的生产时间和流通时间之和。"可见，循环时间与周转时间相同。

② 同上书，第167页。

式），也就是考察这个社会总资本的流通过程。"① "这个总过程既包括生产消费（直接的生产过程）和作为其媒介的形式转化（从物质方面考察，就是交换），也包含个人消费的作为其媒介的形式转化或交换。"② 社会总资本的流通，不仅包括上述的资本流通，还包括资本家的剩余价值流通和工人购买生活资料的流通。马克思曾经称后者为小流通。③

（1）社会生产的两大部类之间的流通问题。第一部类，生产资料生产部类（以 I 代表）。所谓生产资料是指：具有必须进入或至少能够进入生产消费的商品；第二部类，消费资料生产部类（以 II 代表）。所谓消费资料是指：具有进入资本家阶级和工人阶级的个人消费的商品。这两大部类中，各自都拥有许多不同的生产部门。或者说，每个部类都是由许许多多不同的生产部门组成的。每个部类的商品价值构成是 C + V + m。两大部类之间以及不同生产部门之间不断地进行交换形成社会总资本的不断流通。

（2）简单再生产条件下的三种流通（交换）问题。三种流通（交换）可以图示如下：

$$
\begin{array}{c}
\text{I} \quad \underline{4000\,C} \ + \ \underline{1000V + 1000m} \ = 6000 \\
(1) \qquad\qquad\qquad \\
\qquad\quad (3) \\
\text{II} \ 2000C \ + \ \underline{500V + 500m} \ = 3000 \\
\qquad\qquad (2)
\end{array}
$$

我们对上述图示中的三种交换作些说明：

第一种交换（流通）是第一部类内部的交换（流通）。第一部类又称生产资料生产部类。该部类所有的产品都是生产资料。这样，第一部类的企业可以在本部类范围内，卖出自己生产的产品，同时，又可以买进自己进行再生产所需要更换的新产品。这就是，它既可以实

① 《马克思恩格斯全集》第24卷，人民出版社1972年版，第392页。
② 《马克思恩格斯全集》第31卷，人民出版社1998年版，第74页。
③ 同上书。

现自己生产的产品的价值，又可以对自己生产中不能再继续使用的生
产资料进行实物替换。这就满足了再生产的第一个条件。

第二种交换（流通）是第二部类内部的交换（流通）。第二部类
又称生活资料生产部类。该部类所有的产品都是生活资料。这样，工
人的工资和资本家的剩余价值都可以在第二部类内部购买到自己生活
消费所需要的各种消费资料。而出卖这些消费品的企业也就实现了自
己产品的价值。这就满足了再生产的第二个条件。

第三种交换（流通）是两大部类之间的交换，即第一部类的生产
资料（$=1000V+1000m$），必须卖给第二部类（$=2000C$）。同时，
第二部类的消费资料（$=2000C$），必须卖给第一部类（$=1000V+$
$1000m$）。只有经过这种交换，第一部类才能实现自己所生产的产品
的全部价值；而第二部类也才能实现再生产所需要的各种生产资料的
更新和替换。这就满足了再生产的第三个条件。

综上所述，三个条件或三种流通概括为以下三个公式，即：

① $I(C+V+m) = IC + IIC$

② $II(C+V+m) = I(V+m) + II(V+m)$

③ $I(V+m) = IIC$

（3）扩大再生产条件下的三种流通（交换）问题。为了进行扩
大再生产，必须有追加的生产资料和消费资料。满足这个条件后，上
述简单再生产条件下的三个等式，将变成扩大再生产条件下的三个不
等式。即：

① $I(C+V+m) > IC + IIC$

② $II(C+V+m) > I(V+m) + II(V+m)$

③ $I(V+m) > IIC$

只有实现以上三个条件，才能具有进行扩大再生产（积累）所需
要的生产资料和消费资料。如果将追加的生产资料和消费资料考虑在
内，将上述三个不等式可以变为等式，即实现供需平衡。这三个平衡
式，即三种流通（交换）式是：

① $I(C+V+m) = I(C+m/G) + II(C+m/G)$

即第 I 部类的产品价值应等于两大部类的补偿基金和生产资料
基金。

②Ⅱ(C + V + m) = Ⅰ(V + m/X + m/Z) + Ⅱ(V + m/X + m/Z)

即第Ⅱ部类的产品价值应等于两大部类原有劳动者和新增劳动的消费基金以及非生产领域的消费基金。

③Ⅰ(V + m/Z + m/X) = Ⅱ(C + m/G)

刘国光同志认为，这个等式是扩大再生产的"基本等式"，是实现扩大再生产的基本条件。[①] 这个等式的左端表明，第Ⅰ部类对消费资料的购买需求，其中包括劳动者的工资支出（V）、资本家的个人消费支出（m/X），以及追加的可变资本支出，它转化为劳动者的追加的工资支出（m/Z）。这个等式的右端表明，第Ⅱ部类对生产资料提出的购买需求。

以上三个等式，反映着国民经济中三个最重要的平衡关系，也可以说三个最重要的流通渠道，这是国民经济综合平衡的基本内容。这也是马克思主义的宏观经济理论与西方宏观经济理论的根本区别所在。

（三）流通（交换）的地位与作用问题

1. 流通（交换）在社会再生产过程中的地位问题

马克思在 1857 年 8 月为经济学巨著《政治经济学批判》写的《导言》的标题是："Ⅰ. 生产、消费、分配、交换（流通）。"在这篇《导言》中，马克思批判了关于生产、分配、交换、消费之间相互关系的"三段论法"。他写道："生产、分配、交换、消费因此形成一个正规的三段论法：生产是一般，分配和交换是特殊，消费是个别，全体由此结合在一起。这当然是一种联系，然而是一种肤浅的联系。"[②] 这种肤浅联系的错误首先在于，它根本忽视了生产、分配、交换、消费的社会性质、社会规律和一切从社会出发。针对这种错误，马克思强调指出："一切生产都是个人在一定社会形式中并借这种社会形式而进行的对自然的占有。"[③] 他又强调："因此，说到生产，总

---

① 刘国光：《马克思的社会再生产理论》，中国社会科学出版社 1981 年版，第 118—119 页。

② 《马克思恩格斯文集》第 8 卷，人民出版社 2009 年版，第 13 页。

③ 同上书，第 11 页。

是指在一定社会发展阶段上的生产——社会个人的生产。"① 上述肤浅联系的所谓"三段论法"的错误还在于，它把生产、分配、交换（流通）、消费并列在一起，看成同一的东西，不分轻重、主次，决定者与被决定者。因此，"在生产中，人客体化，在消费中，物主体化；在分配中，社会以一般的、占统治地位的规定的形式，担任生产和消费之间的中介；在交换中，生产和消费由个人的偶然的规定性来中介。"② 由此可见，生产、分配、交换、消费四者的关系多么混乱！

马克思深刻批判了"三段论法"之后，深刻阐明了关于生产、分配、交换、消费之间相互关系的科学结论。他写道："我们得到的结论并不是说，生产、分配、交换、消费是同一的东西，而是说，它们构成一个总体的各个环节，一个统一体内部的差别。生产既支配着与其他要素相对而言的生产自身，也支配着其他要素。过程总是从生产重新开始。交换和消费不能是起支配作用的东西，这是不言而喻的。分配，作为产品的分配，也是这样。而作为生产要素的分配，它本身就是生产的一个要素。因此，一定的生产决定一定的消费、分配、交换和这些不同要素相互间的一定关系。当然，生产就其单方面形式来说也决定于其他要素。……不同要素之间存在着相互作用。每一个有机整体都是这样。"③

2. 流通（交换）与生产的相互作用问题

首先，生产决定流通（交换）。马克思写道："交换的深度、广度和方式都是由生产的发展和结构决定的。例如，城乡之间的交换，乡村中的交换，城市中的交换等等。可见，交换就其一切要素来说，或者是直接包含在生产之中，或者是由生产决定。"④ 不仅如此，马克思还强调了分工对交换的决定作用。"如果没有分工，不论这种分工是自然发生的或者本身已经是历史的结果，也就没有交换"⑤ 既然如此，我们考察交换（流通）问题时，首先要从生产上着眼。生产的规

① 《马克思恩格斯文集》第 8 卷，人民出版社 2009 年版，第 6、9 页。
② 同上书，第 13 页。
③ 同上书，第 23 页。
④ 同上。
⑤ 同上。

模、水平和结构以及劳动分工、自然分工等，都是决定交换（流通）的根本因素，要格外重视。表面上看，好像流通（交换）出了问题，而追究一下，根本问题还在生产上。

其次，流通（交换）对生产有很强的反作用，在一定条件下也有决定作用。正如马克思所说，"一定的生产决定一定的消费、分配、交换和这些不同要素相互间的一定关系。当然，生产就其单方面形式来说也决定于其他要素。例如，当市场扩大，即交换范围扩大时，生产的规模也就增大，生产也就分得更细。"[①] "产品只有在它进入流通的场合，才成为商品。"[②] "在商品生产中，流通和生产本身一样必要，从而流通当事人和生产当事人同样必要。"[③] 流通对生产的最突出作用在于，生产创造的商品价值只有经过流通才能实现出来。因此，流通理论被称为实理论。

3. 流通（交换）与分配的相互关系问题

马克思指出，"交换给个人带来他想用分配给他的一份去换取的那些特殊产品；……交换依照个人需要把已经分配的东西再分配。" "分配决定产品归个人的比例（数量）；交换决定个人拿分配给自己的一份所要求的产品。" 在社会再生产过程中，分配与交换表现为中间环节。这个中间环节是二重的。它们之间相互作用、相互渗透、相互支撑、相互弥补。但是，二者的地位和作用也有不同的地方。一般来说，分配是从社会出发的要素，而交换则更多地从个人出发。分配的结果往往还要经过交换（流通）进行再分配。根据这种情况，可以说，分配在一定程度上转化为交换（流通），而流通和交换在一定程度上也转化为再分配。

4. 流通（交换）与消费的相互关系问题

在商品经济（市场经济）中，商品不论进入生产消费，还是进入生活消费都必须经过流通（交换）这个渠道。马克思指出："商品一到它充当使用价值的地方，就从商品交换领域转入消费领域。"[④] "商

① 《马克思恩格斯文集》第8卷，人民出版社2009年版，第23页。
② 《马克思恩格斯全集》第26卷（Ⅲ），人民出版社1973年版，第317页。
③ 《马克思恩格斯全集》第24卷，人民出版社1972年版，第144页。
④ 《马克思恩格斯全集》第23卷，人民出版社1972年版，第122页。

品只要最终退出流通，不论在生产活动中或在本来意义的消费中被消费，它就在某一个点上被抛出流通，完成自己最后的使命。"① "投入流通的商品达到了它们的目的；它们互相进行了交换，每个商品成了需要的对象并被消费。流通就此结束。"②

二 关于社会主义流通问题的争论

（一）"无流通论"问题

从 20 世纪 20 年代起，到 60 年代初，"无流通"的观点一直统治着苏联的经济学界。苏联的学者阿·克留切夫在《论作为经济过程的交换的内容》一文中写道："在我们的经济学著作中，有一个根深蒂固的意见，这就是流通只能被设想为商品流通。除了商品流通以外，不可能有任何别的流通。按照这种意见，结果就成为：流通只有当它是商品流通时才构成社会生产的特殊阶段。"③ 我国著名马克思主义经济学家孙冶方说，"自苏联十月革命以来，也就是自从有了社会主义政治经济学以来，否定社会主义经济中，特别是否定社会主义全民所有制经济内客观存在着流通过程的自然经济观点，亦即无流通的观点一直占据统治地位。"④ 他又说，"为什么会忽视流通，不研究流通过程呢？这主要是由于'无流通论'作怪。'无流通论'并不是我们虚设的一个靶子，它是社会主义经济理论中客观存在的现实。斯大林关于生产关系的定义就没有流通。"⑤

斯大林关于生产关系写道："政治经济学的对象是人们的生产关系，即经济关系。这里包括：（一）生产资料的所有制形式；（二）由此产生的各种不同社会集团在生产中的地位以及他们的相互关系，或如马克思所说的，'互相交换其活动'；（三）完全以它们为

---

① 《马克思恩格斯全集》第 46 卷（上），人民出版社 1979 年版，第 150 页。
② 同上书，第 217 页。
③ 《经济学译丛》1962 年第 6 期。
④ 《孙冶方全集》（第 5 卷），山西经济出版社 1998 年版，第 166 页。
⑤ 同上书，第 165 页。

转移的分配形式。这一切共同构成政治经济学的对象。"① 在生产关系的这个定义中，的确没有流通。但是，斯大林在另外的地方也说过："商品生产和商品流通，目前在我国，也像大约 30 年以前当列宁宣布必须以全力扩展商品流通时一样，仍是必要的东西"。只要还存在两种经济成分（即国营成分与集体农庄成分），"商品生产和商品流通便应当作为我国国民经济体系中必要的和极其有用的因素而仍然存在着"。② 斯大林认为，在全民所有制内部，在国营成分中，商品已经消失，只有产品存在，价值规律失去作用。因而流通已不存在，靠计划调拨或称分配就够了。整体上说，斯大林并不是"无流通论"者，可能是位"半流通论"者。

（二）产品流通论问题

孙冶方的流通理论，准确地说，是产品流通论，而不是商品流通论。为说明这一点，要先弄清什么是商品、什么是产品？孙冶方认为，商品交换有两个特点：一是私有性，所有权转移；二是盲目性，无计划性。这两点是商品区别于产品的两个基本特征。"凡具有以上两点的物质产品就是商品。反之就不是商品而是产品"。③ 孙冶方认为，全民所有制内部，国营企业之间的交换根本不具有以上两点，因而不是商品交换，只是产品交换，或者说，产品流通。这一点可以说，是对马克思流通理论的新发展，比斯大林的理论前进了一步。但是，从邓小平提出的社会主义市场经济理论来看，孙冶方的产品价值论、产品流通论还是具有历史局限性。张卓元、赵效民同志在《孙冶方社会主义流通理论讨论会闭幕词》中，既肯定了孙冶方在社会主义流通理论研究方面的卓越贡献，又指出了它的不足和局限性。④ 于光远指出，全民所有制企业之间的交换是商品交换。这种交换有一定意

① 《苏联社会主义经济问题》，载《斯大林文选》，人民出版社 1962 年版，第 629—930 页。

② 同上书，第 582—583 页。

③ 《孙冶方全集》第 5 卷，山西经济出版社 1998 年版，第 48 页。

④ 《财贸经济》编辑部编：《社会主义流通理论探索》（文集），中国展望出版社 1985 年版，第 536—537 页。

义的所有权的转移。[①] 骆耕漠认为，全民所有制企业之间的让渡生产
资料只是形式上的商品交换，而实质上是内部分配，与未来共产主义
社会中的产品直接分配是基本相同的。[②]

（三）商品流通规律问题

社会主义商品流通领域有哪些规律？有的同志概括为十大规律，
它们是：①社会主义商业的过渡规律；②社会主义商品流通不断增长
规律；③社会生产与社会需要之间的矛盾迅速反映到市场，并通过商
业不断地有计划联系与不断解决的规律；④商品购进的对象方面的规
律；⑤商品销售不断完善的规律；⑥商品调拨与流向日趋合理的规
律；⑦商品储存力量不断加强的规律；⑧国营贸易与对外贸易相互联
系与相互制约的规律；⑨商品流通费用不断下降的规律；⑩商业利润
不断增长的规律。[③] 有的同志不同意上述意见，认为上述的所谓“规
律”只是一些现象，不是本质的东西，不能视为规律。高涤陈、陶非
同志认为，流通领域的规律有：①等价交换规律；②商品自愿让渡规
律；③商品竞争规律；④商品供求平衡规律；⑤货币流通规律。[④]

三 中国流通发展战略问题

（一）战略目标——流通现代化

按照党的“三步走”的战略部署，第三步到 21 世纪中叶，我国
将基本实现四个现代化，即农业现代化、工业现代化、国防现代化和
科技现代化。在学习和贯彻执行这个指示时，结合自身的研究任务，
我们在 1995 年的一篇论文中曾提出要实现第五个现代化——流通现
代化。认为流通现代化的主要内容应有：①流通技术装备的现代化；

---

① 于光远：《关于社会主义制度下商品生产问题的讨论》，《经济研究》1959 年第 7
期。

② 骆耕漠：《社会主义商品生产的必要性与过渡性》，《经济研究》1958 年第 5 期。

③ 陈绍元：《上海财经学院贸易经济系讨论社会主义商品流通的规律问题》，《大公
报》1963 年 2 月 27 日。

④ 高涤陈、陶非：《再论流通领域的经济规律》，《商业经济研究》1983 年第 3 期。

②流通辅助体系的现代化；③流通组织体系的现代化；④流通管理体制的现代化。今天看来这篇论文虽然是二十年以前的，但它阐明的主要内容和理论观点并没有过时。有兴趣的同志，请参阅。①

2014年，周凌云、顾为东在长篇论文中提出并论证了我国流通现代化发展战略。其中包括：①创新驱动战略；②双向开放战略；③品牌带动战略；④产业联动战略；⑤制度创新战略。文中还提出了加快推进我国流通现代化发展的七项政策建议。②

（二）流通发展战略的基础、起点和要点

2012年，李智、马龙龙在论文中提出了商品流通发展战略的基础、起点和要点。文中写道，商品流通就是商品从供给方出发，经过一定的流通节点和渠道，到达需求方的过程。商品流通的动力源于流通起点与流通终点之间的差价。这个差价，即动力结构，是流通发展战略的基础。统一市场是流通发展战略的起点。效率优先是流通发展战略的要点。民生为本是流通发展战略的价值。③

（三）中国企业将引领新的流通革命

在20世纪最后十年和21世纪最初十年这二十年间，中国出现了众多的企业家，其中包括与网络有关的电子商务企业家（如马云、马化腾）。电子商务能让中国最偏远地区的顾客都能在实体店开业之前获得商品。这将使中国的商业（流通）发生革命。④我国政府适应"新常态"的要求，大力推动流通产业的发展。2014年11月27日，全国贯彻落实《国务院办公厅关于促进内贸流通健康发展的若干意见》会议通过了六项行动计划。其中有：①在创新发展现代流通方式方面，注重消费渠道复合化和国内外市场一体化趋势。②在深化内贸流通领域改革方面，各级商务部门要统筹简政放权和依法履职两方面

① 杨圣明、王诚庆：《论第五个现代化——流通现代化》，《中国社会科学院研究生院学报》1995年第2期。

② 周凌云、顾为东：《中国流通现代化发展现状、思路及政策建议》，《全球化》2014年第1期。

③ 李智、马龙龙：《流通发展战略：民生为本，效率优先》，《中国社会科学报》2012年3月26日。

④ 谢祖墀：《中国企业家将引领下次全球商业革命》，《南华早报》2014年9月15日。

工作，重点处理好政府与市场、中央与地方、政府各部门之间，政府与行业协会等中介组织间四对关系。③应加强流通基础设施建设。在这方面，应加强引导，推动商超、农贸市场、城市综合体等营利性流通基础设施在电商冲击下的转型升级，同时积极鼓励微利流通基础设施和公益性基础设施健康发展。④建设法制化流通营商环境。要从立法、执法、守法等环节，维护好市场程序。《电子商务法》的研究在2014年年底完成，提交全国人大常委会。① 在2014年12月28日召开的全国商务工作会议上，商务部长高虎城在讲话中强调指出，"流通业对社会贡献增强"、"要推进内贸流通转型升级"、"加强农产品流通骨干网建设"、"推广商贸物流标准化"。② 2015年的一号文件，即《中共中央、国务院关于加大改革创新力度加快农业现代化建设的若干意见》更强调了"创新农产品流通方式"、"加速农产品流通转型升级"、"要在农产品流通成本再降低方面出实招"。③ 以上情况说明，党和国家十分重视商贸流通工作。这是中国企业引领新的流通革命的最重要的力量和保证。

四　流通体制改革问题

（一）流通体制改革任务的提出

我国流通体制改革问题是在20世纪80年代中期提出的。张卓元同志首先提出，"我国社会主义经济是有计划的商品经济。流通体制改革，必须按照社会化大生产的要求，适应大力发展商品生产和商品交换的需要，自觉遵循价值规律……至于流通体制改革本身，目前正在实验和逐步推行，各方面提出的方案也不少，需要总结经验，进行对比研究，选择其中最适合我国国情、最有利于社会主义现代化的方

---

① 闫岩：《六项行动计划提速内贸流通发展》，《国际商报》2014年11月28日。
② 见《国际商报》2014年12月28日；《国际贸易》2015年1月。
③ 见《国际商报》2015年2月9日。

案。"① 1985 年，孙刚若、陈夏新二人也探索了流通体制改革问题。他们在文中写道："必须进一步批判重生产轻流通的观点；树立生产一定要符合社会需要，生产要以市场为中心的思想；把流通作为发展生产的一个重要因素来认识；把流通作为客观的有自身规律的经济过程来对待，中国式的社会主义流通体制才能得以形成"。这里提出的"中国式社会主义流通体制"是很可贵的。②

对于我国的外贸流通体制应当如何改革，学术界也讨论过。有两种相反的观点，一种认为，应该坚持和贯彻列宁提出的"对外贸易的垄断制"和毛泽东提出的"对外贸易统制"的思想，实行集中统一的对外贸易体制；另一种则认为，既然实行社会主义市场经济，那就应当发挥市场的作用，让价值规律调节。对外贸易体制应当以马克思国际价值理论为指导，充分发挥价值规律在国际市场上的作用。建立市场型的对外贸易体制。③

（二）流通体制改革的主要内容

高涤陈认为，流通体制改革应该包括三个方面：企业机制、商品交换的组织形式和流通产业的管理与调控方式。依照市场经济规律的客观要求，要从这三方面解决流通体制改革问题。首先，企业机制改革的基本目标是使企业真正成为具有内在经济动力的自主经营的商品经营者。多年来推行的责任制、租赁制、承包制以及股份制等都是转换企业机制的好方式。其次，商品交换的组织形式的改革，应该遵守经济规律和自然规律的双重要求，依据商品自然属性的不同点选择其交换的组织形式。最后，流通产业的管理和调控方式，是流通体制改革的关键一环。要从以行政手段为主转向以经济杠杆和法律手段为主。④

① 张卓元：《加强社会主义流通理论研究——孙冶方社会主义流通理论讨论会开幕词》，《财贸经济》1985 年第 1 期。

② 孙刚若等：《学习孙冶方社会主义经济理论，探索中国式社会主义流通体制》，载《社会主义流通理论探索》（文集），中国展望出版社 1985 年版，第 377 页。

③ 见《外贸体制与战略问题理论讨论会在京召开》，《经济学动态》1983 年第 12 期。

④ 《高涤陈文集》（续篇），中国商业出版社 1995 年版，第 5—6 页。

（三）流通体制改革如何着力

1. 提高效率、降低流通成本

这既是流通体制改革的出发点，也是衡量流通体制改革成败的关键。2014 年 3 月召开的全国人民代表大会审议通过的政府工作报告提出，要深化流通体制改革，清除妨碍全国统一市场的各种关卡，降低流通成本、促进物流配送、快递业和网络购物发展。对此，参加会议的代表展开了热议，积极建言献策。主要集中在降低流通成本与清除地方、行业关卡两个问题上。农业部长韩长赋在会上说，我曾跟踪过青椒从海南到北京的情况，一斤在海南售价 6—8 角，而到北京则卖 3 元钱左右。物流成本实在太高了。全国政协委员、全国工商联副主席徐冠巨表示，应构建公路物流网络化运营体系，加快提升我国物流效率，从而降低物流成本。①

2. 清除地方、行业关卡、创建全国统一市场

深化流通体制改革的另一个抓手是清除妨碍全国统一市场的各种关卡，构建完善的市场机制。要围绕着创造公平、公正的市场环境，打破地区封锁和不合理的行业垄断。近年来，商务部已联合多部门在消除地区封锁、打破行业垄断方面狠下功夫，成效显著。集中清理了一批与地区封锁相关的规定。针对一些零售商滥用市场优势地位收取进场费、拖延支付货款的行为，进行了整顿清理。在肯定成绩的同时，也要清醒地看到，问题还是不少的，尚要继续努力。

3. 扩大国际合作和交流，促进我国流通业的快速发展

在流通业的发展方面，日本是比较成功的。2012 年 3 月，中日流通领域对话机制第一次会议在北京举行。中国商务部流通业发展司司长向欣、副司长吴国华等中方代表参加了会议。参加此次会议的日方代表有日本经济产业省商务流通审议官丰永厚志和流通政策科长佐合达矢等人。向欣司长表示，希望通过对话机制，加强两国合作，进一步深化两国在流通领域政策法规和标准的制定，以及企业盈利模式创新等方面的合作和交流，促进两国流通业的快速发展。据日本代表团介绍，自 20 世纪 60 年代以来，随着日本经济发展，日本的第一次

---

① 参见《国际商报》2014 年 3 月 11 日。

"流通革命"就已经开始了。之后,日本流通业完成了从百货店时代到便民店时代的跨越。而日本的流通业的立法在上述转变之前就已经开始了。在 20 世纪三四十年代,日本流通业已经完成从第一次百货店法、第二次百货店法、大规模零售铺法和大规模零售店铺法的变迁。如今日本,已经形成了无店面售、专卖店、购物中心、百货店、综合超市、便民店等多种业态的零售业体系。这就提升了消费者生活方式的多样化和便利性。[1]

---

[1] 参见《中日对话流通业发展》,《国际商报》2012 年 3 月 23 日。

第五章 价值的消费问题

一 马克思主义消费理论的中国化问题

（一）消费与生产的辩证关系理论

消费与生产的相互关系是矛盾对立统一的关系。它们既有矛盾的方面，又有统一（同一）的地方。对于它们之间的统一（同一）性，马克思有深刻的分析与精辟的阐述。他写道："消费同生产之间的同一性表现"在：

（1）直接的同一性：生产是消费，消费是生产。消费的生产。生产的消费。

……

（2）每一方表现为对方的手段；以对方为中介；这表现为它们的相互依存；这是一个运动，它们通过这个运动彼此发生关系，表现为互不可缺，但又各自处于对方之外。生产为消费创造作为外在对象的材料；消费为生产创造作为内在对象，作为目的的需要。没有生产就没有消费；没有消费就没有生产。这一点在经济学中是以多种形式出现的。

（3）生产不仅直接是消费，消费不仅直接是生产；生产也不仅仅是消费的手段，消费也不仅仅是生产的目的，就是说，每一方都为对方提供对象；两者的每一方不仅直接就是对方，不仅中介着对方，而且，两者的每一方由于自己的实现才创造对方；每一方都把自己当作对方创造出来。消费完成生产行为，只是由于消费使产品最后完成其为产品，只是由于消费把它消灭，把它的独立的物体形式消耗掉；只是由于消费使得在最初生产行为中发展起来的素质通过反复的需要上升为熟练技巧；所以，消费不仅是使产品成为产品的终结行为，而且也是使生产者成为生产者的终结行为。另外，生产生产出消费，首先是由于生产创造出消费的一定方式，其次是由于生产把消费的动力、消费能力本身当作需要创造出来。最后的同一性，在经济学中常常是以需求与供给、对象与需要、社会创造的需要和自然需要的关系来说明的。①

马克思的上述论述，显示了他的消费观的哲学基础。这是辩证唯物主义在消费领域的应用和具体化。这里的文字并不多，但理论涵养甚丰，可以增强理论工作者和消费者的素质值得我们很好地学习。以此为指导，创造出中国特色社会主义的消费理论，是我们每个理论工作者义不容辞的责任。

（二）消费的类型：生产消费与生活消费

生产消费与生活消费（又称生产消费与个人消费），是人类消费的两大基本类型。这两大类型并不是彼此独立、互不相干，而有紧密的联系，甚至相互依存，相互促进。对于它们二者及其相互关系，马克思、恩格斯都有深刻的分析和论述。例如：

马克思写道："生产消费与个人生活消费的区别在于：后者把产品当作活的个人的生活资料来消费，而前者则把产品当作劳动即活的个人发挥作用的劳动力的生活资料来消费。因此，个人消费的产物是消费者，生产消费的结果是与消费者不同的产品"。② 对于生产消费与生活消费在资本主义社会的情况下，马克思又写道："工人的消费有两种。在生产本身中，他通过自己的劳动消费生产资料，并把生产资料转化为价值高于预付资本价值的产品。这是他的生产消费。同时这也是购买他的劳动力的资本家对他的劳动力的消费。另一方面，工人把购买他的劳动力而支付给他的货币用于生活资料：这是他的个人消费。可见，工人的生产消费和个人消费是完全不同的。在前一种消费下，工人起资本动力的作用，属于资本家；在后一种消费下，他属于自己，在生产过程之外执行生活职能。前一种消费的结果是资本家的

① 《马克思恩格斯文集》第 8 集，人民出版社 2009 年版，第 17—18 页。
② 《马克思恩格斯文集》第 5 集，人民出版社 2009 年版，第 214 页。

生存，后一种消费的结果是工人自己的生存"。①

消费的两大类型是由生产的两大类型决定的。社会生产分成两大部类，即生产资料生产部类与消费资料生产部类。前者的产品用于生产消费，而后者的产品用于生活消费。这种情况，不论在哪种社会中都是一样的，只是生产或消费的主体不同而已。

（三）消费力的含义与种类

"社会消费力"（简称消费力）是马克思首先提出的。他把消费力看成是"一种个人才能的发展，一种生产力的发展"。② 后来他又指出："进行直接剥削的条件和实现这种剥削的条件，并不是一回事，二者不仅在时间和地点上是分开的，而且在概念上也是分开的。前者只受社会生产力的限制，后者则受不同生产部门比例关系和社会消费力的限制。但是社会消费力既不取决于绝对的生产力，也不取决于绝对的消费力，而是取决于以对抗性的分配关系为基础的消费力；这种分配关系，使社会与绝大多数人的消费缩小到只能在相当狭小的界限以内变动。其次这个消费力还受到追求积累的欲望、扩大投资和扩大剩余价值生产规模的欲望的限制。……但是生产力越发展，它就越和消费关系的狭隘基础发生冲突。"③

列宁从俄国的实际情况出发，进一步发展了马克思关于社会消费力的理论。他写道："'社会消费能力'和'不同生产部门的比例'——这决不是什么别的、独立的、彼此没有联系的条件。相反地，一定的消费状况乃是比例的要素之一"。④

在中国经济学界首先研究"消费力"问题的当属北京大学刘方棫教授。他在1984年秋出版了《消费经济学概论》这部著作。其中第三篇着重研究了"消费力及其合理组织"的问题。⑤ 尹世杰教授在2002年出版的《尹世杰选集》第二卷中列出"消费力经济学"大纲（初稿）。其中列出：什么是消费力？消费力的分类、消费力的运动规

① 《马克思恩格斯文集》第5集，人民出版社2009年版，第659—660页。
② 《马克思恩格斯全集》第46卷（下册），人民出版社1980年版，第225页。
③ 《马克思恩格斯文集》第7卷，人民出版社2009年版，第272—273页。
④ 《列宁全集》第4卷，人民出版社1972年版，第44页。
⑤ 刘方棫：《消费经济学概论》，贵州人民出版社1984年版，第67—117页。

律、消费力经济学的研究对象和研究方法，以及消费力在商品经济运行中的作用等问题。①

消费力不同于生产力、购买力或支付力。它仅限于最终消费的阶段的消费能力。大家知道，社会再生产过程是由生产、分配、流通、消费这样四个阶段组成的。没有前三个阶段，不可能出现第四个阶段。相反，如果没有第四阶段，没有消费，其他阶段也就缺乏目的性。在一定意义上说，消费甚至起决定性作用。它关乎整个社会再生产能否顺利进行。有的人把消费力混同于购买力、支付力、投资力，那是不妥的。我们应当努力学习马克思、列宁的指示，把他们关于消费力的论述，真正弄明白。

（四）对资产阶级经济学家消费理论的批判与继承

对于资本主义社会的消费问题，西方经济学家从多视角、多层次进行了研究与探索。英国古典政治经济学创始人威廉·配第根据他处的时代要求，主张节制消费，增加资本积累，甚至一切为了积累，把资本积累放在首位。他认为，"人们由于吃得过多，他们连日常劳动也感到厌烦了。这种情况，显然不能令人乐观。"② 亚当·斯密说过："消费是一切生产的唯一目的，而生产者的利益，只能在促进消费者的利益时，才应当加以注意，这个原则是完全自明的，简直用不着证明"。③ 但是，另一方面，亚当·斯密也主张节制消费，把资本积累放在首位。他写道："若只有勤劳、无节俭，有所得而无所贮，资本决不能增大。节俭可增加维持生产性劳动者的基金，从而增加生产性劳动者的人数"。④ 大卫·李嘉图的经济学把重点放在分配问题上，强调生产问题，主张压缩消费，使生产超过消费，甚至"为生产而生产"。马克思曾指出："李嘉图和一切以后的经济学家追随亚当·斯密一再

---

① 尹世杰：《尹世杰选集》（第二卷），湖南师范大学出版社 2002 年版，第 63—78 页。

② 威廉·配第：《政治算术》，商务印书馆 1978 年版，第 42 页。

③ 亚当·斯密：《国民财富的性质和原因的研究》下卷，商务印书馆 1979 年版，第 227 页。

④ 同上书，第 310 页。

重复地说，加入资本的那部分收入，是由生产工人消费"。① 这就是所谓的"斯密教条"。这个教条的根本错误在于不懂得劳动的二重性理论，把创造价值混同于转移价值。

法国的资产阶级庸俗经济学的鼻祖萨伊完全背叛了古典经济学派的消费观。他认为，消费就是价值和效用的消灭、财富的消灭。他完全否定消费的地位与作用。他的名言是："激励生产是贤明的政策，鼓励消费是拙劣的政策"。② 英国著名的经济学家马歇尔在其代表作《经济学原理》（1890 年初版）一书中写道："经济学自始至终都是研究生产和消费的相互调节的"。"而一切需要的最终调节者是消费者的需要"。③ 马歇尔的观点是建立在边际效用论基础之上的。这种效用论同马克思劳动价值论是对立的。

凯恩斯在 1936 年完成了经济学的一场革命。他的《就业、利息和货币通论》一书的出版，标志着宏观经济学的问世。在消费理论方面，他提出了"消费乃是一切经济活动之唯一目的，唯一对象"。他还认为，资本主义经济危机的根源在于有效需求不足，而有效需求不足又是由"消费倾向递减"、"资本边际效率递减"和"灵活偏好"三大心理规律造成的。此外，消费函数在凯恩斯的著作中也占有相当高的地位。大家知道，经济危机的根源在于资本主义社会的基本矛盾。而凯恩斯不承认这个矛盾，他用消费不足来解释经济危机不过是缘木求鱼而已。革命导师列宁深刻批判了凯恩斯的上述观点。他写道："凯恩斯是英国的外交家，他奉本国政府之命参加凡尔赛和谈，从纯粹资产阶级观点直接作了观察，……他作出的结论，比任何一个共产党人革命家的结论更有说服力，更引人注目，更发人深省，因为作出这个结论的人是一个人所共知的资产者，布尔什维主义的死敌，在这个市侩的想象中，布尔什维主义的样子是畸形的狰狞可怕的"。④ 事实上，在布尔什维克党即苏联共产党的领导下，社会主义事业在 20 世纪 30 年代迅猛发展，国际共产主义运动朝气蓬勃，同资本主义世

---

① 《马克思恩格斯全集》第 23 卷，人民出版社 1972 年版，第 647 页。
② 萨伊：《政治经济学概论》，商务印书馆 1963 年版，第 459 页。
③ 马歇尔：《经济学原理》上卷，商务印书馆 1964 年版，第 111 页。
④ 《列宁专题文集》（论资本主义），人民出版社 2009 年版，第 269 页。

界的经济危机形成鲜明对照。

20世纪60年代初，美国经济学家罗斯托在其著作《经济成长的阶段——非共产党宣言》中，根据各国的消费水平来确定其处在何种发展阶段上。他根据消费水平的变化，把历史发展分为五个阶段，即传统社会、为发展创造前提阶段、发展阶段、向成熟推进阶段、高额群众消费阶段。他写道："当社会快要达到成熟阶段时，或达到成熟阶段之后，社会的主要注意力就从供给转到需要，从生产问题转到消费问题。""高额群众消费时代正在越来越有力量，绝对还没有达到终点"。罗斯托的经济成长阶段论是对马克思主义的挑战，企图否定历史唯物主义，否定社会生产力与生产关系、经济基础与上层建筑这个社会的基本矛盾。马克思十分明确地指出："各种经济时代的区分，不在于生产什么，而在于怎样生产，用什么劳动资料生产。劳动资料不仅是人类劳动力发展的测量器，而且是劳动借以进行的社会关系的指示器"。[1]

从20世纪30年代起，在欧洲（主要法国）出现了关于"消费社会"、"消费主义"等理论学说。其主要代表人物有：让·波德里亚。他的著作颇多，主要有：《物体系》（1968年出版）、《消费社会》（1970年出版）、《符号政治经济学批判》（1995年出版）。波德里亚的早期作品尽管也有局限性，但在研究消费和消费社会方面也有一定的价值。可以说，波德里亚是法国后现代理论的主要领袖。涉猎消费社会的理论大多是在20世纪40年代和50年代出现的。大众文化是消费社会不可或缺的组成部分。应当指出，波德里亚等的理论缺乏政治经济学和经济史的基础。[2]

进入20世纪80年代，在西方出现了探讨消费与社会变革的一种思想、理论学派。它的代表人物有马尔库塞、布迪厄、列斐伏尔和阿格尔等。他们以不同的方式、思路揭露和批判晚期资本主义社会的消费活动。布迪厄是法国当代著名的社会学家、思想家和文化理论批判家。他的思想兼具自由主义和结构主义的特点，对于当代资本主义社

---

① 《马克思恩格斯全集》第23卷，人民出版社1972年版，第204页。
② 参见刘方喜《消费主义批判的中国立场》，道格拉斯·凯尔纳：《消费社会：法兰克福学派与波德里亚的观点》，丁国旗：《文学在消费时代的突围》。

会的消费现象也有独特的思考和观察。他在 1984 年出版的《区隔：关于品味判断的社会批判》一书中，首先阐明了人的消费行为远不只是消费者运用消费理性所做出的判断和选择。资产阶级、小资产阶级和普罗大众，都有独特的消费品位和消费选择。时尚消费是权贵和名流们标榜自己高人一等的"利器"。资产阶级的消费取向与工人阶级的正好位于相对立的两极。布迪厄对资产阶级、小资产阶级和工人阶级这三个阶级的"惯习"和消费趣味的区分，表明他重视文化消费。他认为，文化消费正日益取代物质消费，成为社会分化格局形成的关键因素。一定意义上可以说，布迪厄的"象征斗争理论"既是对西方马克思主义消费政治理论的反思，同时又对之进行了重要的拓展。①

（五）资本主义消费的基本特征

根据马克思主义经典作家的论述，我们认为，资本主义消费具有以下几个重要特征：

1. 消费处于从属地位

在资本主义制度下，生产处于主导地位，而消费则处于从属地位。这是由资本主义生产关系的性质决定的。生产资料是资本家私有的，资本家当然是社会生产的支配者。马克思指出："生产剩余价值或榨取剩余劳动，是资本主义生产的特定内容和目的。"② 不论是资本家的生活消费，还是工人阶级和其他劳动者的消费，都只能从属于资本追求剩余价值的这个资本主义生产目的。

2. 消费与生产的矛盾具有对抗性

在资本主义社会，生产与消费之间的关系，一般受价值规律的调节。但价值规律在这方面的作用是有限的。它难以阻止生产超越消费。当生产严重超越消费时，二者达到对抗状态，经济危机就要到来了。对此，马克思指出："一切真正的危机的最根本的原因，总不外乎群众的贫困和他们的有限的消费"。③ 经过经济危机，生产与消费的矛盾暂时得到解决。但过不了多久，生产过剩又出现了，危机再度出

---

①　高德胜：《消费与社会变革——布迪厄对西方马克思主义消费政治理论的反思与拓展》，《光明日报》2014 年 9 月 10 日。

②　《马克思恩格斯全集》第 23 卷，人民出版社 1972 年版，第 330 页。

③　《马克思恩格斯全集》第 25 卷，人民出版社 2001 年版，第 548 页。

现。只有废止资本主义制度，才能消除消费与生产的对抗性矛盾。

3. 消费领域中的对抗性矛盾

马克思在《资本论》第2卷中深入研究并揭示了资本主义消费领域中的对抗性矛盾。他从两个阶级的对立的消费出发，把消费资料划分为必要消费资料（生存资料）与只供资本家享用的奢侈品两种类型。正如恩格斯所说："资本主义生产方式的生产人为地使广大真正的生产者同享受资料和发展资料隔绝起来。"[1] 这样，享受资料和发展资料便成为资产阶级独自消费的对象。不论在消费对象、消费手段和消费方式上，还是在消费水平、消费结构、消费结果上，无产阶级与资产阶级在消费领域都处于对立状态，不可同日而语。

（六）社会主义消费的进步性

在中国建立了社会主义制度之后，生产关系的性质发生了根本变化，生产力水平显著上升，广大群众的生活消费水平不断提高，从中可以看出社会主义消费的历史进步性。

1. 消费成为社会经济活动的最终目标

前面已经指出，就生产一般来说，生产本来是为了消费，消费成为生产的目的和对象。从历史上看，原始社会、奴隶社会和封建社会的生产都是为了消费。只是由于资本主义生产关系的性质才使生产的目的发生了"异化"，变成了追求剩余价值。社会主义制度的建立，使被资本主义颠倒的生产目的再颠倒过来，即生产是为了消费。这是生产目的上的"复归"。

恩格斯指出："我们的目的是要建立社会主义制度，这种制度将给所有的人提供健康而有益的工作，给所有的人提供充裕的物质生活和闲暇时间，给所有的人提供真正的充分的自由"。[2]

列宁写道："社会主义社会是一个为了消费而有计划组织生产的大消费合作社"。[3] 他又说："只有社会主义才可能根据科学的见解来广泛推行和真正支配产品的社会生产和分配，也就是如何使全体劳动

---

[1] 《马克思恩格斯全集》第34卷，人民出版社2003年版，第163页。
[2] 《马克思恩格斯全集》第21卷，人民出版社2003年版，第570页。
[3] 《列宁全集》第9卷，人民出版社1959年版，第356页。

者过最美好、最幸福的生活。只有社会主义才能实现这一点。我们知道社会主义应该实现这一点,而马克思主义的全部困难和全部力量,也就在于了解这个真理"。①

中国共产党人更是把满足人民群众物质和文化生活需要作为发展经济的唯一目的。周恩来总理在第一届全国人民代表大会上所做的《政府工作报告》中指出:"社会主义经济的唯一目的,就在于满足人民的物质和文化的需要"。党的"八大"通过的党纲中明确规定:"党的一切工作的根本目的,是最大限度地满足人民的物质生活和文化生活的需要"。

2. 社会主义消费能够保证人的全面发展

人类为了维持生存、发展自己和延续后代,产生许多需要。这些需要大体分为三类:生理需要、精神需要和社会需要。这三类需要都是社会历史发展的产物,受社会生产关系的制约,在阶级社会无不打上阶级的烙印。只有社会主义制度下,才能保证人的全面发展。因为社会主义能够迅速发展生产力,不断创造雄厚的物质条件。

3. 消费与生产的矛盾具有非对抗性

这一点同资本主义的情形不同。在社会主义条件下,发展生产的目的是为了满足人民群众的生活需要,而群众生活需要获得满足,又会调动广大群众的生产积极性和创造性,反过来必然促进生产更快更好发展,为进一步改善劳动群众的生活,创造更雄厚的物质基础。这样,后浪推前浪,一浪更比一浪高。这就是社会主义制度下,生产与消费关系的生动写照。当然,消费与生产之间也存在着矛盾。这些矛盾将长期存在,表现为生产的产品在数量、品种、质量等方面不适应群众生活的要求。这种矛盾有时还很突出。不过,它是非对抗的,经过调整,尤其生产的迅速发展,可以解决。正如毛主席指出的:在客观上将会长期存在的社会生产和社会需要的矛盾,就需要人们时常经过国家计划去调节。我国每年作一次经济计划,安排积累与消费的适当比例,求得生产和需要之间的平衡。

---

① 《列宁全集》第27卷,人民出版社2003年版,第385页。

4. 社会主义消费增长具有持续性和最大限度性

社会主义消费的这个进步性反映着社会主义基本经济规律的要求。新中国成立后，60 多年的实践证明，社会主义消费是持续增长的，而且达到了力所能及的最大限度。有的同志不同意这里所说的"最大限度"。他写道："我们现在还不可能普遍地在'高度技术基础上'来发展社会主义经济，也不可能'最大限度'地满足全国人民的生活需要"。[①] 本书不同意这种看法。"最大限度"不是绝对的，而是相对的。它同任何事物一样是发展变化的。既有生产力低水平时期的"最大限度"，又有生产力高水平时期的"最大限度"。一定要实事求是，从实际情况出发，根据既定的人力、物力和财力，统筹兼顾，适当安排。

5. 社会主义消费的新常态

以习近平为总书记的党中央高度关注 13 亿人民的生活消费问题。多次指示，要求各级党政领导认真解决群众的物质文化生活方面的问题。2014 年 7 月 29 日召开的中央政治局会议要求"要努力扩大消费需求，发挥好消费的基础作用，顺应居民消费结构升级趋势，完善消费政策，改善消费环境，不断释放消费潜力"。[②] 2014 年 10 月 29 日，李克强主持召开国务院常务会议，部署推进消费扩大和升级，促进经济提质增效。会议要求重点推进六大领域消费：一是扩大移动互联网、物联网等信息消费，提升宽带速度，支持网购发展和农村电商配送。加快健康医疗、企业监管等大数据应用。二是促进绿色消费，推广节能产品，对建设城市停车、新能源汽车充电设施较多的奖励。三是稳定住房消费，加强保障房建设、放宽提取公积金支付房租条件。四是升级旅游休闲消费，落实职工带薪休假制度，实施乡村旅游富民等工程，建设自驾车、房车营地。五是提升教育文体消费，完善民办教育收费政策，扩大中外合作办学。六是鼓励养老与健康家政消费，探索建立产业基金等发展养老服务，制定支持民间资本投资养老服务的税收政策，民办医疗机构用水用电用热与公办机构同价。用更好的

---

① 薛暮桥：《中国社会主义经济问题研究》，人民出版社 1979 年版，第 258 页。
② 参见《光明日报》2014 年 7 月 29 日。

服务和产品，让人们放心消费，享受生活。会议强调指出，消费是经济增长重要"引擎"，是我国发展巨大潜力所在。在稳增长中，消费需求规模最大，和民生关系最直接。要瞄准群众多样化需求，改革创新、调动市场力量增加供给，促进消费扩大和升级，带动新产业、新业态发展。一要增加收入，让群众"能"消费；二要健全社保体系，让群众"敢"消费；三要改善消费环境，让群众"愿"消费。推进消费立法，严惩"黑心"食品、旅游"宰客"等不法行为。① 2014年12月5日，中央政治局召开会议，分析2015年经济工作。会议强调，我国进入经济发展新常态，为明年发展提供了有利条件。同时又要看到，经济发展新常态下也有不少困难和挑战，要高度重视，妥善应对。② 2014年12月9日至11日，在北京召开了中央经济工作会议。习近平总书记在会上发表重要讲话，分析国内外经济形势，总结2014年经济工作，提出2015年经济工作的总体要求和主要任务。会议认为，必须历史地、辩证地认识我国经济发展阶段性特征，准确把握经济发展新常态。从消费需求看，过去我国消费具有明显的模仿型排浪式特征。现在这个阶段基本结束，个性化、多样化消费渐成主流，保证产品质量安全，通过创新供给、激活需求的重要性上升。在这种情况下，必须采取正确的消费政策，释放消费潜力，使消费继续在推动经济发展中发挥基础作用。③

二　努力创新中国特色社会主义消费理论

（一）如何创新中国特色的消费经济学的两点建议

1. 深入实际调查研究

中国特色消费理论并不存在于书本中，也不存在于某些人的头脑中，而源自中国十几亿人的伟大的消费实践中，并为这个伟大的消费

---

① 参见《人民日报》2014年10月30日。
② 参见《光明日报》2014年12月6日。
③ 参见《光明日报》2014年12月12日。

实践服务。毛泽东在《实践论》一文中指出："辩证唯物论的认识论把实践提到第一的地位，认为人的认识一点也不能离开实践，……强调理论对于实践的依赖性，理论的基础是实践，又转过来为实践服务。"① 根据这个道理，我们研究消费问题，一定要深入实际进行调查研究。在微观方面，关注亿万人的吃、穿、用、住、行、医等各方面的问题，肯定成绩，找出不足，总结经验教训。在此基础上，再升华为理论，提出新概念、新理论。在宏观方面，要关注消费与生产、分配、交换之间的相互关系，消费与投资的关系，消费与进出口的关系，城乡居民消费关系，不同地区居民消费关系等。对这些关系的变动趋势及其原因和对策进行理论分析，提出新的观点和新的理论。在这里应强调指出，中国消费体制改革问题既是宏观问题，又是微观问题；既是理论问题，又是实践问题，必须千方百计地推动消费体制改革。为此，要深入实际调查研究，找出这项体制改革滞后的原因，提出加快改革的政策建议。

2. 以马克思主义为理论指导

在阶级社会中，各种思想、理论、学说，无不打上阶级的烙印。在当今的中国，在当今的国际社会，各种思想、理论、学说都异常活跃。在消费领域也有种种思想、理论和学说。这就向我们提出一个问题，我们应以何种消费理论为指导？毛主席在 1954 年全国人民代表大会第一次会议上的开幕词中指出：领导我们事业的核心力量是中国共产党。指导我们思想的理论基础是马克思列宁主义。我国的历届宪法都写有毛主席的这个指示。我们一定遵循着毛主席的指示前进。应当提倡学习马克思主义的消费经济理论。笔者建议，组织有关力量编《马恩列斯毛邓论消费》一书，以便于大家学习。

对于西方的各种消费理论应采取一分为二的科学分析态度，取其精华、去其糟粕，吸收其对我有用之处。但是，不能任其占主导地位。当前消费理论中的"西化"现象值得注意。

---

① 《毛泽东选集》第 1 卷，人民出版社 1952 年版，第 273 页。

（二）关于几种重要的消费理论问题

1. 关于宏观消费理论问题

笔者认为，消费理论应有宏观消费理论与微观消费理论之分。所谓宏观消费理论是指有关整个国家（包括各级政府）的消费问题的理论；所谓微观消费理论是指有关家庭和个人的消费问题的理论。这两种消费理论既有区别又有联系。我们在这里先简要地分析一下宏观消费理论。

我国某一年的国民收入（或国内生产总值）生产出来之后经过分配、再分配过程，最终被用在生产建设与人民生活两个方面。用在生产建设方面的称为积累基金（又称投资基金），用在人民生活方面的称为消费基金。这两种基金各占多大比重？或者说，积累率有多高？消费率有多高？这是关系国家全局的重大问题，也是国民经济综合平衡的核心问题。各级政府的决策者对这两个问题都十分重视。"积累率"（或消费率）取决于多种因素，直接受三个因素的制约：一是国民收入总额及其增长速度；二是积累（投资）效果。即单位投资（万元）取得的国民收入新增额（又称投资效果系数）；三是消费基金总额及其增长速度。根据这三个因素，可组成计算投资率（积累率）的两个公式：

公式1：积累率＝国民收入增长速度÷积累效果（投资效果）

公式2：积累率＝（国民收入总额－消费基金总额）÷国民收入总额

以上两个公式的不同点在于：公式1侧重从生产领域表明积累率与国民收入总额及其增长速度、积累（投资）效果的关系；而公式2则侧重从分配领域表明积累率与国民收入总额，消费基金总额的关系。中国经济学界多年来讨论积累率问题时，大多是围绕第二个公式争论是非曲直的，对第一个公式关注得较少。其实，我国积累率长期过高的根源恰恰在第一个公式里，即积累效果（投资效果）太差。①

积累率确定后，再研究消费率，那就易如反掌了。消费率＝100%－积累率。既然积累率过高，那么消费率必然很低。这是我国

---

① 参见杨圣明《加快建立扩大消费需求长效机制问题》，《财贸经济》2013年第3期。

不断提倡扩大消费需求的重要根据。

2. 关于微观消费理论问题

微观消费是指家庭和个人的消费。每个家庭或个人的消费是否科学、合理和适度，要以收入、消费和储蓄三者的关系来衡量。从静态上考察，收入大于消费，并有一定储蓄，此种状态的消费乃是合理的或适度的；从动态上考察，收入、消费、储蓄三者大体同步增长，或者说它们之间的比例关系保持着一种常数，这种状态的消费就是合理的、适度的。按这种标准衡量我国的消费，那就会发现，存在严重的低消费和高储蓄问题。这种情况与美国的情况恰好相反，那里存在严重的高消费和低储蓄问题。

关于收入、消费、储蓄三者的关系问题，英国著名经济学家凯恩斯在其著作《就业、利息和货币通论》中指出，随着收入的增长，将会出现边际消费倾向下降趋势和边际储蓄上升趋势。这种预测不符合美国的情况。当今世界，关于消费与储蓄的关系不外两大类型：以美国为代表的低储蓄、高消费类型与以日本为代表的高储蓄、低消费类型。本书认为，中国应成为收入、储蓄、消费三者同步增长、协调发展的第三种类型的国家。

3. 关于消费者主权理论问题

消费者主权理论问题是随着市场经济发展而出现的。在自然经济中，以家庭为生产单位与消费单位，生产什么就消费什么，生产多少就消费多少，封闭运行，消费者没有跨期选择，也没有跨国、跨地区选择。因而，消费者没有什么权力。在计划经济时期，以产定销，生产什么就消费什么，生产多少就消费多少。出现供不应求时，就采用票证制度加以限制。这样，消费者也没有什么权力。在市场经济中，出现了以销定产，市场能够销售什么（居民购买什么），就生产什么，消费者需要多少，就生产多少。这样，消费者就有了选择权。由上述分析可见，而立足于自然经济和计划经济之上的是生产者主权理论，而立足于市场经济之上的则是消费者主权理论。随着市场经济的发展，消费者主权理论也在发展。消费者正在由"奴隶"变为"上帝"。

4. 关于消费体制理论问题

我国的经济体制改革，不仅包括生产领域、分配领域和流通领域的诸多改革，而且包括消费领域的体制改革。所谓消费体制是指消费领域中各种消费关系、消费权益、消费组织、消费安全、消费教育及其运行机制、调控手段、网络布局、信息传递的总称。消费体制是整个经济体制的重要组成部分。它同生产体制、流通体制、分配体制相互联系、相互制约、共同发展。任何一种消费都是在一定体制下完成的。消费不仅是个人生活问题，而且是在社会关系中进行的一种活动。它必然涉及与其他经济活动的关系。消费领域中的社会关系，即消费关系是相当复杂的、矛盾也是很多的。消费体制改革的任务是调整和完善各种消费关系，改进消费权力在不同层次上的配置，兼顾各方面的消费利益，以促进全面小康社会的实现。

5. 关于消费者组织理论问题

在市场经济中，一般都实行小政府、大社会的管理模式。大量的社会生活问题并不是由政府包办，而是由居民自主管理。千家万户的吃、穿、用、住、行、医等各种消费行为所涉及的具有共性的消费问题只能由居民民主协商解决。而居民是分散的、其生活消费又千差万别，只有组织起来，形成集体力量，才能更好地解决消费者面临的诸多困难问题。因此，要大力倡导和成立各种类型的消费者组织（在加拿大有鸡蛋协会、小麦协会，在美国有杏仁协会）。消费者组织有双重作用，一方面把政府的、社会的要求传达给消费者，使消费者理解政府的意图；另一方面又把消费者的要求反映给政府和有关部门，帮助消费者解决困难问题。这样，消费者组织的双重作用，将会化解矛盾，促进社会和谐。

6. 关于服务消费理论问题

千百年来，人类生活都是以实物消费为主，服务消费为辅。现在，达到了一个拐点。在发达国家已经出现以服务消费为主，实物消费为辅的新现象、新阶段。消费结构上的这种新趋势在我国的香港、上海、北京等地初露端倪。它的出现不是偶然的，而是社会产业结构演进的必然结果。不久，它将扩大到整体社会。

7. 关于绿色消费理论问题

在本源上，人类的生活消费开始就是绿色消费，依靠绿色有机物质生存和发展。可以说，绿色消费是人类的本源消费。然而，随着不可再生能源的采用，化学工业发展和转基因技术问世，开始动摇人类绿色消费的基础。科学技术进步往往是"双刃剑"。以转基因食品来说，日本人和欧洲人反对者大有人在。鉴于人们对"化学化"和"基因化"的怀疑，人类消费又开始转向绿色消费。真可谓返璞归真。在我国要倡导文明、节约、绿色低碳消费模式。

8. 关于文化消费理论问题

人是社会动物，人与其他动物的根本区别除制造和使用工具外，就是创造精神文明，并享受人类的一切先进文化成果。我国已进入小康社会，不同于饥寒型和温饱型社会，我们的主要任务不再是解决生存问题，而是解决享受和发展问题。这固然要依靠一定的物质条件，但更主要依靠文化事业的发展和居民文化生活水平的提高。所以，文化消费增强是我们迈向全面小康和富裕道路上必然出现的新趋势。我们现在成立的是消费经济学会，可否再成立一个文化消费学会。这是值得研究和讨论的问题。

9. 关于信息消费理论问题

当今社会已进入数字化的信息时代。在硬件方面，计算机、电视机、照相机、DVD、显示器、网络服务器、信息平台、扫描仪、投影仪、图像处理器、资料处理器等层出不穷、日新月异。在软件方面，移动通信网络、互联网络、卫星通信网络、数据交换网络、财务软件、商务软件、工程软件等不断创新、迅猛发展。尽管上述众多产品外观千奇百怪、功能各异。但有一点是共同的，即它们都依靠数码运行、依靠数码操作，故称为数字产品。这类产品既有生产过程，又有消费过程。这些数字产品的消费简称为数字消费。如果从这些产品的最终用途上考察，它们都是传递信息的。这些产品的消费，又可称为信息消费。当前，信息消费已成为最为活跃的消费热点。2013 年我国信息消费规模达到 2.2 万亿元，预计 2015 年将超过 3.2 万亿元。信息消费已经成为引领消费、扩大内需、提振经济的新动力。①

10. 关于消费指导理论问题

人类文明的内涵极其丰富，消费文明仅是其中之一。人人都应成

---

① 参见《国际商报》2014 年 7 月 14 日。

为文明消费者。每一种消费行为都应文明。可是，现实世界中的不文明行为并不少见。怎么办？应广泛开展消费教育，大力加强消费的科学指导，弘扬消费文明。当然，消费指导决不是横加干涉和指责。一定要用群众喜闻乐见的方式，切实尊重消费者的自主权与决策权。国家应当制定一些有关消费的法规，以保护消费者的利益。在食品中掺杂使假，有毒食品满天飞，主要原因是执法不严。要充分发挥法律的威严，使违法者胆战心惊、望而却步，我们要为法制消费而奋斗。

三　加快建立扩大消费需求长效机制问题

党的"十八大"报告指出，"要牢牢把握扩大内需这一战略基点，加快建立扩大消费需求长效机制，释放居民消费潜力"，"使经济发展更多依靠内需特别是消费需求拉动"。这个指示不仅总结了以往的经验教训，而且指出了今后经济发展的正确方向，是我们全面建成小康社会的重要指导方针。

（一）加快建立扩大消费需求长效机制的理由

1. 消费是生产的前提、对象、目的和动力

马克思对消费与生产的辩证关系作过精辟分析，明确指出消费是生产的前提、对象、目的和动力。他写道："消费创造出新的生产的需要，也就是创造出生产的观念上的内在动机，后者是生产的前提。消费创造出生产的动力；它也创造出在生产中作为决定目的的东西而发生作用的对象。如果说，生产在外部提供消费的对象是显而易见的，那么，同样显而易见的是，消费在观念上提出生产的对象，把它作为内心的图像，作为需要，作为动力和目的提出来。消费创造出还是在主观形式上的生产对象。没有需要，就没有生产。而消费则把需要再生产出来"。① 马克思在这里阐明的消费与生产辩证关系的规律是人类社会发展的一条永恒规律。它是人类社会各个阶段上的共同规律。当然，它在不同阶段上的作用程度与形式都有各自的特点。在我

---

① 《马克思恩格斯文集》第8卷，人民出版社2009年版，第15页。

们全面建成小康社会的过程中，必须尊重这条规律，并按照它的要求办事，更充分地发挥消费对生产、对整个国民经济的促进作用。

列宁特别强调了消费在社会主义社会的作用。他写道："社会主义社会是一个为了消费而有计划组织生产的大消费合作社"。[①]"只有社会主义才可能根据科学的见解来广泛推行和真正支配产品的社会生产和分配，也就是如何使全体劳动者过最美好、最幸福的生活。只有社会主义才能实现这一点。我们知道社会主义应该实现这一点，而马克思主义的全部困难和全部力量，也就在于了解这个真理"。[②] 我们党充分了解这个真理，并用于指导实践。1954 年，周恩来总理在第一届全国人民代表大会上所做的《政府工作报告》中指出："社会主义经济的唯一目的，就在于满足人民的物质和文化的需要。"1956 年，党的"八大"通过的党纲中规定："党的一切工作的根本目的，是最大限度地满足人民的物质生活和文化生活的需要"。几十年过去了，党的"十八大"仍然这样要求全党，把人民的消费需求作为党的战略基点。

2. 在扩大消费需求问题上，以往忽冷忽热，缺乏长效机制

扩大消费需求问题是在 1998 年东亚金融危机时首先提出来的。这次金融危机使中国的对外贸易出现了改革开放后的第一次下降。外贸进出口额由 1997 年的 3251.6 亿美元降至 1998 年的 3239.5 亿美元，降低 0.4 个百分点。其中，出口额由 1827.9 亿美元增至 1837.1 亿美元，增加 0.5 个百分点，而进口额则由 1423.7 亿美元降至 1402.4 亿美元，减少 1.5 个百分点。国内社会消费品零售额，1998 年虽然名义上增长 6.8%，但如果扣除物价上涨因素，实际并没有增加。国内外贸易表明，中国的外需与内需都处于休眠（不振、疲软）状态。针对这个问题，中央提出了扩大内需的政策。2003 年政府工作报告中又突出强调扩大消费需求的问题。至今已经十年了，这些方针政策的效果如何呢？消费水平虽然有显著提高，但是，它仍然明显落后于生产发展的速度；在国民收入分配中消费基金增长速度明显落后

---

① 《列宁全集》第 9 卷，人民出版社 1959 年版，第 356 页。

② 《列宁全集》第 27 卷，人民出版社 1958 年版，第 385 页。

于积累基金的增长速度，因而积累率呈上升趋势，而消费率呈下降趋势；在消费基金的分配中，政府消费增长速度快于居民消费增长速度，因而政府消费率上升，而居民消费率下降；同世界各国相比，我国的居民消费率，不仅显著低于欧美日发达国家的居民消费率，也明显低于印度、印度尼西亚、菲律宾、越南、南非、巴西等发展中国家的居民消费率①，甚至显著低于世界居民消费率的平均数。

为了早日全面建成小康社会，我们一定要重视居民消费需求，提高居民消费率，加快建立扩大消费需求的长效机制。

3. 未来中国经济发展的基本动力是十几亿居民的生活消费需求

生产能不能快速发展？经济能不能更加繁荣？这样的问题在未来的中国主要取决于是否把十几亿居民的生活消费需求放在首位！果真如此的话，那将形成全世界最大的消费市场。否则，只强调生产，不重视消费，那就没有市场、没有生产的发展和经济的繁荣。居民消费有生存、发展和享受三个发展阶段或三种形态。目前，就全国而论，我们只是基本解决了生存问题，发展和享受还说不上。"消费主义"、"消费社会"，我们并不赞同，但是居民消费中的发展和享受的内容应当是提倡的。随着社会生产的发展，居民消费将从目前的以生存为主的阶段发展到以发展为主，甚至以享受为主的阶段。党的"十八大"提出的城乡居民收入的"倍增"计划十分鼓舞人心，将促使居民消费需求再上一个新台阶。

应当指出，扩大内需的战略基点，既包括对生产建设的投资需求，又包括生活消费需求。这两种需求既有联系，又有区别。有的同志往往把二者混淆起来，过分强调生产建设需求而轻视生活消费需求，甚至以牺牲群众的利益而搞所谓的建设。必须明确，我们不是为生产而生产，为建设而建设，不论何种生产、何种建设，其最终目的只能有一个，那就是满足亿万居民的生活消费的需要。因此，在制订生产发展计划尤其是基本建设方案时，一定要从提高居民生活消费水

---

① 2009 年中国的居民消费率是 34.0%，而同年印度 57.9%、印度尼西亚 56.4%、菲律宾 82.8%、越南 63.4%、南非 60.7%、巴西 64.3%。［见国家统计局编《国际统计年鉴》（2011 年），中国统计出版社 2011 年版，第 45 页。］

平出发，把居民生活放在首位。

4. 忽视消费、限制消费，最终将导致经济危机

马克思指出："一切真正的危机的最根本的原因，总不外乎群众的贫困，和他们的有限的消费，资本主义生产却不顾这种情况而力图发展生产力，好像只有社会的绝对的消费能力才是生产发展的界限"。① 世界经济危机充分证明了马克思这个论断的正确性。发达国家的居民消费不足及其有限性，是经济危机的深厚根源。这个事实给我们的指示是，群众的消费问题绝不是件小事，而是治国理政的重大问题。必须尽快建立扩大消费需求的长效机制，充分发挥消费的正向能量，以利于国家长治久安。

（二）加快建立扩大消费需求长效机制的建议

我们反对低消费，也不提倡高消费，主张适度的、合理的、科学的消费。那么，适度、合理、科学消费的标准或界限在哪里？这既可以从微观消费方面界定，也可以从宏观消费方面树立标准。

1. 微观消费适度、合理和科学的标准与界限

所谓微观消费是指家庭和个人的消费。每个消费者或家庭的消费是否适度或合理，要以收入、消费、储蓄三者的关系来衡量。从静态上考察，收入大于消费，并有一定储蓄，此种状态的消费乃是合理的或适度的；从动态上考察，收入、消费、储蓄三者大体同步增长，或者说它们之间的比例关系保持着一种常数，这种状态的消费就是合理的或适度的。按这种标准来衡量我国居民家庭或个人以往十多年的消费，就会发现存在严重的低消费与高储蓄的问题。

表 5 - 1　　　　我国城乡居民人民币储蓄存款年底余额　　　单位：亿元

年份	年底余额	年增加额	年增长速度（%）	人均储蓄额（元）
2001	73762.4	9430.1	14.7	5779.5
2002	86910.7	13148.2	17.8	6766.0
2003	103617.7	16707.0	19.2	8018.3

① 《马克思恩格斯全集》第25卷，人民出版社1975年版，第548页。

续表

年份	年底余额	年增加额	年增长速度（%）	人均储蓄额（元）
2004	119555.4	15937.7	15.4	9197.4
2005	141051.0	21495.6	18.0	10787.3
2006	161587.3	20544.0	14.6	12292.9
2007	172534.2	10946.9	6.8	13058.0
2008	217885.4	45351.2	26.3	16406.8
2009	260771.7	42886.3	19.7	19540.8
2010	303302.5	42530.8	16.3	22619.2
2011	343635.9	40333.4	13.3	25504.5

　　资料来源：国家统计局编：《中国统计摘要》（2012 年），中国统计出版社 2012 年版，第 105 页。

　　表 5 - 1 的数据表明，我国城乡居民储蓄规模很大、增长速度很快。它的增长速度大大高于居民收入和消费的增长速度。2011 年与2001 年相比，人均居民储蓄额增长 3.4 倍。而同期，城乡居民人均收入分别增长 2.2 倍和 2.0 倍，城乡居民人均消费额分别增长 1.9 倍和2.0 倍。可见，储蓄与收入、消费之间的比例关系已不协调、不平衡、不可持续。传统消费理论认为，储蓄等于投资。所以，高储蓄必然形成高投资、低消费。这种问题不仅在近十年存在，即使改革开放三十多年来都存在，只不过越来越严重。

　　应当明确指出，绝不能把收入等同于消费，更不能把储蓄等于消费。这两种情况在我国的实践和理论中都是存在的。国家统计局尤其地方统计部门在年度、季度、月度的报表或公报中，往往以居民收入增加多少来说明居民生活消费改善的程度，以储蓄增加多少来说明居民消费提高多少。收入、消费、储蓄三者之间既有联系，又有严格的区别，绝不能混淆。储蓄能不能转化为消费，收入能不能转化为消费，都要有一定的条件。缺乏必要的条件，它们之间不能转化。条件不具备时，储蓄不仅不能转化为消费，还必然转化为投资。我国的巨额投资绝大部分都是从储蓄转化而成的。长期存在的高投资的主要根源在于高储蓄。今后，要形成适度、科学、合理的消费，必须从解决高储蓄入手，深入研究如何将储蓄更多地转化为消费。

2. 宏观消费适度、合理和科学的标准与界限

我国的国民收入生产出来之后，经过分配、再分配过程，最终被用在生产与生活两方面。用在生产方面的称为积累基金（又称投资基金），用在生活方面的称为消费基金（又称福利基金）。国家最高层往往关注国民收入中积累基金应占多大的比重，消费基金应占多大的比重，或者说，积累率应多高、消费率应多高，这是关系国家全局的重大问题，也是国民经济综合平衡的核心问题。它的实质是国家的生产建设与人民生活的关系如何进行安排。为了建立扩大消费需求的长效机制，我们对国家宏观经济的这个核心问题，不能不特别重视。

我国近十年来，积累基金与消费基金的比例关系发生了明显的变化，的确出现了高积累、低消费的严重问题（见表 5 - 2）。

从表 5 - 2 的数据可看出，消费比重（率）呈现明显下降趋势。而相反，积累比重（率）则显现显著的上升趋势。2011 年我国的消费率之低，积累率之高，比改革开放三十多年任何时期都有过之。不仅如此，比 1958—1959 年"大跃进"时期也更加严重。这不是积累与消费关系的严重失衡又是什么呢？这种经济结构难道不需要大大调整？

表 5 - 2　　　　我国积累与消费关系的变化

（按支出法计算的 CDP 构成）　　　　单位：%

年份	消费比重			积累（投资）比重	货物和服务净出口比重
	合计	居民消费比重	政府消费比重		
2000	62.3	46.4	15.9	35.3	2.4
2001	61.4	45.3	16.1	36.5	2.1
2002	59.6	44.0	15.6	37.8	2.6
2003	56.9	42.2	14.7	40.9	2.2
2004	54.4	40.6	13.8	43.0	2.6
2005	53.0	38.9	14.1	41.5	5.5
2006	50.8	37.1	13.7	41.7	7.5
2007	49.6	36.1	13.5	41.6	8.8

续表

年份	消费比重			积累（投资）比重	货物和服务净出口比重
	合计	居民消费比重	政府消费比重		
2008	48.6	35.3	13.2	43.8	7.7
2009	48.5	35.4	13.1	47.2	4.3
2010	48.2	34.9	13.3	48.1	3.7
2011	48.2	34.9	13.7	49.2	2.6

资料来源：国家统计局编：《中国统计摘要》（2012 年），中国统计出版社 2012 年版，第 36 页。

上述问题是什么原因造成的？简言之，原因在于盲目追求和扩大投资规模，而忽视投资效果（投资效益）。让我们进一步说明这个问题。积累率（又称投资率）受许多社会经济因素制约，其中直接取决于三个因素：一是国民收入总额及其增长速度；二是积累（投资）效果，即单位投资（百元或万元）取得的国民收入新增额，又称投资效果系数；三是消费基金总额及其增长速度。根据以上这三个因素，可以写出计算积累率（投资率）的两个公式：

公式一：积累率＝国民收入增长速度÷积累效果（投资效果）

公式二：积累率＝（国民收入总额－消费基金总额）÷国民收入总额

以上两个公式的不同点在于，前一个公式侧重从生产领域表明积累率与国民收入总额及其增长速度、积累（投资）效果的关系；而后一个公式则侧重从分配领域表明积累率与国民收入总额、消费基金总额的关系。[1] 近十多年来，我国学术理论界讨论积累率问题时，大多围绕第二个公式争论是非曲直的，很少关注第一个公式。其实，我国的积累率出现过高的严重问题的根源恰恰在第一个公式中，即盲目扩大投资，而忽视投资效果（效益）。本书兼顾两个公式，将生产与分配结合一起进行分析。因此，下文将把国民收入与国内生产总值两个

---

[1]　有关计算积累率的这两个公式问题，请参见笔者《中国式消费模式选择》一书第 88—95 页（中国社会科学出版社 1989 年版）。为迎接中国社会科学院建院 30 周年，该出版社于 2006 年又将该书重印出版。上述积累率的计算公式问题，请见该书第 69—75 页。

指标结合使用。

我国历年的固定资产投资效果系数，即每百元投资所换来的国民收入新增额大致如下：1985年为70.5、1990年为37.1、1995年为62.9、2000年为29.0、2001年为17.4、2002年为17.2、2003年为21.6、2004年为27.5、2005年为25.3、2006年为24.5、2007年为26.0。① 自2008年以后，这方面的数据国家统计局不公布了。为什么？据个人估计，可能因为应对金融危机2009年注入了过多的投资，其效果大幅度下降，不宜公布了。为弥补这个缺口，下面不妨在这里试算一下。（见表5－3）

表5－3　　　　　　近几年我国固定资产投资效果概况

年份	国内生产总值新增额（亿元）	固定资产投资额（亿元）	固定资产投资效果系数（％）
2008	48235.1	172828.4	27.9
2009	26857.4	224598.8	12.0
2010	60610.0	278121.9	21.8
2011	70050.9	311021.9	22.5

资料来源：根据国家统计局《中国统计年鉴》（2008年）的资料计算而得。

根据表5－3的数据可看出，将改革开放三十年划分为两个时期，即前二十年和后十年，可以看出，前一个时期的投资效果还是比较好的，而后一个时期的情况堪忧，尤其2009年的投资效果之低，创造了历史新纪录，比"大跃进"时代还低。如果2009年的投资保持2008年的投资效果，那么2009年同样数额的固定资产投资所取得的新增国内生产总值将多出35805.7亿元，从而使国内生产总值的增长速度将高出10.8个百分点。可见，投资效果好也出GDP的高增长速度。

① 国家统计局编：《中国统计摘要》（2008年），中国统计出版社2008年版，第52页。该《摘要》第216页上写道："固定资产投资效果系数是报告期新增国内生产总值与同期固定资产投资额的比率，反映单位固定资产投资额所增加的国内生产总值的数量。其计算公式为：固定资产投资效果系数＝报告期新增国内生产总值÷同期固定资产投资额"。

经过上述分析可以得出这样的结论：不论国民收入，还是国内生产总值，其增长速度，既取决于投资规模及其增长速度，也取决于投资效果及其增长速度。国民经济要在两条轨道上前进。如果今后我国的积累效果（投资效果）有显著提高，那么取得同样的国民收入或国内生产总值，将会节省大量的投资，有可能逐步将投资率（积累率）降至40%以内。这样，就为增加居民消费基金，提高居民消费率，开辟广阔的天地，并成为扩大消费需求长效机制的坚实基础。只有在这个基础上，才能正确处理积累与消费的关系以及国家生产建设与居民生活的关系。放眼未来，鉴于现代化建设需要大量资金，在中国梦实现之前，我国的积累率（投资率）宜于保持在35%—40%的区间内。这就是说，积累率要在2011年的基础上降低10个百分点，消费率则要上升10个百分点。这一点要在5—10年内逐步实现，绝不能毕其功于一役。

3. 消费增长速度要以社会劳动生产率提高速度为最高界限

在宏观经济中，如何正确处理消费增长速度与社会劳动生产率提高速度之间的关系，也是加快建立扩大消费要求长效机制的重要问题之一。生产是生活的基础。居民消费水平的提高，必须建立在社会生产发展的基础上，尤其要以社会劳动生产率的提高为前提。否则，不顾生产发展，不考虑社会劳动生产率的提高，盲目增加居民收入与消费，最终是难以兑现的，可能只是一张空头支票。

我国近十年来的居民消费水平与社会劳动生产率的情况如表5-4所示。

表5-4　我国社会劳动生产率与全国居民消费水平增长速度比较

年份	社会劳动生产率（GDP/劳动力数）		全国居民消费水平（消费总额/居民人数）	
	绝对数（元/人、年）	比上年增长（%）	绝对数（元/人、年）	比上年增长（%）
2000	13699.0	7.3	3632	8.5
2001	14977.0	9.3	3887	7.0
2002	16440.4	9.8	4144	6.6
2003	18530.3	12.7	4475	8.0
2004	21652.5	16.8	5032	12.5

续表

年份	社会劳动生产率（GDP/劳动力数）		全国居民消费水平（消费总额/居民人数）	
	绝对数（元/人、年）	比上年增长（%）	绝对数（元/人、年）	比上年增长（%）
2005	25109.8	16.0	5596	5.2
2006	29703.6	18.3	6299	12.5
2007	35389.4	19.1	7310	16.1
2008	41815.8	18.2	8430	15.3
2009	45995.1	9.9	9283	10.1
2010	52929.3	15.1	10522	13.4
2011	60978.6	15.2	12113	15.1

资料来源：国家统计局编：《中国统计摘要》（2012 年），中国统计出版社 2012 年版，第 34、38、45 页。本表的数据都是按当年价格计算的。

表 5-4 的数据表明，社会劳动生产率近十年来有显著提高。由 2000 年的 13699 元增长到 2011 年的 60978.6 元，增长了 4.45 倍，平均每年增长 14.6%。分年度看，基本情况属于正常。只有 2009 年比较特殊，社会劳动生产率的增长突然减速。这是由于当年受到金融危机的影响，国内生产总值的增长速度有所降低。从消费方面看，全国居民消费水平的提高速度，虽然也比较快，但还是慢于社会劳动生产率提高的速度。全国居民消费水平由 2000 年的 3632 元提高到 2011 年的 12113 元，提高 3.34 倍，平均每年提高 11.6%。将此同社会劳动生产率提高的速度相比，还是低了三个百分点。这说明低消费的存在，消费有进一步提高的余地。

四 当前我国消费理论中的几个前沿问题

（一） 关于消费是经济发展的目的和动力的理论

这是马克思早已阐明的理论。党的"十七大"进一步发展了这个理论。胡锦涛总书记指出，要"坚持扩大国内需求特别是消费需求的方针，促进经济由主要依靠投资、出口拉动向消费、投资、出口协调拉动转变"。这个指示切中要害，既指出了过去轻视消费的倾向，又强调了消费拉动经济增长的动力作用。一定要不折不扣地贯彻落实这个重要指示，使之变为行动的向导。我们既不是为生产而生产，为搞经济而搞经济，也不是为单纯增加 GDP 而搞生产，更不是为"乌纱帽"而搞经济。我们搞经济、发展生产，唯一的目的就是满足亿万群众的生活消费需要，使他们过上美好的幸福生活。亿万群众的这种消费需要是强大无比的真正的生产发展的动力和经济前进的"火车头"。

在当代，一般来说，任何国家的经济增长（发展）都要依靠消费、投资和出口这"三驾马车"拉动。但由于国情不同，"三驾马车"的搭配状况各异。如果是个自给自足的自然经济型或封闭型国家，那么它的经济发展基本上由国内消费与投资这"两驾马车"拉动；如果是个市场经济的开放型小国或地区（如新加坡、荷兰、比利时和我国香港），那么它的经济增长或发展主要由出口拉动，其外贸出口依存度可达 300% 甚至 400% 以上；如果是市场经济的开放型大国（如美国、日本、中国、印度等），那么它们的经济发展应由"三驾马车"同时拉动，且以国内消费为主，投资和出口辅之。美国和日本虽然出口总额不小，但其外贸出口依存度也不过 10% 左右。我国是世界上人口最多的国家，其消费市场之大无与伦比。因此，我国必须确立并始终坚持以消费为主拉动经济发展的基本国策。可是，近 20 年来，拉动我国 GDP 增长的居第一位的"马车"不是消费却是投资。[①] 出口这驾"马车"的拉动作用自 2000 年以来也相当突出，使外贸出口依存度达 30%—35%，相当于美国和日本的 2—3 倍。由上述情况可知，党中央要求"形成消费、投资和出口协调拉动的增长格局"有多么重大的意义啊！

（二）关于收入、消费和储蓄三者之间和谐关系的理论

按照传统消费理论（又称标准的确定性消费理论），居民收入 = 消费 + 储蓄，或者说，消费 = 收入 − 储蓄。这两个公式表明，不能将收入等同于消费，更不能将储蓄等同于消费。然而，这两种混同情况

---

① 详细数据请见国家统计局编《中国统计年鉴》（2007 年），中国统计出版社 2007 年版，第 75 页。

经常见诸报刊。实际上，即使收入增长了，并不见得用于改善生活，而是把它变成储蓄，形成高储蓄、低消费。2006 年比 1978 年，以当年价格计算，城乡居民人均收入分别增长 33.2 倍和 25.8 倍，城乡人均消费额分别增长 20.5 倍和 19.5 倍，而城乡居民人均储蓄额增长高达 560.3 倍。这难道不是高储蓄、低消费吗？高储蓄又是高投资的根源（传统消费理论认为储蓄＝投资）。可以说，高储蓄、高投资、低消费成了我国经济中的一种顽症，非下功夫治理不可了。

在当今世界上，消费与储蓄的关系不外两大类型：以美国为代表的低储蓄、高消费类型与以日本为代表的高储蓄、低消费类型。在美国，今朝有酒今朝醉，收入几乎全部用于消费，很少储蓄，甚至"负债消费"。[①] 与此相反，日本的储蓄之高，而消费之低，在发达国家中也是少见的。两种类型何者为佳？很值得探讨。现在看来，它们各有利弊，也各有存在的条件，我们不能照抄。美国没有储蓄但有大量投资支持经济发展，而投资从何而来呢？通过向全世界出售政府债券、企业债券、股票，在全球发行美钞以及巨额外贸逆差等方式，集中全世界的资本（有位美国经济学家说，通过上述方式美国每天向国外借债 20 亿美元）。这一点不适合我国，也做不到。我国的建设资金主要还要靠内部积累，即由储蓄转化而来。日本的低消费、高储蓄同以往我国三十年的实际情况相类似，都存在众多弊端。在我国，既要大量储蓄（投资）促进生产高速发展，又要在生产发展的基础上满足亿万群众生活需要。因此，从我国国情出发，应使收入、消费、储蓄三者大体同步增长，或者说，三者之间的比例关系保持常数。这就是笔者经常提倡的适度消费理论。这个理论不同于消费倾向下降，而储蓄倾向上升的理论。

（三）关于非确定性消费理论

人类历史进程表明，随着社会生产不断发展，人们的生活消费水平不断上升。在低级阶段，当期（或称即期、现期）收入决定当期消费，或者说，在既定的期限内，有多少收入就有多少消费，没有跨期

---

① 据《参考消息》2006 年 1 月 30 日报道，美国的家庭债务截至 2005 年第 3 季度已高达 11.4 万亿美元。

选择问题。由于收入是既定的，因而消费也是确定的。这种环境中的消费理论被称为确定性消费理论或传统消费理论。随着生产力的发展，人们的生活水平也相应提高，进入更高阶段。在这个阶段，收入显著增多了，不仅可以满足当期消费需要，还有剩余，且剩余越来越多，又转化为储蓄和各种财产。在这种情况下，人们的消费不仅取决于当期的收入，更取决于一生的财产多少。即使当期没有任何收入，依靠过去积累的财产或财产收入也可以实现消费需求；即使当期没有财产或财产收入，只要未来有收入或财产，也可以通过消费信贷取得收入，以实现当期消费。这种消费取决于财产与收入的相互转化以及消费信贷，即取决于发达的资本市场，因而，其实现存在很大的不确定性。所以，有关这种消费的理论称之为非确定性消费理论，又称现代消费理论。[①]

胡锦涛在党的"十七大"报告中把居民"家庭财产普通增多"视为居民生活显著改善的重要标志，并号召全党要"创造条件让更多群众拥有财产性收入"。这个指示既是对邓小平同志的共同富裕理论的新发展，又是进一步解放思想的动员会，还是我国由传统消费转向现代消费的里程碑。

（四）关于消费者主权理论

现代消费是以市场经济为基础的消费。与此不同，传统消费则是以自然经济或计划经济为基础的消费。在自然经济中，以家庭为生产和消费单位，生产什么就消费什么，生产多少就消费多少，封闭运行，不仅没有跨期选择问题，也没有跨国、跨地区选择问题，因而消费者没有什么权力。在计划经济时期，以产定销，生产什么就销售什么，就消费什么；生产多少就销售多少，就消费多少。出现供不应求时，就采取行政措施或实行票证制度，对消费加以限制。自然消费者没有什么选择的权力。在市场经济中，以销定产，市场上能够销售什么（居民购买什么），就生产什么；销售多少（居民购买多少），就

[①] 这种理论出现于20世纪50年代，其代表作是莫迪科安尼与布伦贝两人1954年发表的《效用分析与消费函数——对横断面资料的一个解释》一文和密尔顿·弗里德曼1957年发表的《消费函数》一书。这两个著作分别获得了诺贝尔经济学奖。

生产多少。换言之，消费者需要什么，就生产什么，就销售什么；消费者需要多少，就生产多少，就销售多少。消费者的需要是生产和销售的出发点。将上述三种类型的经济形态进行比较之后不难发现，立足于自然经济和计划经济之上的传统消费理论是生产者主权理论，而立足于市场经济之上的现代消费理论是一种消费者主权理论。这种理论也可简称为消费者是"上帝"的理论。

随着我国由计划经济向市场经济的转型，我国的传统消费正在向现代消费转变，传统消费理论正在向现代消费理论转变，生产者主权理论正在向消费者主权理论转变，消费者正在由无权向有权转变，正在由"奴隶"变为"上帝"。这是消费体制、消费思想的重大变革。消费确有体制问题。除进行生产体制、流通体制和分配体制改革之外，还必须进行消费体制改革。[①]

（五）关于消费结构新趋势的理论

居民消费结构受多种社会经济因素和自然因素的制约，并随着社会生产发展和科技进步而不断变化。当前，呈现出一些新趋势：其一，服务消费增强趋势。消费品有两大类，一是有形的实物消费品，二是无形的服务消费品。以后一类服务消费品为对象的消费称为服务消费。几千年来，人类生活都是以实物消费为主，服务消费为辅。现在达到了一个拐点，在发达国家已经出现以服务消费为主、实物消费为辅的新现象。消费结构变化的这个新趋势在我国的北京、上海、香港也初露端倪。这个新趋势的出现绝不是偶然的，它是社会产业结构演进的必然结果。在 GDP 的实物构成中，由农业（第一产业）和工业、建筑业（第二产业）提供的实物消费品所占的比重已降至50%以下，而由服务业（第三产业）提供的服务消费品所占比重已上升至50%以上，在发达国家甚至达到70%以上。产业结构的这种新特征不能不在居民消费结构上反映和体现出来。其二，绿色消费增强趋势。从本源上考察，人类的生活消费自始就是绿色消费，即人类自始就依靠绿色有机物质生存和发展。可以说，绿色消费是人类的本源消费。然而，化学工业和转基因技术问世后，开始动摇人类绿色消费的原本

---

① 参见杨圣明《我国消费体制改革问题探讨》，《经济研究》1985 年第 3 期。

基础。科学技术进步往往是"双刃剑"。"化学化"和"基因化"给人类带来的是利大于弊还是弊大于利？尚需实践进一步证实。其三，文化消费增强趋势。人是社会的动物。人与其他动物的根本区别除制造和使用工具外，就是创造精神文明，并享受一切先进文化成果。我国已进入小康社会，主要任务是全面建设小康和全面实现小康。小康型生活不同于饥寒型生活和温饱型生活。后者主要解决生存问题，而前者则主要解决发展问题和享受问题。发展问题和享受问题的解决，固然离不开一定的物质条件，但更要依靠文化事业的发展和居民文化生活的提高。所以，文化消费增强趋势是我们迈向小康和富裕道路上必然出现的一种新趋势。其四，数字消费增强趋势。当今社会已进入数字化的信息时代。在硬件方面，计算机、网络服务器、信息平台、资料处理器等层出不穷，日新月异；在软件方面，移动通信网络等不断创新、迅猛发展。尽管上述众多信息产品外观千奇百怪，功能各异，但有一点是共同的，即它们都依靠数码运行，依靠数码操作，故称为数字产品。这类产品既有生产过程，又有消费过程。数字产品的消费简称为数字消费。在信息化时代，数字消费的地位与作用是很突出的，并且呈现日益上升的趋势。对以上所讲的四种消费新趋势，政府决策部门应采取正确政策加以引导，促使其发展；企业家则应从这些趋势中寻找潜在的市场和现实的市场。

（六）关于构建生态文明型的消费模式理论

胡锦涛在"十七大"报告中指出，要"建设生态文明，基本形成节约能源资源和保护生态环境的产业结构、增长方式、消费模式"。这个指示太重要了、太及时了，一定要很好贯彻和落实，不仅要把经济增长和产业结构打造成生态文明型的，而且要把我国的消费模式构建成生态文明型的。所谓生态文明是指在人、社会、自然三者和谐共生与发展的客观规律的基础上，实现良性循环、全面发展和持续繁荣。这种文明同工业文明、农业文明具有内在统一性，可以互相促进、共同繁荣。但是，它们在一定条件下也有矛盾的地方。这种矛盾在当前尤其突出。在建设工业文明、农业文明的同时，有些部门、地方和企业忽视了生态文明，破坏了环境，消费了资源。不仅生产建设中有这种现象，生活消费中也有这类问题。我国人口众多，人均资源能源不多，环境污染已相当严重。当前，急需把工业文明、农业文明同生态文明真正统一起来，坚持走生产发展、生活富裕和生态良好的文明之路，把生态文明落实到每个部门、每个地区、每个企业和每个家庭中。

五　进一步深化消费体制改革问题

我国经济体制改革的深度和广度是空前的。它不仅包括生产领域、流通领域和分配领域的诸多体制改革，而且包括消费领域的体制改革。所谓消费体制是指消费领域中各种消费关系、消费权益、消费组织、消费安全、消费教育及其运行机制、调控手段、网络布局、信息传递的总称。对于消费体制问题的认识，目前尚不一致。有的认为并不存在独立的消费体制。有关消费的权益问题、体制问题都隐含在生产体制、流通体制、分配体制中。笔者不同意上述观点，笔者认为客观上存在由生产体制、流通体制、分配体制决定的并同它们相互联系的消费体制。

消费体制是整个经济体制的重要组成部分。它同生产体制、流通体制、分配体制相互联系、互相制约、共同发展。任何一种消费都是在一定体制下完成的。消费不仅是个人生活问题，而且是在社会关系中进行的一种经济活动。它必然涉及与其他经济活动的关系。消费领域中的社会关系，即消费关系是相当复杂的，矛盾也是很多的。例如，政府消费、集体消费与个人消费之间，虽然在根本上是一致的，但由于消费的主体不同，也存在一定矛盾。在国家的消费基金总额一定的条件下，政府和集体消费多了，居民个人消费必然减少；反之，亦然。不同社会群体之间的消费关系，不同地区之间的消费关系，如果处理不当，也不利于调动积极性。还有时间序列的消费关系，即当前消费与未来消费的关系，近期消费与长远消费的关系，等等，都必须正确处理，以利于国家的长治久安。至于各种消费者组织、消费安全、消费教育、消费信息以及消费者权益保护等更是消费体制中的重要组成部分。中国消费者协会，每年组织的"3·15"保护消费者权益的活动显示出消费体制的强大生命力。

当前，深化消费体制改革的任务是，进一步调整和完善各种消费关系，改进消费权力在不同层次的配置，建立健全各种类型的消费者组织，广泛开展消费教育，充分发挥市场机制、财政机制、法律机制在生活消费中的调控作用，兼顾各方面的消费利益，保障消费者的权益，以促进全面建成小康社会，使亿万人民的生活水平不断提高，生活质量日益改善。在这方面有许多工作要做，本书仅择其要者谈几个问题。

（一）建立和完善各种类型的消费者组织问题

在市场经济中，一般都实行小政府、大社会的管理模式。大量的社会生活问题并不是政府包办，而是由居民自主管理。千家万户吃、穿、用、住、行等各种消费行为所涉及的具有共性的消费问题只能由居民协商解决。而居民是分散的，其生活消费又千差万别，只有组织起来，形成集体力量，才能去解决消费者面临的诸多困难和问题。因此，要大力倡导和成立各种类型的消费者组织。这种组织起着上下沟通的中介作用。一方面，它把政府的、社会的要求传达给消费者，使消费者理解有关精神。另一方面，又把消费者的要求反映给政府和有关部门、组织，帮助消费者解决困难和问题。消费者组织的这种双重作用，可以化解许多矛盾，有力地促进社会的和谐。

改革开放初期，1983 年成立了中国消费者协会。这标志着中国的消费者组织正式诞生。截至 1986 年年底，全国有县以上消费者组织239 个，其中 165 个是 1985 年成立的。后来，县及其以上的行政单位大多成立了消费者组织。至今这些组织有的还在开展工作，也有的销声匿迹，或名存实亡，总的来看，不太兴旺，远远低于广大消费者的期望值。究其原因，主要在于这些组织太行政化、官僚化，实际上是行政机构脱离消费者，没有解决好消费者关注的许多切身问题。解决的办法，首先要明确这些组织只能民办，而不能官办，要从"国家工商行政管理局"中解脱出来，成为民间的"社团组织"，其工作人员除少量的专职者外，绝大部分都应是志愿者；其活动经费多元化，国家资助一点，罚没款提成一点，社会捐助一点。这种组织只要按章程办事，真正为消费者服务，声誉很好，其经费不会成大问题。

（二）大力加强消费的科学指导，提倡消费文明

人类文明的内涵极其丰富，消费文明是其中的重要组成部分。人人都要做文明的消费者。人的每一种行为都应文明。吃、穿、用、住、行，哪一种行为不需要文明呢？可是，在现实世界中，不文明的消费行为却还不少。如何办？广泛开展消费教育，采用各种宣传、教育方式，大力加强消费的科学指导、弘扬消费文明。

1984年10月12日，《人民日报》第一版登载了这样一条消息：河北省武邑县成立了青年消费引导协会。该报并为这条消息发表了题为《重视生活方式的变革》的评论员文章。同日，《光明日报》、《经济日报》也发表了这条消息和评论员文章。可见，当时对消费的引导多么重视！而今日，我们应该继续发扬这种精神，大力加强消费指导。

对消费进行指导，决不能横加干涉和指责，一定要以群众喜闻乐见的方式实行科学的为群众所接受的指导，切实尊重消费者的自主权和决策权。其中包括：①消费的选择权。要有符合各种各样嗜好和兴趣的可供选择的商品。②消费的安全权。食品、药品、洗涤用品、卫生用品、交通工具、家用电器等要有安全保证。③消费的信息权。即对商品知识的充分了解，坚决反对和抵制假冒伪劣、掺杂使假，蒙骗消费者。④消费的反馈权。消费者有权把意见反映给消费者组织、司法机关、各级政府以及工商企业，有权要求给予赔偿。⑤消费者有权无条件退换商品。总之，消费者是"上帝"，握有商品生产经营者的生杀大权，即他的货币"投票权"。今后将逐步由生产者主导过渡到消费者主导。

（三）进一步制定和执行有关消费的各种法规

如上所述，消费者的权利是很多的。但是，消费者也不能无法无天，必须受到国家的法规约束。没有规矩不成方圆。因此，制定和实施有关消费的各种法规，以保护消费者的利益，必然是扩大消费需求长效机制的重要内容。

我国有关消费的专门法规甚少。涉及消费的法规大部分都隐含在工商管理、交通管理等有关的法规中，不便于消费者和消费组织查阅，也没有全覆盖消费领域。鉴于这种情况，为建设法治国家，有必

要按照居民消费的基本要素（吃、穿、用、住、行、医以及文化消费中的听、看、说、唱）分门别类地制定和实施有关法规。这是国家法律建设的重要组成部分。在这方面，德、日、法等发达国家有比较成熟的法规，值得借鉴。即使像生活垃圾怎样处理，废旧电池如何处理，这些看起来是小事，其实大得很，都应有专门的法规。法规的可贵之处主要不在如何制定，而在于实行。知法犯法，违法不究，贪赃枉法等行为已严重毒害了社会，再也不能继续下去了。

六　中国经济学界关于消费问题的讨论

（一）消费经济学的性质和研究对象

对于是否存在消费经济学这个问题有不同的看法。一种意见认为，根本不存在消费经济学。也有的认为，目前条件还不成熟，消费经济学尚未形成，因此最好不提消费经济学，而可以先研究消费问题，多数同志不同意这些意见，认为消费经济学可以成为并且已经成为一门独立的科学。至于对这门学科的性质和对象却有不同看法，主要有三种观点。

持第一种观点的何炼成认为，消费经济学是一门综合性或带边缘性的学科。它既包括政治经济学的内容，也包括一些部门经济学的内容，还包括某些自然科学的内容。它的研究对象是消费关系及其发展规律，消费的对象和结构，消费和生产、分配、交换之间的关系及其运动的规律性。[①] 杨圣明、李学曾同志认为，"作为社会科学一个分支的消费经济学，与其他一些社会科学相比，具有一个显著的特点，那就是它具有更多的边缘性科学的素质。它从社会学、心理学、人类学、营养学、市场学、商品学、环境学等角度并用数学方法研究人们的生活消费。这种情况决定了消费经济学中可能具有更多的自然科学的成分"。"它是一门边缘性的更接近自然科学的社会科学。""作为

---

① 何炼成：《应当重视消费经济学的研究》，《光明日报》1978 年 7 月 21 日。何炼成：《试论社会主义消费经济学》，《西北大学学报》1980 年第 1 期。

社会科学的消费经济学，要着重研究消费的社会属性和社会内容，这是毫无疑问的。但是，这种研究不能孤立进行，它必须密切联系消费的自然属性和自然内容"。①

持第二种观点的王美涵认为："消费经济学是一门独立的经济科学。它是以消费为主体，从考察消费与生产、分配、交换诸要素之间的内在联系和相互作用中，揭示消费的机制、方式及其活动规律性为内容的经济学科。""消费经济学的研究，必须从消费力和消费社会方式、关系的统一中，既研究消费的社会关系，又研究消费力的合理组织。离开了对消费力的研究，考察消费方式、关系，就如同经济学中脱离了生产力研究生产关系一样，是片面的"。"合理地组织消费力，就是把作为消费力主体的人的因素和消费力的客体物的因素密切结合起来考察。"② 刘方棫认为："作为马列主义经济科学的一门分支科学——消费经济学，应以劳动者的个人消费为研究对象的主体，以政治经济学理论为研究的基础，以社会主义消费经济实践为研究依据，以辩证唯物主义和历史唯物主义为研究的主要方法。"在"消费问题中，既包含有消费的社会关系方面的问题，也包含有消费力的合理组织方面的问题。"③

持第三种观点的尹世杰认为："社会主义消费经济学是一门独立的理论经济学科，是马克思列宁主义经济学科体系中的一个重要组成部分或分支。社会主义消费经济学的研究对象是：社会主义条件下，人们在生活消费过程中结成的整个经济关系，即消费关系。消费关系主要包括：①社会主义社会中不同阶层、不同社会集团以至不同劳动者，在消费实践中各自的地位及其相互关系；②社会主义社会中不同阶层、不同社会集团在消费水平、消费结构、消费方式等方面的判别和联系及其发展趋势；③从全社会来说，消费水平、消费结构、消费方式等方面各自的发展趋势和规律性，等等。""作为社会主义消费经济学的研究对象的消费关系，应该从纵、横两个方面来分析。纵的方

① 杨圣明、李学曾：《有关消费结构的几个问题》，《中国社会科学》1984 年第 5 期。
② 王美涵：《关于消费经济学的几个理论问题》，《经济研究》1980 年第 3 期。
③ 刘方棫：《消费经济学概论》，贵州人民出版社 1984 年版，第 7—8 页。

面指的是：把个人消费摆在社会再生产四个环节的总体联系中来考察"。"横的方面指的是：在一定的社会生产基础上，以一定的生产、分配、交换诸环节中的社会关系为前提，研究消费环节本身内部各方面的联系，揭示社会主义社会消费关系自身发展变化的规律性"。①

此外，对于消费经济学研究对象与政治经济学研究对象之间的关系也存在不同的观点。尹世杰认为，"社会主义消费经济学的研究对象不同于政治经济学社会主义部分的研究对象。政治经济学社会主义部分是把社会主义生产关系作为一个整体，在生产、分配、交换和消费诸环节的内在联系和矛盾运动中，揭示社会主义生产关系运动发展的一般规律性。它并不是把生产、分配、交换或消费某个特定领域中的特殊矛盾和特殊规律作为自己的研究对象。社会主义消费经济学则是在政治经济学所揭示的社会主义生产关系整体运动的一般规律的基础上，进一步研究消费领域的特殊矛盾和特殊规律。"② 李大明认为，"消费的具体内容本身，不能构成政治经济学的对象。""消费是政治经济学所必须涉及的领域，而不能据此做出消费是政治经济学研究的对象的结论"，"政治经济学与消费经济学在性质上不能混淆。政治经济学研究物的社会属性，消费经济学则要研究物的自然属性，以及研究物的自然属性与物的社会属性的关系。政治经济学从生产与消费的联系上来研究消费，这只是从宏观角度的一种涉及，并不是把消费作为研究的对象。把消费作为对象，并对消费进行具体的研究，这是消费经济学的任务。"③ 肖骥、李声华则认为，作为社会主义消费经济学研究对象的消费不属于政治经济学的研究范围，"马克思和恩格斯给政治经济学研究对象所下的定义中也没有提到消费。"④ 巢峰认为，消费既是消费经济学的对象，也是政治经济学的对象。不过消费经济学在研究消费关系时，以揭示消费的特殊规律为目的，不以整个经济关系为对象。而政治经济学则把消费关系作为经济关系的一部分，并从

① 尹世杰主编：《社会主义消费经济学》，上海人民出版社1983年版，第15页。
② 同上书，第21页。
③ 李大明：《生产关系中有"消费关系"吗?》，《财政研究》1981年第4期。
④ 肖骥、李声华：《试论消费关系在政治经济学研究对象中的地位和作用》，载《经济研究》编辑部编《社会主义政治经济学若干基本理论问题》，山东人民出版社1980年版。

生产、分配、交换和消费的矛盾运动中，揭示经济关系的一般规律。①

（二）消费的作用与地位问题

1. 消费是不是社会主义再生产的主导因素

晓原指出："与其他一切阶级社会相比，消费在社会主义再生产过程中的地位和作用，发生了根本性变化，这种变化集中表现为：消费已成为社会主义再生产的主导因素。"②

王美涵指出："以'消费是社会主义再生产的主导因素'来强调消费在社会再生产中的独特地位和作用的观点，是值得商榷的。第一，离开了社会主义生产，片面强调社会再生产以消费为主导因素，是本末倒置的，也不符合马克思揭示的生产决定消费、消费反作用于生产的基本原理；第二，离开了社会主义生产和消费的辩证统一，孤立地强调消费的主导因素，不能正确地阐明社会主义生产和消费关系是社会总生产过程中的主体循环性质；也不能辩证地、正确地把握政治经济学社会主义部分科学体系中生产—交换—分配—消费的逻辑顺序。"五十年代初，斯大林批评雅罗申柯的错误时曾指出：问题的实质是"决不能说消费对生产占首要地位"，因为即使在社会主义制度下，在生产和消费这两个不同领域的关系上，生产仍然是属于支配地位的要素。③

2. 消费在社会主义政治经济学中的地位

蒋学模认为："作为政治经济学对象的生产关系，除了生产、分配和交换以外，还要加上一个消费。当然这里所说的消费，不是指个人的消费行为，如怎样吃、怎样穿之类，而是指消费领域中的社会关系，如不同阶级不同社会集团的消费水平、集体消费与个人消费的关系，以及消费对生产、分配、交换的关系等。"④

谷书堂、杨长福等不同意蒋学模的观点。谷书堂认为，消费关系是生产关系中不可缺少的一个环节，"但是，由于它是受生产所决定，而且又为分配和交换进一步地予以确定，故一般说来，对生产、分配

① 巢峰：《再论消费是政治经济学的对象》，《财经研究》1983 年第 2 期。
② 晓原：《关于社会主义消费的几个理论问题》，《经济科学》1983 年第 3 期。
③ 王美涵：《论社会主义消费》，《经济科学》1984 年第 3 期。
④ 蒋学模：《关于劳动形态及其他》，《学术月刊》1962 年第 4 期。

和交换的分析研究，也就同时包含着消费关系的问题在内；……正是从这个角度出发，不提消费关系倒是可以的，但这并不意味着研究生产可以忽视消费关系，例如积累与消费的关系，在政治经济学中，便是重要的问题之一。"① 杨长福也认为，在生产、分配、交换中已把消费作为"需要"，作为"必需"，作为会作用于出发点并重新引起整个过程的要素包含在内了，就没有必要再把消费单独列为一项来作为政治经济学的对象。②

董辅礽不同意谷书堂、杨长福等人的观点。他指出："消费作为社会再生产的一个要素，同生产、分配和交换诸要素一样，具有相对的独立性，虽然消费最后是由生产决定的，分配和交换也对消费有重大的影响，但是应当看到消费对生产、分配和交换的作用和影响。所以不能认为一般说来，对生产、分配和交换的分配研究，也就同时包括消费关系的问题在内。这样提出问题，实际上会取消在政治经济学中把消费问题作为一个相对独立的方面来研究。"他认为，不能把消费方式问题，即所谓"人们拿到消费品以后如何消费"的问题，排除在政治经济学的研究范围之外。政治经济学除了研究积累与消费的关系问题外，还要对消费本身的问题进行研究。③

（三）消费模式问题

1. 何谓消费模式

第一种意见认为："消费模式是指一定社会在一定时期内消费的特征和量的规定，包括消费方式、消费结构、消费水平等的规范、数量和发展趋向。"④

第二种意见认为："消费模式，就是阐明一定社会形态中，人们在消费领域里应该遵循的规范和准则，它是指导人们的消费活动，并对人们的消费行为是'好'还是'不好'进行社会价值判断的依据

---

① 谷书堂：《政治经济学的对象和生产关系》，《新建设》1962 年第 8 期。
② 杨长福：《关于政治经济学对象的两个问题》，《学术月刊》1962 年第 7 期。
③ 董辅礽：《关于消费问题的探讨》，《新建设》1963 年第 1 期。
④ 南方十六所大学《政治经济学教材》编写组：《政治经济学社会主义部分》（修订版），四川人民出版社 1982 年版，第 429 页。

和理论概括。"①

第三种意见认为："一个国家一定发展阶段上的消费模式（包括消费结构、消费方式的特点等），是它的生活方式的组成部分。"②

2. 社会主义社会有没有固定的消费模式

尹世杰认为，"同一种社会制度的不同国家，由于社会经济条件、自然条件和历史等原因，使人们的消费带有自己民族的特点"，但是，"不能将这种由于具体国情所决定的消费方面的特点，说成是消费模式的区别"，"因为，它们既属于同一社会形态，也就同属于同一类型的消费模式"，"凡社会主义国家，消费方面的基本原则和规范，或消费模式也基本上是一致的。"③

有人不同意上述意见。汪定国等指出："在不同的国度里有不同的模式，即使是同一国家的不同发展历史时期，其消费模式也不尽相同"。④ 马洪同志指出："各个社会主义国家由于国情不同，消费模式也会有自己的特点"，"一个国家的消费模式不仅受它的社会制度和经济发展水平的制约，而且受地理环境等的影响。因此，我们不仅不能照搬资本主义国家的消费模式，而且不能照搬其他社会主义国家的消费模式"，要"建立我国自己的消费模式"。⑤

3. 我国社会主义消费模式的特点

汪海波指出，我国社会主义消费模式有五个特征：没有贫富的对立，但具有多元的、复杂的和某些幅度较大的差别；摆脱了资本主义消费固有的寄生性、局限性和腐蚀性，具有生产性、全面性和健康性；消费水平的运动形态是稳步上升的；消费结构及其变化形态具有

---

① 尹世杰主编：《社会主义消费经济学》，上海人民出版社 1983 年版，第 301—302 页。

② 马洪：《只有社会主义才能使全体劳动者过最美好、最幸福的生活》，《经济学动态》1981 年第 8 期。

③ 尹世杰主编：《社会主义消费经济学》，上海人民出版社 1983 年版，第 302、304 页。

④ 汪定国、张碧晖：《浅谈经济结构与消费结构的协调发展》，《江西社会科学》1983 年第 1 期。

⑤ 马洪：《只有社会主义才能使全体劳动者过最美好、最幸福的生活》，《经济学动态》1981 年第 8 期。

复杂性；与资本主义消费模式的浪费型相反，社会主义消费模式是节约型的。①

尹世杰指出："社会主义消费模式具有以下主要特点：社会主义消费模式是以马克思主义世界观、价值观和幸福观为指导思想，以最大限度地满足人们物质和文化需要为始点和终点，并以此为贯穿于消费领域一切方面、一切过程的红线；在社会生产不断发展和人们收入水平不断提高的基础上，社会消费水平普遍提高；消费结构逐层次递进的发展变化，发展资料和劳务消费所占比重逐步上升，使日益增长的物质文化需要不断得到满足；消费方式的选择根据社会生产力状况，以利于消费资料本身使用价值最大限度地发挥和人的全面发展，使社会主义消费关系不断完善。"② 在另一个地方，关于中国式消费模式的特色，他又指出："我国有十亿人口，八亿农民，加之底子薄，原来消费水平低。这样，我们消费水平的提高，只能是逐步的，决不能脱离现有的生产力水平；我们资源比较丰富，但人口多，按人口平均的土地和其他自然资源却为数不多。这样，消费的发展，必须扬长避短，有利于利用优势资源，回避短缺资源；我们的消费活动，必须经济合理、讲求实惠，讲究舒适、方便，不能搞西方国家那种包含高浪费的高消费；我们一切消费活动，必须有利于人的身心健康，有利于人的全面发展，有利于共产主义一代新人的成长等等"。③

汪定国、张碧晖指出："我国的消费模式，既不能走资本主义国家高消费、高浪费的老路，没有必要像他们那样牙刷用一次就丢掉，衣服穿几次就甩掉；但也不能走我国以往所走的'高积累、低消费'的故道，而应该建立一个既保证人民日益增长的物质文化生活需要，又要适合中国国情的中国式的消费模式。"④

---

① 汪海波：《我们社会主义消费模式的特点及其决定因素》，《经济研究》1982 年第 5 期。

② 尹世杰主编：《社会主义消费经济学》，上海人民出版社 1983 年版，第 317—318 页。

③ 尹世杰：《努力开展对中国式消费模式的研究》，《文汇报》1984 年 1 月 4 日。

④ 汪定国、张碧晖：《浅谈经济结构与消费结构的协调发展》，《江西社会科学》1983 年第 1 期。

有的学者提出："应当抵制剥削阶级思想的影响，倡导建立一种具有充实的物质生活和精神生活内容，舒适而不浪费，经济实惠而又丰富多彩的消费模式"。①

（四）消费水平和生活水平

1. 消费水平和生活水平的含义

尹世杰认为："消费水平，指按人口平均消费生活资料和劳务的数量。它从量的方面反映消费状况，反映人们消费需要满足的程度。"②

宋涛认为，所谓消费水平，就是消费高或低的问题。在社会净产品为一定量的条件下，就是积累和消费在净产品中所占的比例问题。③

刘方棫认为："所谓消费水平，从宏观的角度考察，就是全体人民的物质与文化需要得到满足的程度；或者说，是社会提供给广大消费者用于生活消费的产品和服务的数量和质量。从微观的角度考察，就是某一消费者及其家庭的生活需要得到满足的程度；或者说，是消费者及其家庭得到的消费品和服务的数量和质量。""同时，消费水平问题，从物质文明和精神文明相统一的观点看，除物质生活的内容与丰度外，还应该考察精神生活的内容和丰度；从消费内容与效果相统一的观点看，除物质与精神生活的内容与丰度外，还应该考察物质与精神消费的最终结果——消费者全面发展的程度。如果这一认识能够成立，那么，我们对消费水平的考察，显然就不能满足于只从现象上探讨消费者主体对消费品客体的关系——消费品拥有量，还必须从更深的层次，即从物质文明与精神文明的统一和消费与效果的结合上，考察消费主体与客体的相互关系。"④

董辅礽认为："消费水平则是指在一定时期内（比如一年），人们消费掉的非耐用消费资料的价值以及正在消费的非耐用和耐用消费资料的全部残存价值之和，之所以把耐用消费资料的残存价值计入消费水平，

① 吴敬琏、杨长福、朱铁臻、杨圣明：《正确处理生产和消费的关系》，《经济研究》1983 年第 5 期。
② 尹世杰主编：《社会主义消费经济学》，上海人民出版社 1983 年版，第 76 页。
③ 宋涛：《社会主义社会的消费和生产关系》，《求索》1982 年第 5 期。
④ 刘方棫：《消费经济学概论》，贵州人民出版社 1984 年版，第 173—174 页。

这是因为虽然耐用消费资料的价值是逐步被消费掉的，但它们在每个时期中却是以其全部使用价值来满足人们的需要的。"生活水平是一个比消费额和消费水平更为广泛的概念。"人们的生活水平首先并主要地取决于对消费资料和消费性劳务的消费"，同时"也取决于其他一些因素"。①

于光远认为："消费水平（这里所说的消费，既包括物质产品的消费，也包括劳务的消费）和人们生活水平、生活质量通常被看作是一回事。不过我认为仍有把它们加以区别的必要。因为这里有一个消费和消费后所产生的结果之间的关系问题。比如一个人总是吃山珍海味，他的消费水平可以说很高，但是他可以因此得营养过度的疾病，他的生活质量未见得高，在消费水平与生活水平、生活质量之间，可能存在着某种差异。"②

有的学者在论述生活水平与生活方式的区别时指出，生活水平只表明生活方式的数量方面，反映一定历史阶段的人们需求的满足程度。生活方式的质量方面所揭示的是个人发展的社会条件、社会满足个人物质文化生活的途径、社会的民主程度等内容。生活方式是质量与数量的统一。③

2. 衡量消费水平和生活水平的标准（尺度）

陈玉芝认为，衡量消费水平的尺度，是消费资料的质量、数量及其构成。④

崔之庆、张庚秋主张，衡量生活水平的高低，可以从不同的角度、使用不同的统计指标。主要有三个指标：①居民的货币收入水平；②居民购买力；③实际消费的商品和劳务的数量，这个指标是上述两个指标的综合反映。此外，补充说明居民生活水平的指标还有很多，例如：就业人数和平均工资；每一家庭平均就业人数和负担系数；各种为居民服务的机构数及其密度指标等。⑤

---

① 董辅礽：《消费额、消费水平和生活水平》，《福建论坛》1983 年第 6 期。
② 于光远：《关于消费经济理论研究的一封信》，《求索》1982 年第 4 期。
③ 王雅林、李稚岩：《社会主义的生活方式问题》，《江汉论坛》1982 年第 10 期。
④ 陈玉芝：《关于合理消费的几个问题》，《山西大学学报》1980 年第 4 期。
⑤ 崔之庆、张庚秋：《关于城镇居民生活水平统计问题》，《湖北财经学院学报》1980 年第 1 期。

刘方棫认为："用消费的产品和劳务的价值量、实物量以及消费结构的变动性质来衡量消费水平，还只是一种现象上的考察"。"人们并不是为了消费而消费，消费各种产品和服务，最终目的是要取得消费这些产品和服务的效果。"因此，要从消费的内容和效果的统一性上衡量消费水平。在宏观方面，要着眼于"通过消费而获得的健康程度"；"通过消费而获得的文化、科学知识水平及其提高程度"；"通过消费而获得的生活享受程度。"在微观方面，要从生活质量，即生活上的愉快程度、舒适程度、方便程度等考察。[1]

董辅礽认为，人民的生活水平不仅取决于消费额和消费水平，还取决于其他一些因素，这些因素主要是：第一，生活环境状况。例如，城市绿化面积、公园面积、环境污染情况等。第二，文化教育状况。例如，成人识字率，各类学校学生数占本年龄组别人口的百分比，观看电影、戏剧人次等。第三，卫生健康状况。例如，平均期望寿命、婴儿死亡率、儿童死亡率、每个医生和护理人员负担的人口数等。第四，可自由支配时间及其利用状况。对于决定人民生活水平的上述各个方面来说，重要的不仅是数量问题，还有一个质量问题。[2]

尹世杰认为："目前国内外一些论述消费问题的著作中，常常把生活舒适程度、便利程度、环境污染与治理程度以致人的健康状况、寿命长短等，都作为衡量消费水平的标志，把消费水平视为衡量消费状况的综合反映。这种见解值得讨论"。"不能把消费水平视为衡量消费状况的综合反映。我们研究消费水平，是从消费者与消费对象的关系，也就是从量的方面考察消费状况的"。"所以衡量消费水平的高低，也主要应以消费品的数量、品种和结构为依据。"[3]

（五）消费结构问题

1. 消费结构的定义

消费结构的定义很多，大致可以划分为宽、中、窄三派。

持窄派观点的尹世杰认为："人们在消费过程中所消费的不同类

① 刘方棫：《消费经济学概论》，贵州人民出版社1984年版，第176—177页。
② 董辅礽：《消费额、消费水平和生活水平》，《福建论坛》1983年第6期。
③ 尹世杰主编：《社会主义消费经济学》，上海人民出版社1983年版，第77、78、80页。

型的消费资料的比例关系，就是消费结构"。① 郭冬乐认为："居民的消费结构就是消费资料（包括劳务资料）在种类和数量上的比例关系"。② 陈钢写道："我们可以将消费结构定义为：在消费行为过程中，各类（种）消费品和劳务在数量上各自所占的百分比及其相互之间的配合、替代、制约诸种比例关系"。③ 还有人认为，"消费结构的定义应该为：受一定社会经济关系所制约，在一定消费关系中人们实际消费的各种消费资料（包括劳务）之间的比例关系"。④ 这些关于消费结构的定义，在文字表述上尽管有些差别，但意思基本上是相同的，它们都是指消费资料（包括劳务）之间的比例关系。

持中派观点的于光远认为，社会消费结构是关于社会消费的总的规定性。社会消费结构不仅包括各类消费资料和劳务的数量比例，同时还包括各社会集团的消费的比例、社会公共分配的消费品的消费与个人分配的消费品的消费的比例，各种消费行为（如吃、穿、住，各式各样的用等）之间的比例，以及按消费目的是为了生存的需要、享受需要或发展的需要的消费之间的比例等。这许许多多消费的具体规定性，合成一个关于社会消费的总的规定性即社会消费结构。⑤ 这个定义侧重于消费的社会属性和消费的社会内容，定义域是"社会消费结构"，而不是"消费结构"。

持宽派观点的杨圣明、李学曾认为："应该给消费结构下这样的定义：人们生活消费过程中各种社会因素、自然因素之间以及社会因素与自然因素之间的相互关系和数量比例的总和。"⑥ 汪定国、张碧晖认为："所谓消费结构，我们可否理解为下述内容，即满足人们物质生活和文化生活所需要的各种要素的量与质的构成，以及诸要素之间的比例关系。"⑦

①　尹世杰主编：《社会主义消费经济学》，上海人民出版社 1983 年版，第 111 页。
②　郭冬乐：《正确认识我国消费品市场的变化》，《经济学动态》1983 年第 4 期。
③　陈钢：《我国社会主义消费结构的初步研究》，《经济问题探索》1983 年第 7 期。
④　晓原：《消费经济理论讲座会综述》，《消费经济研究资料》1983 年第 2 期。
⑤　于光远：《关于消费经济理论研究的一封信》，《求索》1982 年第 4 期。
⑥　杨圣明、李学曾：《有关消费结构的几个问题》，《中国社会科学》1984 年第 5 期。
⑦　汪定国、张碧晖：《浅谈经济结构与消费结构的协调发展》，《江西社会科学》1983 年第 1 期。

2. 消费结构的类型

有人认为，消费结构可以从不同角度分类：①按满足人们消费需要的不同层次来分类，可以把消费资料分为生存资料、享受资料和发展资料。②按人们实际消费支出的不同方面分类，可以分为吃、穿、住、用等。消费支出还可概括为商品支出和劳务支出，物质消费支出和文化消费支出等。③按满足人们消费需要的不同方式，可以分为个体消费和集体消费。在商品经济条件下，无论何种分类法，都可以从实物量和价值量两方面去考察消费结构的变化。①

杨圣明、李学曾认为，消费结构首先区分为微观消费结构与宏观消费结构两大类。在广义的微观消费结构内包含着三个不同层次但又互相制约的消费结构：一是家庭和个人消费结构；二是企业、机关、学校、医院、剧场、电影院等基层消费单位的消费结构；三是部门、地区的消费结构。对家庭和个人消费从不同侧面考察和研究，可以形成不同类型的家庭和个人消费结构。例如，从家庭和个人消费的不同形式考察，有吃、穿、用、住、行等形式，从而形成消费形式结构；从家庭和个人消费的对象不同考察，有消费品和劳务两大类（每类又划分为若干细类），从而形成消费对象结构；从消费品取得的途径不同考察，有自产自用的消费品与购进的消费品两大类，从而形成消费品来源结构；等等。这就是说，家庭和个人消费结构是多方面的集合体。在宏观消费结构方面，主要有消费基金中集体消费基金与个人消费基金的结构，按劳分配基金与非按劳分配基金的结构，社会各阶层的宏观消费结构，地区间的宏观消费结构，管理层次的宏观消费结构，等等。②

陈钢认为，消费结构分为三个层次，第一个层次是指生存资料、发展资料和享受资料在全部消费资料中各自占的百分比和相互关系；第二个层次是指各种消费对象（即吃、穿、用等的消费品和劳动服务）在全部消费资料中各自占的百分比和相互关系；第三个层次是各

① 尹世杰主编：《社会主义消费经济学》，上海人民出版社 1983 年版，第 112—114 页。

② 杨圣明、李学曾：《有关消费结构的几个问题》，《中国社会科学》1984 年第 5 期。

种消费对象内部初、中、高级消费品的比例关系。①

尹世杰认为，可以把我国当前居民各种不同的消费结构概括为几种不同的类型：①低层消费结构，或称为简朴型消费结构；②中层消费结构，或称为粗放型消费结构；③次高层消费结构，或称为集约型消费结构；④高层消费结构，或称为舒展型消费结构。②

3. 我国人民生活消费结构的特点

杨圣明、李学曾认为，我国居民家庭和个人消费结构将呈现出这样几个特点：从温饱型消费结构向小康型消费结构转变，由限制型消费结构向疏导型消费结构转变，从半供给型消费结构向自理型消费结构转变，由自给型消费结构向商品型消费结构转变，由协同型消费结构向多样型消费结构转变。③

张泽厚、陈玉光指出，当前我国人民消费结构具有下列特点：其一，在以吃穿为主的基本型消费中，与经济发达国家相比，质量构成还十分落后。其二，人民的消费支出中以食品为主的自给性消费占有较大的比重。其三，对劳务性需求受到了严重压挤，人民的货币商品需求在很多方面不适当地代替了劳务需求。其四，城乡人民消费结构有明显差别，特别是日用工业和某些耐用消费品的需求，城乡之间的差别最大。④

刘方棫、刘星星、刘伟认为，我国消费结构应具备的特点是：第一，消费结构要同社会的人力构成、需求构成相适应，使消费需求获得最大限度的满足。第二，要充分借助消费对生产的反馈，使供给结构的内容不断丰富并与水平不断提高的需求结构更加吻合。第三，要同自然资源的合理开发、利用和保持生态系统的平衡相适应。第四，既要反映出需要多样性的物质文明，也要体现出需要高尚性的精神文明。第五，消费结构本身不是固定不变的，它随着需求—供给的矛盾

① 陈钢：《我国社会主义消费结构的初步研究》，《经济问题探索》1983年第7期。
② 尹世杰：《论宏观消费结构的类型》，《求索》1984年第2期。
③ 杨圣明、李学曾：《有关消费结构的几个问题》，《中国社会科学》1984年第5期。
④ 张泽厚、陈玉光：《论我国人民的消费结构》，《经济研究参考资料》1984年第27期。

运动也在不断变化。[①]

陈钢认为，我国消费结构的特点主要是：①享受资料和发展资料的比重上升；②自由时间增加，劳务比重上升，消费逐步合理化；③中高档消费品比重上升；④消费结构比较稳定，没有大起大落；⑤符合自然资料结构和人口结构，符合社会主义道德规范。[②]

4. 消费结构合理化的标准

刘方棫等提出的消费结构合理化的标准是：①"考察生存资料的消费比重的升降情况。生存资料在消费结构中的比重逐步下降意味着发展资料和享受资料的比重逐步上升，这是结构上的良性变动，与此相反，则为逆性变动。"②"考察吃、穿、用、住、行、烧、劳务等消费结构中吃的比重的升降。吃的比重下降，穿、用比重上升，则属良性，反之为逆性。"③"考察食物消费结构中主食的消费比重的升降。主食比重下降，副食比重上升则为良性，反之则为逆性。"④"考察穿、用消费结构中的中高档商品和耐用消费品的比重增长的快慢。中高档商品和耐用消费品比重上升为良性，反之则为逆性。"⑤"考察住房的消费结构中，新建扩建投资是否快于维修投资的增长，前者增长快则为良性，反之则为逆性。"⑥"考察商品性消费与自给性消费在消费总量中比重的升降。前者比重上升则为良性，反之则为逆性。"⑦"考察消费支出上升部分中用于精神消费的比重是否增加。若用于精神消费的比重增加，用于物质消费的比重下降，则反映着物质消费已达到了一定的水平，开始转向更多的精神消费，这种状况属于良性变动，反之则为逆性变动。"[③]

对于上述标准有些人提出了不同的看法。例如，杨圣明、李学曾认为，在一定时期内食品比重的上升并不是不合理的。解放初期，当我国人民生活由饥寒向温饱转变时，食品比重出现过上升，这种升高是由于生活水平的提高，新中国成立后劳动人民收入多了，首先解决

---

① 刘方棫、刘星星、刘伟：《对1980年至2000年我国居民消费结构的考察和预测》，《消费经济研究资料》1983年第3期。

② 陈钢：《我国社会主义消费结构的初步研究》，《经济问题探索》1983年第7期。

③ 刘方棫、刘星星、刘伟：《对1980年至2000年我国居民消费结构的考察和预测》，《消费经济研究资料》1983年第3期。

吃饱问题，穿、用放在第二、三位，所以表现出恩格尔系数的上升即食品比重的上升。近几年，人民生活水平提高的速度加快了，这种情况反映在消费结构上，并没有使恩格尔系数下降很多，反而有的年份还有上升。[1]

又如，凌宏城指出，恩格尔定律对我国当前情况基本适用，不能绝对化。所谓基本适用是指：它是一种趋势，而这种趋势是有条件的，并非在任何情况下收入的增加都会引起食物比重的下降，更不会无限接近于"0"的递减。不能简单地把某一时期食物比重的上升说成是生活水平的下降。[2]

再如，易燃指出，认为吃的比重下降是不合理的这种观点值得研究。她列举了五条理由说明食品费用的比重并不一定下降：①"因为人们普遍比过去吃得好了，吃得多了，副食品和营养食品的消费量大大增加"；②"今后一段时间（三五年），我国城市居民消费中穿、用的比重不会有很大的上升，不仅如此，甚至还有可能下降"；③城市房租很低，"居民住房条件得到改善，但其用于住的费用却增加不多，吃的比重仍然上升"；④"我国一部分农村富裕地区，建房高潮已过，农民消费结构中住的比重降下来，吃的比重却逐渐上升，江苏省常熟就是如此"；⑤"从发达国家消费结构的变化来看，穿的比重也不是一直上升的，例如，在日本，与吃的比重下降相伴随的是穿、用比重的稳定（或略有下降）和杂用（用于娱乐、交际、医疗和服务等方面的费用）比重的大幅度上升。因此，不能笼统地把穿、用比重下降看作逆性变动。"[3]

5. 吃、穿、用消费序列问题

第一种观点认为，吃穿用的消费序列已转变为用、穿、吃的序列。持这种观点的人认为，过去人们生活水平低，首先要解决吃的问题，然后才是穿、用。现在生活水平提高了，吃饱穿暖问题解决了，因而"用"就摆到前面来了。

---

① 杨圣明、李学曾：《有关消费结构的几个问题》，《中国社会科学》1984 年第 5 期。
② 凌宏城：《论恩格尔定律对我国的适用程度》，《湘潭大学学报》1982 年第 1 期。
③ 易燃：《我国两种消费结构的比较》，《消费经济研究资料》1984 年第 3 期。

第二种观点认为，吃、穿、用的消费序列变为穿、吃、用了。穿的方面，不仅比重增加，而且购买力投向了中、高档商品。

第三种观点认为，吃、穿、用变成了穿、用、吃。人们在吃有了保证之后，购买力先投在穿的方面，而接着是对用提出了新要求。

第四种观点认为，吃、穿、用的消费序列没有变化。近几年生活水平虽然提高较快，吃的比重有所下降，但仍然是大头。[1]

（六）劳务（服务）消费问题

按生活消费的对象不同，消费可以划分为实物消费与劳务消费两类。对劳务消费近年来开始重视，这方面的研究也有明显进展。

1. 劳务的定义

尹世杰认为："服务（或劳务）是一个经济范畴，是通过人们的经济活动而生产的一种特殊的使用价值。"[2] 它有狭义与广义之分。"狭义的劳务，系指服务行业提供的劳务，包括饮食、理发、照相、旅社、沐浴、洗染、园艺、旅游服务性手工业、修理业以及其他生活服务。如果从广义上说，通常还包括文化、教育、艺术、出版、卫生、保健、体育、商业、金融、情报、咨询、运输、邮电等部门提供的劳务。"[3] 他指出："有人认为，'劳务是一种非物质财富的实物形态'。这是不确切的。"像教师讲课、演员演戏，根本不创造什么实物形态。"有人说，'服务是无形的商品'这也是不确切的。有些劳务，也有一种实物形式。如把布缝成衣服，生肉制成菜肴；有些劳务直接形成一种可出卖的商品。"如书、画等。[4]

何小锋认为："劳务是服务部门的劳动者生产出来的、用来交换的一种特殊产品。服务部门包括教育、文化艺术、医疗卫生、体育、部分商业、旅游和个人服务（包括旅馆、浴室、照相、咨询、职业介绍、殡葬……）等。这里把劳务与服务分开，服务是以人为劳动对象的劳动活动，劳务是服务劳动所生产的用于交换的特殊产品。"[5]

---

① 赵海珍：《关于吃穿用消费序列的争论》，《经济学周报》1982 年 11 月 15 日。
② 尹世杰：《论消费服务》，《求索》1982 年第 4 期。
③ 尹世杰主编：《社会主义消费经济学》，上海人民出版社 1983 年版，第 245 页。
④ 尹世杰：《关于劳务消费的几个问题》，《湘潭大学学报》1984 年第 2 期。
⑤ 何小锋：《劳务价值论初探》，《经济研究》1981 年第 4 期。

陆立军认为，劳务是指流动形态上的劳动，它除了包括何小锋指出的那些部门外，还包括交通运输、邮电、物资供销和租赁业、金融、保险、信托业、园林、消防服务、新闻、出版、广告、社会簿记、住宅、市政公用事业等。[①]

智效和认为："服务是两个定义。服务的第一个定义，是从劳动的物质形式上讲的。""服务的第二个定义是从劳动的社会形式上讲的。"前一个定义"把服务规定为以活劳动的形式提供的使用价值"；后一个定义则称"服务是非生产劳动"。[②]

2. 劳务是否创造价值

主张劳务创造价值的同志多是以马克思的这样一段话作为根据："消费品的总额，任何时候都比没有可消费的服务存在时要大。其次，价值也大了，因为它等于维持这些服务的商品的价值和这些服务本身的价值。"[③] 否定劳务创造价值的同志断言，劳务创造价值是资产阶级经济学的观点，马克思有时转述这样的观点是为了批判，所以不能误解马克思的原意。[④]

在主张劳务创造价值的人中，对于如何将劳务生产纳入马克思的再生产公式进行具体分析，又存在不同的观点。何小锋指出："劳务价值要全部实现，劳务生产就必须同物质生产部门的生产相适应。为了探讨这两种生产之间的关系，我把服务部门称为第三部类"，"第一、二部类的发展要求有相应的第三部类的发展，否则，一部分生活资料的价值不能实现，扩大再生产不能正常进行；服务部门的发展必须与生活资料的生产相适应，否则，劳务的价值不能全部实现，影响劳务的扩大再生产。"[⑤] 尹世杰不同意设第三部类。他指出："如果我们把社会生产两大部类的划分进一步具体化，可以把消费服务的产品加入第二部类中去。即把第二部类具体划分为两个副类，假设为Ⅱa（生产实物消费品）和Ⅱb（生产劳务消费品）。"他又说："两大部类

---

① 陆立军：《略论劳务生产》，《江海学刊》1982 年第 2 期。
② 智效和：《论消费服务不创造价值》，《北京大学学报》1984 年第 2 期。
③ 马克思：《剩余价值理论》第 1 册，人民出版社 1975 年版，第 160 页。
④ 徐金水：《劳务价值论质疑》，《经济问题探索》1983 年第 6 期。
⑤ 何小锋：《劳务价值论初探》，《经济研究》1981 年第 4 期。

的划分还是适用的，不必另列第三部类。"①

3. 劳务消费的分类

有的人根据恩格斯把消费品划分为生存资料、享受资料和发展资料三个层次，相应地把劳务消费也划分为三类，即生活必要的劳务、享受性劳务和发展性劳务。②

李江帆认为："服务消费品就其使用价值而言，可分为五大类：①训练、保持劳动能力，使劳动能力改变形态等，总之，是使劳动能力具有专门性，或者仅仅使劳动能力保持下去（马克思《剩余价值理论》第 1 册第 159 页）的服务消费品，如教师、医生及个人生活消费方面的服务；②为创造、扩大和积累科学知识，并把它变为高效能生产资料和现代化个人消费资料所提供的服务消费品，如科技部门的科研成果；③陶冶情操，开阔眼界，使人得到精神文化享受的服务消费品，如文化艺术界、旅游娱乐业等的服务；④为生产和消费提供的流通方面的服务消费品，如商业、金融、保险等行业的服务；⑤随着生产的社会化从物质生产部门分化出来的服务行业提供的服务消费品，如维修公司、代耕公司等的服务。"③

尹世杰指出："劳务，可以按需要的层次进行分类。马克思对劳务的消费，按人们不同的需要程度来说，分为'相当必要的'，'不太必要的'，'确实必要的'，'看来是必要的'，'提供享受的'（《剩余价值理论》第 1 册第 436 页）。马克思对劳务的这种划分，和恩格斯把消费资料划分为生存资料、享受资料和发展资料，只是分析的出发点不同而已，基本观点是一致的。我们还可以按劳务的内容大致分为三类：第一类是通过服务，它的价值物化或附加在原来的消费品中。如修理、缝纫等服务。第二类劳务，也可称为'纯粹的服务'。它的价值不物化或附加在一种消费品中，生产服务的过程，也就是消费服务的过程。这类服务，范围比较广，如科学、文化、艺术、教

---

① 尹世杰：《论消费服务》，《求索》1982 年第 4 期；《关于劳务消费的几个问题》，《湘潭大学学报》1984 年第 2 期。

② 王慎之、肖永年：《试论劳务和劳务流通》，《经济研究参考资料》1981 年第 190 期。

③ 李江帆：《略论服务消费品》，《华南师范学院学报》1981 年第 3 期。

育、卫生、保健等，都包括在内。第三类是通过服务创造了有形产品，如书、画等艺术作品。"①

4. 劳务消费的发展趋势

何小锋指出："随着生产力的发展和生活社会化的日益提高，对精神生活的需求会较快提高，即劳务与生活资料相比较，消费构成越来越高。因此，劳务生产的发展速度需要越来越快。这是社会发展的客观趋势。"②

卢国良认为，随着社会生产的发展，劳务消费在消费品中的比重不是增大，而是有所减少。因为劳务商品是社会化大生产的必然产物，在资本主义社会已经得到了充分发展。在社会主义条件下，虽然劳务还具有商品的性质，但其范围正在缩小。③

（七）消费方式问题

1. 消费方式的定义

刘方棫认为："所谓消费方式，就是人们采用什么样的方法、形式和途径去消费消费资料，以满足生活需要"。④

于光远认为："人的消费行为的总和可以称之为社会消费方式。"⑤

尹世杰认为："消费方式，即人们消费产品的方法和形式"，"消费经济学研究消费方式，不是孤立地研究产品的消费方法，也不是孤立地研究消费形式，而是在两者的相互联系和统一中研究消费方式。"⑥

2. 决定消费方式的因素

朱玲认为，个体消费形式和集体消费形式的存在，与社会制度无关，而是人类生存和发展的客观需要，是社会生产力发展进程的产物。决定个体消费形式的因素，一是消费资料本身的技术性质、使用价值形式；二是人类传宗接代的本能所客观产生的生活单位；三是人类个性的差异。决定集体消费形式产生和存在的因素，一是人类出于节约人力、

① 尹世杰：《关于劳务消费的几个问题》，《湘潭大学学报》1984年第2期。
② 何小锋：《劳务价值论初探》，《经济研究》1981年第4期。
③ 卢国良：《劳务商品的分析》，《求索》1982年第5期。
④ 刘方棫：《消费经济学概论》，贵州人民出版社1984年版，第150页。
⑤ 于光远：《关于消费经济理论研究的一封信》，《求索》1982年第4期。
⑥ 尹世杰主编：《社会主义消费经济学》，上海人民出版社1983年版，第224页。

物力即节约社会劳动的考虑；二是生产的社会化要求某些消费项目采取集体消费的形式。①

尹世杰认为："消费方式是生活方式的组成部分，除受生产力制约外，还受社会制度的影响。社会经济制度和政治制度不同，消费方式也有不同的特点。"②

于光远指出："社会消费方式的形成，有多种原因：生产力与生产水平、人口与地理环境、文化传统与风俗习惯、国内外政治形势（如处于和平建设时期、战争或备战时期）对于生产与消费的指导思想等，都会对社会消费结构和社会消费方式起决定作用。但是一国的社会制度对社会消费结构与社会消费方式的决定作用更是必须重视的。"他并且指出了社会制度对消费方式的决定作用表现在三个方面：①不同社会制度下有不同的社会集团、不同的消费品分配关系；②不同的社会制度下，对生产和消费有不同的指导思想；③在不同的社会制度下有不同的价值观和幸福观。③

3. 个人消费和社会集体消费的发展趋势

杨圣明认为："从整个社会主义历史时期看，社会集体消费基金的比重应有上升的趋势。但是，不能操之过急。过急了，反而阻碍经济的发展。"④

朱玲认为，个人消费基金的相对量缩小，绝对量增大；集体消费基金的相对量和绝对量都增大。在个人消费总量中，由国家和集体直接付费的部分所占比重将增大。⑤

尹世杰认为："公共消费基金比重逐步增大，只是就长远趋势来说的，不是说任何时候，公共消费基金的增长，都必须恰似于个人消费基金，更不是说公共消费基金增长越快越好。当生产力水平不高，国民收入总额有限，从而消费基金总额不多，人均消费水平还比较低的时候，公共消费基金的绝对量虽然也应逐年有所增加，但增长速度一般不应快

---

① 朱玲：《论消费的基本规定和消费形式》，《西北大学学报》1982年第1期。
② 尹世杰主编：《社会主义消费经济学》，上海人民出版社1983年版，第225页。
③ 于光远：《关于消费经济理论的一封信》，《求索》1982年第4期。
④ 杨圣明：《消费基金的分配与经济发展的关系》，《中州学刊》1984年第5期。
⑤ 朱玲：《自主劳动者消费论纲》，《贵州社会科学》1982年第3期。

于个人消费基金。"①

（八）其他消费问题

关于保护消费者权益问题，一种观点认为，保护消费者权益的口号是资本主义制度下消费者为了反对资本主义的剥削而提出来的。在社会主义制度下，用不着再提这个口号。② 另一种观点则认为，在社会主义条件下，保障消费者对消费品的选择权，仍有重大意义。③

关于消费信用问题，刘方棫指出：事实证明，消费信贷是一种切实可行的能够促进消费服务社会化的措施。我们应当积极探索和起用适合我国国情的消费信贷方式。另外一些人则反对消费信贷。他们指出，当前，搞消费信贷对国民经济调整是不利的。从生产上看，消费信用起着掩盖矛盾、保护落后、排斥正常产品的消费作用。从流通领域看，消费矛盾，市场压力，引起价格混乱的消极作用，对解决通货膨胀是不利的。从金融管理的角度看，消费信用的盲目发展，将加剧通货膨胀。消费信用的扩大，还会造成财政税收的虚假收入，影响财政收支的真正平衡。④

① 尹世杰主编：《社会主义消费经济学》，上海人民出版社 1983 年版，第 235 页。
② 凌宏城：《湖南省消费经济学讨论会若干理论问题综述》，《求索》1982 年第 4 期。
③ 黄范章：《"消费者权力"刍议》，《经济管理》1979 年第 2 期。
④ 商季光、黄培森、王续伟：《在高速国民经济中如何对待商业信用和消费信用》，《中央财政金融学院学报》1982 年第 1 期。

附录1　马克思、恩格斯论流通

一　一般流通

流通本身只是交换的一定要素，或者也是从交换总体上看的交换。

——《马克思恩格斯文集》第 8 卷，人民出版社 2009 年版，第 22 页。

交换就是流通。

——《马克思恩格斯全集》第 26 卷（Ⅱ），人民出版社 1973 年版，第 580 页。

流通是商品占有者的全部相互关系的总和。

——《马克思恩格斯文集》第 5 卷，人民出版社 2009 年版，第 192 页。

真正的流通，只是表现为周期更新的和通过更新而连续进行的再生产媒介。

——《马克思恩格斯全集》第 24 卷，人民出版社 1972 年版，第 76 页。

生产、消费、分配、交换（流通）。

——《马克思恩格斯文集》第 8 卷，人民出版社 2009 年版，第 5

页。

第一册论述资本，其第一篇由下列各章组成：（1）商品；
（2）货币或简单流通；（3）资本一般。
　　——《马克思恩格斯文集》第 2 卷，人民出版社 2009 年版，第
885 页。

按照社会主义的说法：劳动以及劳动的交换，即生产以及产品的
交换（流通），这就是全部过程。
　　——《马克思恩格斯文集》第 8 卷，人民出版社 2009 年版，第
94 页。

流通即商人阶层内部的交换，与流通的结局即商人阶层与消费者
之间的交换，尽管归根结底必然是相互制约的，但它们是由完全不同
的规律和动机决定的，彼此可能发生最大矛盾。在这种分离中已经包
含了商业危机的可能性。
　　——《马克思恩格斯文集》第 8 卷，人民出版社 2009 年版，第
47 页。

在商品生产中，流通和生产本身一样必要，从而流通当事人和生
产当事人同样必要。
　　——《马克思恩格斯全集》第 24 卷，人民出版社 1972 年版，第
144 页。

产品只有在它进入流通的场合，才成为商品。产品作为商品的生
产，因而还有流通，会由于以下原因随着资本主义的生产而异常扩
大……
　　——《马克思恩格斯全集》第 26 卷（Ⅱ Ⅰ），人民出版社 1973
年版，第 317 页。
流通或商品交换不创造价值。
　　——《马克思恩格斯全集》第 23 卷，人民出版社 1972 年版，第

186 页。

一般的流通既包括社会资本各个不同独立部分的循环的互相交错，即各个单个资本的总体，也包括那些不作为资本投入市场而进入个人消费的价值的流通。

……庸俗经济学把不进入资本循环的流通，即产品价值中作为收入消费的那部分的流通，说成是资本特有的循环，这就典型地说明他们是多么痴呆。

——《马克思恩格斯全集》第 24 卷，人民出版社 1972 年版，第82 页。

生产过程已经完全建立在流通的基础上，流通也已经成为生产的一个单纯要素，一个过渡阶段，只是作为商品来生产的产品的实现，和作为商品来生产的各种产品生产要素的补偿。

——《马克思恩格斯全集》第 25 卷，人民出版社 1974 年版，第367 页。

真正的现代经济科学，只是当理论研究从流通过程转向生产过程的时候才开始。

——《马克思恩格斯全集》第 25 卷，人民出版社 1974 年版，第376 页。

我们可以在作为总过程的流通中，把大流通和小流通区别开来。第一种流通包括资本从离开生产过程到它再回到生产过程这一整个时期。第二种流通是连续不断的并且总是和生产过程本身同时进行的。这是作为工资支付的，同劳动能力进行交换的那一部分资本。

——《马克思恩格斯全集》（第二版）第 31 卷，人民出版社1998 年版，第 68 页。

可见，总的来看，流通有三种表现：

（1）总过程——资本通过它的各个不同环节，因此资本表现为处于流动中的，流动着的东西……

（2）资本和劳动能力之间的小流通。这种流通伴随着生产过程并表现为契约、交换、交易形式，而生产过程就是在这些前提下进行的。进入这一流通的那部分资本——生活资料基金——是真正的流动资本。

（3）大流通。资本在生产阶段以外的运动，在这种运动中，资本经历的时间表现为同劳动时间相对立的流通时间。……尽管固定资本来自大流通，但是并不回到那里去，至于说它流通，那它只是为了在生产过程中被消费、被固定下来而流通。

资本流通中的这三种区别产生出流动资本和固定资本之间的三种区别。

——《马克思恩格斯全集》（第二版）第 31 卷，人民出版社 1998 年版，第 73—74 页。

在小流通中，资本把工资预付给工人，工人用工资交换他的消费所必需的产品。工人得到的货币所以具有这种力量，仅仅是因为在他以外同时还有人在劳动；而且仅仅因为资本占有这个工人的劳动，资本才会以货币形式付给他支取他人劳动的凭证。

——《马克思恩格斯文集》第 8 卷，人民出版社 2009 年版，第 191 页。

政治经济学，从最广的意义上说，是研究人类社会中支配物质，生活资料的生产和交换的规律的科学。

——《马克思恩格斯全集》第 20 卷，人民出版社 1971 年版，第 160 页。

还在简单生产关系中，已经必然产生出相应的颠倒的观念，即歪曲的意识，这种意识由于真正流通过程的各种转化和变形而进一步发展了。

——《马克思恩格斯文集》第 7 卷，人民出版社 2009 年版，第 53 页。

只要交换价值仍然是产品的社会形式，废除货币本身也是不可能的。必须清楚地了解这一点，才不致给自己提出无法解决的任务，才能认识到货币改革和流通革新可能改造生产关系和以生产关系为基础的社会关系的界限。

——《马克思恩格斯文集》第 8 卷，人民出版社 2009 年版，第 43 页。

从货币或商品这两点上开始的过程，它的反复并不是交换本身的条件造成的。这一行为只能反复到交换完成时为止，也就是交换价值总额完成交换时为止。它不能由它自己重新发动起来。因此，流通本身不包含自我更新的原理。流通的要素先于流通而存在，而不是流通本身创造出来的。商品必须不断地从外面重新投入流通，就像燃料被投入火中一样。否则，流通就会失去作用而消失。

——《马克思恩格斯全集》第 46 卷（上），人民出版社 1979 年版，第 208 页。

流通的前提是商品（不管是特殊形式的商品，还是货币这种一般形式的商品），而商品是一定劳动时间的体现，它作为这种体现是价值；因而流通的前提既是通过劳动进行的商品的生产，又是作为交换价值的商品的生产。这是流通的出发点，流通通过本身的运动返回到创造交换价值的生产，返回到它的结果。

——《马克思恩格斯全集》第 46 卷（上），人民出版社 1979 年版，第 209 页。

【资本】的趋势是尽可能使一切生产转化为商品生产；它实现这种趋势的主要手段，正是把一切生产卷入它的流通过程。

——《马克思恩格斯全集》第 24 卷，人民出版社 1972 年版，第 127 页。

生产方式的总的性质决定这两种流通（商品流通和货币流通——摘编者注），而更直接地决定的是商品流通。

——《马克思恩格斯全集》第 46 卷（上），人民出版社 1979 年版，第 134 页。

【生产】以流通，以发达的流通为前提。

——《马克思恩格斯全集》第 46 卷（上），人民出版社 1979 年版，第 210 页。

【这时】商品生产才普遍化，才成为典型的生产形式；只有从这时起，每一产品才开始就是为卖而生产，而生产出来的一切财富都要经过流通。

——《马克思恩格斯全集》第 23 卷，人民出版社 1972 年版，第 644 页。

剩余的产品的交换对于农业的内部结构来说不再是无关紧要的了。在某些地方，农业本身完全由流通决定，转变为设定交换价值的生产。

——《马克思恩格斯全集》第 46 卷（上），人民出版社 1979 年版，第 211 页。

二　商品流通（简单商品流通）

每个商品的形态变化系列所形成的循环，同其他商品的循环不可分割地交错在一起。这全部过程就表现为商品流通。商品流通不仅在形式上，而且在实质上不同于直接的产品交换。

——《马克思恩格斯全集》第 23 卷，人民出版社 1972 年版，第 131 页。

因此，与直接的产品交换不同，流通过程在使用价值换位和转手之后并没有结束。货币并不因为它最终从一个商品的形态变化系列中退出而消失。它不断地沉淀在商品空出来的流通位置上。例如，在麻布的总形态变化即麻布——货币——圣经中，先是麻布退出流通，货币补上它的位置，然后是圣经退出流通，货币又补上圣经的位置。一个商品由另一个商品代替，而货币商品留在第三人手中。流通不断地把货币象汗一样渗出来。

……如果商品被投入流通的炼金炉，没有炼出货币，没有被商品所有者卖掉，也就是没有被货币的所有者买去，商品就会变成无用的东西。

——《马克思恩格斯全集》第 23 卷，人民出版社 1972 年版，第 132 页。

流通所以能够打破产品交换的时间、空间和个人的限制，正是因为它把这里存在的换出自己的劳动产品和换进别人的劳动产品这二者之间的直接的同一性，分裂成卖和买这二者之间的对立。……这些形式包含着危机的可能性，但仅仅是可能性。这种可能性要发展为现实，必须有整整一系列的关系，从简单商品流通的观点来看，这些关系还根本不存在。

——《马克思恩格斯全集》第 23 卷，人民出版社 1972 年版，第 133 页。

经济学辩护的方法有两个特征：第一，简单地抽去商品流通与直接的产品交换之间的区别，把二者等同起来；第二，企图把资本主义生产当事人之间的关系，归结为商品流通所产生的简单关系，从而否定资本主义生产过程的矛盾。但商品生产和商品流通是极不相同的生产方式都具有的现象，尽管它们在范围和作用方面各不相同。因此，只知道这些生产方式所共有的抽象的商品流通的范畴，还是根本不能了解这些生产方式的不同特征，也不能对这些生产方式做出判断。任何一门科学都不象政治经济学那样，流行着拿浅显的普通道理来大肆吹嘘的风气。例如，让·巴·萨伊由于知道商品是产品，就断然否定危机。

——《马克思恩格斯全集》第 23 卷，人民出版社 1972 年版，第

133 页。

有一种最愚蠢不过的教条：商品流通必然造成买和卖的平衡。因为每一次卖同时就是买；反过来也是一样。如果这是指实际完成的卖的次数等于买的次数，那是毫无意义的同义反复。但这种教条是要证明，卖者会把自己的买者带到市场上来。作为两极对立的两个人即商品的所有者和货币的所有者的相互关系来看，卖和买是同一个行为，但作为同一个人的活动来看，卖和买是两极对立的两个行为。……没有人买，也就没有人能卖。但谁也不会因为自己已经卖，就得马上买。

——《马克思恩格斯全集》第 23 卷，人民出版社 1972 年版，第 132—133 页。

商品的交换过程是在下列的形式变换中完成的：
商品—货币—商品
W—G—W
从物质内容来说，这个运动是 W—W，是商品换商品，是社会劳动的物质变换，这种物质变换的结果一经达到，过程本身也就结束。

W—G，商品的第一形态变化或卖。商品价值从商品体跳到金体上，象我在别处说过的，是商品的惊险跳跃。这个跳跃如果不成功，摔坏的不是商品，但一定是商品所有者。
……
G—W，即买，同时就是卖，即 W—G；因此，一个商品的后一形态变化，同时就是另一商品的前一形态变化。

——《马克思恩格斯全集》第 23 卷，人民出版社 1972 年版，第 124、129 页。

作为商品流通的媒介，货币取得了流通手段的职能。
——《马克思恩格斯全集》第 23 卷，人民出版社 1972 年版，第 134 页。

商品流通的结果，即一种商品被另一种商品所代替，似乎并不是由商品本身的形式变换引起的，而是由货币作为流通手段的职能引起的，似乎正是作为流通手段的货币使本身不能运动的商品流通起来，……货币不断使商品离开流通领域，而同时不断去占据商品在流通中的位置，从而不断离开自己的起点，因此，虽然货币运动只是商品流通的表现，但看起来商品流通反而只是货币运动的结果。

——《马克思恩格斯全集》第 23 卷，人民出版社 1972 年版，第 135 页。

债权人或债务人的身份在这里是从简单商品流通中产生的。简单商品流通形式的改变，在卖者和买者身上打上了这两个新烙印。最初，同卖者和买者的角色一样，这也是暂时的和由同一些流通当事人交替扮演的角色。但是，现在这种对立一开始就不那么愉快，并且能够更牢固地结晶起来。而这两种角色还可以不依赖商品流通而出现。

——《马克思恩格斯全集》第 23 卷，人民出版社 1972 年版，第 156 页。

流通手段转化为贮藏货币，是因为流通过程在第一阶段中断，或商品的转化形态退出了流通，支付手段进入流通，但这是在商品已经退出流通之后。

——《马克思恩格斯全集》第 23 卷，人民出版社 1972 年版，第 156 页。

除了某些例外，如果准备库内的货币贮藏大大超过平均水平，那就表明商品流通停滞了，或者商品形态变化的流动中断了。

——《马克思恩格斯全集》第 23 卷，人民出版社 1972 年版，第 166 页。

商品的流通过程就其纯粹的形式来说，要求等价物的交换。但是，在实际上，事情并不是纯粹进行的。

——《马克思恩格斯全集》第 23 卷，人民出版社 1972 年版，第

182 页。

如果没有商品流通，没有商品停留在流通的蓄水池中，这种生产就不可能进行。因为真正说来，产品只有在流通中才是商品。

——《马克思恩格斯全集》第 26 卷（Ⅲ），人民出版社 1974 年版，第 319 页。

最初充当货币的商品——不是作为需要和消费的对象、而是为着用它再去交换其他商品而换进来的商品——是最经常地作为需要的对象换进来的，即进行流通的商品；因而能够最可靠地用来再去交换其他特殊商品；因而在当时社会组织下最能代表财富、是最普遍的供求对象，并且最有特殊使用价值。

——《马克思恩格斯文集》第 8 卷，人民出版社 2009 年版，第 60 页。

单是用金或银来计量，金银的量并不会影响商品价格；然而，只要货币真正充当流通工具，由于实际的交换，困难就产生了；供求关系等等。但是，凡是影响作为流通工具的货币的价值的因素，显然也会影响作为价值尺度的货币。

——《马克思恩格斯文集》第 8 卷，人民出版社 2009 年版，第 65 页。

十六世纪时使流通的商品量和货币量增多，造成新的需要，因而提高了本地产品的交换价值等等，抬高了价格等等情况，——所有这一切，一方面促进了旧的生产关系的解体，加速了劳动者或有劳动能力的非劳动者与其再生产的客观条件的分离，这样就促进了货币转化为资本。

——《马克思恩格斯文集》第 8 卷，人民出版社 2009 年版，第 162 页。

这里同时又可以看到，交换和交换价值的发展——这种交换价值到处以商业为中介，或者说它的中介可以称为商业；货币在商人等级中保持独立的存在，同样，流通在商业中保持独立的存在——一方面导致劳动对其生存条件的所有权关系的解体，另一方面又导致劳动本身属于生产客观条件的这些关系的解体。

——《马克思恩格斯文集》第 8 卷，人民出版社 2009 年版，第162 页。

三 货币流通

商品流通直接赋予货币的运动形式，就是货币不断地离开起点，就是货币从一个商品所有者手里转到另一个商品所有者手里，或者说，就是货币流通。

货币流通表示同一个过程的不断的、单调的重复。商品总是在卖者方面，货币总是作为购买手段在买者方面。……虽然货币运动只是商品流通的表现，但看起来商品流通反而只是货币运动的结果。

——《马克思恩格斯全集》第 23 卷，人民出版社 1972 年版，第134—135 页。

同一些货币反复不断地变换位置，不仅反映一个商品的形态变化的系列，而且反映整个商品世界的无数形态变化的交错关系。不言而喻，这一切只适合于这里所考察的简单商品流通形式。

——《马克思恩格斯全集》第 23 卷，人民出版社 1972 年版，第136 页。

每一个商品在流通中走第一步，那进行第一次形式变换，就退出流通，而总有新的商品进入流通。相反，货币作为流通手段却不断地留在流通领域，不断地在那里流动。于是产生了一个问题，究竟有多少货币不断地被流通领域吸收。

——《马克思恩格斯全集》第 23 卷，人民出版社 1972 年版，第

136 页。

　　商品价格总额/同名货币的流通次数 = 执行流通手段职能的货币量。这个规律是普遍适用的。在一定时间内，一个国家的流通过程包括两方面：一方面是许多分散的、同时发生的和空间上并行的卖（或买）或局部形态变化，其中同一些货币只变换位置一次或只流通一次；另一方面是许多部分互相平行、部分互相交错的具有多少不等的环节的形态变化系列，其中同一些货币流通的次数不等。但是，流通中的全部同名货币的总流通次数提供了每个货币的平均流通次数或货币流通的平均速度。

　　——《马克思恩格斯全集》第 23 卷，人民出版社 1972 年版，第 139—140 页。

　　流通手段量决定于流通商品的价格总额和货币流通的平均速度这一规律，还可以表述如下：已知商品价值总额和商品形态的变化的平均速度，流通的货币或货币材料的量决定于货币本身的价值。

　　——《马克思恩格斯全集》第 23 卷，人民出版社 1972 年版，第 142—143 页。

　　从货币作为流通手段的职能中产生出货币的铸币形式。在商品的价格或货币名称中想象地表现出来的金重量，必须在流通中作为同名的金块或铸币同商品相对立。正象确立价格标准一样，铸造硬币也是国家的事。金银作为铸币穿着不同国家制服，但它们在世界市场上又脱掉这些制服。这就表明，商品流通的国内领域或民族领域，同它们的普遍的世界市场领域是分开的。

　　——《马克思恩格斯全集》第 23 卷，人民出版社 1972 年版，第 144 页。

　　这里讲的只是强制流通的国家纸币。这种纸币是直接从金属流通中产生出来的。而信用货币产生的条件，我们从简单商品流通的观点来看还是根本不知道的。但不妨顺便提一下，正如本来意义的纸币是从货币作为流通手段的职能中产生出来一样，信用货币的自然根源是货币作为支付手段的职能。

——《马克思恩格斯全集》第 23 卷，人民出版社 1972 年版，第 146 页。

纸币流通的特殊规律只能从纸币是金的代表这种关系中产生。这一规律简单说来就是：纸币的发行限于它象征地代表的金（或银）的实际流通的数量。……如果今天一切流通渠道中的纸币已达到这些渠道所能吸收货币的饱和程度，明天纸币就会因为商品流通发生变动而泛滥开来，一切限度都消失了。

——《马克思恩格斯全集》第 23 卷，人民出版社 1972 年版，第 147 页。

随着商品流通的扩展，货币——财富的随时可用的绝对社会形式——的权利也日益增大。

——《马克思恩格斯全集》第 23 卷，人民出版社 1972 年版，第 151 页。

货币贮藏的蓄水池，对于流通中的货币来说，既是排水渠，又是引水渠；因此，货币永远不会溢出它的流通的渠道。

——《马克思恩格斯全集》第 23 卷，人民出版社 1972 年版，第 154 页。

货币一越出国内流通领域，便失去了在这一领域内获得的价格标准、铸币、辅币和价值符合等地方形式，又恢复原来的贵金属块的形式。在世界贸易中，商品普遍地展开自己的价值。因此，在这里，商品独立的价值形态，也是作为世界货币与商品相对立。……

在国内流通领域内，只有一种商品充当价值尺度，从而充当货币。在世界市场上，占统治地位的是双重价值尺度，即金和银。

……

每个国家，为了国内流通，需要有准备金，为了世界市场的流通，也需要准备金。……

金银的流动是二重的。一方面，金银从产地分散到整个世界市场上……另一方面，金银又不断往返于不同国家的流通领域之间，这是一个随着汇率的不断变化而产生的运动。

——《马克思恩格斯全集》第 23 卷，人民出版社 1972 年版，第 163—166 页。

商品生产以商品流通为前提，而商品流通又以商品表现为货币，以货币流通为前提。

——《马克思恩格斯全集》第 24 卷，人民出版社 1972 年版，第 393 页。

对商品流通来说，有两样东西始终是必要的：投入流通的商品和投入流通的货币。"与直接的产品交换不同，流通过程在使用价值换位和转手之后并没有结束。货币并不因为它最终从一个商品的形态变化系列中退出来而消失。它不断地沉淀在商品空出来的流通位置上"（见《马克思恩格斯全集》第 23 卷，第 132 页）。

——《马克思恩格斯全集》第 24 卷，人民出版社 1972 年版，第 459—460 页。

贵金属从一国的流通领域到另一国的流通领域的流出和流入，如果只是由于一国铸币贬值或复本位制造成的，就与货币流通无关，而只是对从国家方面任意造成的误差所作的纠正。

——《马克思恩格斯文集》第 7 卷，人民出版社 2009 年版，第 357 页。

如果整个货币流通就它的规模、它的形式和它的运动来说，只是商品流通的结果。而从资本主义的观点看，商品流通本身只表示资本的流通过程。……货币经营业就不只是对商品流通的这个单纯结果和表现方式，即对货币流通起中介作用。这个货币流通本身，作为商品流通的一个要素，对货币经营业来说是既定的。货币经营业作为中介，担任货币流通的各种技术性业务，使之集中、缩短的简化。

——《马克思恩格斯文集》第 7 卷，人民出版社 2009 年版，第
357—358 页。

四　资本流通

商品流通是资本的起点。商品生产和发达的商品流通，即贸易，
是资本产生的历史前提。世界贸易和世界市场在十六世纪揭开了资本
的近代生活史。

如果撇开商品流通的物质内容，撇开各种使用价值的交换，只考
察这一过程所造成的经济形式，我们就会发现，货币是这一过程的最
后产物。商品流通的这个最后产物是资本的最初的表现形式。

——《马克思恩格斯全集》第 23 卷，人民出版社 1972 年版，第
167 页。

商品流通的直接形式是 W—G—W，商品转化为货币，货币再转
化为商品，为买而卖。但除这一形式外，我们还看到具有不同特征的
另一形式 G—W—G，货币转化为商品，商品再转化为货币，为卖而
买。在运动中通过后一种流通的货币转化为资本，成为资本，而且按
它的使命来说，已经是资本。

——《马克思恩格斯全集》第 23 卷，人民出版社 1972 年版，第
168 页。

这两种循环都分成同样两个对立阶段：W—G（卖）和 G—W
（买）。在其中每一个阶段上，都是同样的两个物的因素即商品和货币
互相对立，都是扮演同样两种经济角色的两个人即买者和卖者互相对
立。这两个循环的每一个都是同样两个对立阶段的统一，这种统一在
这两种情形下都是通过三个当事人的登场而实现的：一个只卖，一个
只买，一个既买又卖。

但是，W—G—W 和 G—W—G 这两个循环从一开始就不同，是由于同样两个对立的流通阶段具有相反的次序。简单商品流通以卖开始，以买结束；作为资本的货币的流通以买开始，以卖结束。作为运动起点和终点的，在前一场合是商品，在后一场合是货币。在整个过程中起媒介作用的，在前一形式是货币，在后一形式是商品。

在 W—G—W 这个流通中，货币最后转化为充当使用价值的商品。于是，货币就最终花掉了。而在 G—W—G 这个相反的形式中，买者支出货币，却是为了作为卖者收入货币。他购买商品，把货币投入流通，是为了通过出卖这同一商品，从流通中再取回货币。他拿出货币时，就蓄意要重新得到它。因此，货币只是被预付出去。

——《马克思恩格斯全集》第 23 卷，人民出版社 1972 年版，第 169—170 页。

在 W—G—W 循环中，始极是商品，终极是另一种商品，后者退出流通，转入消费。因此，这一循环的最终目的是消费，是满足需要，总之，是使用价值。相反，G—W—G 循环是从货币一极出发，最后又返回同一极。因此，这一循环的动机和决定目的是交换价值本身。

在简单商品流通中，两极具有同样的经济形式，二者都是商品，而且是价值量相等的商品，但它们是不同质的使用价值，如谷物和衣服。在这里，产品交换，体现着社会劳动的不同物质的交换，是运动的内容。G—W—G 这个流通则不同。乍一看来，它似乎是无内容的，因为是同义反复。……一个货币额和另一个货币额只能有量的差别。因此，G—W—G 过程所有内容，不是因为两极有质的区别（二者都是货币），而只是因为它们有量的不同。最后从流通中取出的货币，多于起初投入的货币。例如，用 100 镑买的棉花卖 100 镑 + 10 镑，即 110 镑。因此，这个过程的完整形式是 G—W—G'。其中的 G' = G + △G，即等于原预付货币额加上一个增值额。我把这个增值额或超过原价值的余额叫做剩余价值。可见，原预付价值不仅在流通中保存下来，而且在流通中改变了自己的价值量，加上了一个剩余价值，或者说增值了。正是这种运动使价值转化为资本。

——《马克思恩格斯全集》第 23 卷，人民出版社 1972 年版，第 171—172 页。

简单商品流通——为买而卖——是达到流通以外的最终目的，占有使用价值，满足需要的手段。相反，作为资本的货币的流通本身就是目的，因为只是在这个不断更新的运动中才有价值的增殖。因此，资本的运动是没有限度的。

——《马克思恩格斯全集》第 23 卷，人民出版社 1972 年版，第 173—174 页。

货币贮藏者竭力把货币从流通中拯救出来，以谋求价值的无休止的增殖，而精明的资本家不断把货币重新投入流通，却达到了这一目的。

——《马克思恩格斯全集》第 23 卷，人民出版社 1972 年版，第 175 页。

价值成了处于过程中的价值，成了处于过程中的货币，从而也就成了资本。它离开流通，又进入流通，在流通中保存自己，扩大自己，扩大以后又从流通中返回来，并且不断地重新开始同样的循环。G—G'，生出货币的货币，资本的最初解释者重商主义者就是这样来描绘资本的。

……在生息资本的场合，G—W—G'的流通简化地表现为没有中介的结果，表现为一种简练的形式，G—G'，表现为等于更多货币的货币，比本身价值更大的价值。因此，G—W—G'事实上是直接在流通领域内表现出来的资本的总公式。

——《马克思恩格斯全集》第 23 卷，人民出版社 1972 年版，第 177 页。

货币羽化为资本的流通形式，是和前面阐明的所有关于商品、价值、货币和流通本身的性质的规律相矛盾的。它和简单商品流通不同的地方，在于同样两个对立过程（卖和买）的次序相反。但这种纯粹形式上的区别，是用什么魔法使这一过程的性质改变的呢？

　　——《马克思恩格斯全集》第 23 卷，人民出版社 1972 年版，第 177—178 页。

　　商品的价值在商品进入流通以前就表现为商品价格，因此，它是商品流通的前提，不是流通的结果。……商品流通就它只引起商品价值的形式变换来说，在现象纯粹进行的情况下，就只能引起等价物的变换。……因此，那些试图把商品流通说成是剩余价值源泉的人，其实大多是弄混了，是把使用价值和交换价值混淆了。

　　——《马克思恩格斯全集》第 23 卷，人民出版社 1972 年版，第 179—181 页。

　　剩余价值的形成，从而货币转化为资本，既不能用卖者高于商品价值出卖商品来说明，也不能用买者低于商品价值购买商品来说明。

　　——《马克思恩格斯全集》第 23 卷，人民出版社 1972 年版，第 183 页。

　　上面已经说明，剩余价值不能从流通中产生；因此，在剩余价值的形成上，必然有某种在流通中看不到的情况发生在流通的背后。……资本不能从流通中产生，又不能不从流通中产生。它必须既在流通中又不在流通中产生。这样，就得到了一个双重的结果。货币转化为资本，必须根据商品交换的内在规律来加以说明，因此，等价物的交换应该是起点。我们那位还只是资本家幼虫的货币所有者，必须按商品的价值购买商品，按商品的价值出卖商品。但他在过程终了时必须取出比他投入的价值更大的价值。他变为蝴蝶，必须在流通领域中，又必须不在流通领域中。这就是问题的条件。这里是罗陀斯，就在这里跳！

　　——《马克思恩格斯全集》第 23 卷，人民出版社 1972 年版，第 187—189 页。

　　有了商品流通和货币流通，决不是就具备了资本存在的历史条件。只有当生产资料和生活资料的所有者在市场上找到出卖自己劳动力的自由工人的时候,资本才产生。而单是这一历史条件就包含着一部世界史。因此,资本一出现,就标志着社会生产过程的一个新时代。

——《马克思恩格斯全集》第 23 卷,人民出版社 1972 年版,第 193 页。

资本创造绝对剩余价值——更多地对象化劳动——要有一个条件,即流通范围要扩大,而且要不断扩大。……以资本为基础的生产,其条件是创造一个不断扩大的流通范围,不管是直接扩大这个范围,还是在这个范围内把更多的地点创造为生产地点。

如果说流通最初表现为既定的量,那么它在这里却表现为变动的量,并且是通过生产本身而不断扩大的量。就这一点来说,流通本身已经表现为生产的要素。……创造世界市场的趋势已经直接包含在资本的概念本身中。任何界限都表现为必须克服的限制。……商业在这里不再表现为各个独立生产部门之间交换它们的多余产品的活动,而且表现为生产本身的实质上包罗一切的前提和要素。

当然,一切以直接使用价值为目的生产,既会减少交换者的人数,也会减少投入流通的交换价值总额,而首先是减少剩余价值的生产。因此,资本的趋势是(1)不断扩大流通范围;(2)在一切地点把生产变成由资本推动的生产。

另一方面,生产相对剩余价值,即以提高和发展生产力为基础来生产剩余价值,要求生产出新的消费;要求在流通内部扩大消费范围。

——《马克思恩格斯文集》第 8 卷,人民出版社 2009 年版,第 88—89 页。

资本的概念,资本的形成,包含着这样的意思:资本是以货币,从而是以货币形式存在的财富为起点的。这里还包含着这样的意思:资本是从流通中来的,是作为流通的产物出现的。因此,资本的形成不是来自土地财产(在这种场合,至多是来自租地农民,只要他是农产品商人），也不是来自行会（虽然在这种场合有这种可能），而是来自商人的和高利贷者的财富。……工具本身还同活劳动本身连在一起，还表现为活劳动所支配的领域，以致工具还没有真正进入流通。

——《马克思恩格斯文集》第 8 卷，人民出版社 2009 年版，第 157—158 页。

本章要考察三个问题：

（1）商品作为资本的产物，作为资本主义生产的产物；

（2）资本主义生产是剩余价值的生产；

（3）最后，资本主义生产是使这个直接生产过程具有特殊资本主义特征的整个关系的生产和再生产。

在为付印而最后加工的时候，这三节中的第一节将放在最后，而不是放在最前面，因为它是向第二卷——资本的流通过程——的过渡。

——《马克思恩格斯文集》第 8 卷，人民出版社 2009 年版，第 423 页。

资本的形成，除非在商品流通（包含货币流通）的基础上，从而除非在商业的既定的，发展到一定范围的阶段上，是不能发生的；相反，商品生产和商品流通却决不以资本主义生产方式作为自己的前提，……另一方面，只有在资本主义生产的基础上，商品才变为产品的一般形式，所有产品必须采取商品的形式，买和卖才不仅支配了生产的剩余，而且支配了生产的实体本身，各种生产条件本身才广泛地表现为从流通进入生产过程的商品。……随着资本主义生产即资本的发展，关于商品的一般规律，例如涉及价值的各种规律，也是在货币流通的各种形式中实现的。

——《马克思恩格斯文集》第 8 卷，人民出版社 2009 年版，第 424、427 页。

资本的产品，作为商品，必须加入商品交换过程，因而它不仅要进入实际的物质变换，而且同时要通过我们曾作为商品的形态变化而加以叙述的那种形式变化。只要形式变化（这些商品转化为货币，货币再转化为商品）来说，这个过程在我们称为"简单流通"（商品本身的流通）的地方已阐述过了。但是现在，这些商品同时是资本的承担者，……这些商品的流通现在同时是资本的再生产过程，因而包含着商品流通的抽象考察所没有涉及的进一步规定。所以，我们现在要把商品流通作为资本流通过程来考察。

——《马克思恩格斯文集》第 8 卷，人民出版社 2009 年版，第 453 页。

对单个租地农场主来说，事实上这些生产条件也是从流通进入他的生产过程的，流通实际上变成了他的生产的前提，因为这些生产条件越来越是现实的买来的商品（或者是能够买来的商品）。

——《马克思恩格斯文集》第 8 卷，人民出版社 2009 年版，第 429 页。

一定范围的商品流通与货币流通，从而商业的一定发展程度，是资本形成和资本主义生产方式的前提、起点。

——《马克思恩格斯文集》第 8 卷，人民出版社 2009 年版，第 430 页。

预付货币额即必须增殖和必须转化为资本的货币额转化为生产过程的要素，这是商品流通行为，交换过程的行为，它分解为一系列的购买。

——《马克思恩格斯文集》第 8 卷，人民出版社 2009 年版，第 458 页。

对积累起中介作用的货币流通，是否是一个还需要特别加以考察的问题？……由于资本家把他们的商品卖给工人，预付给工人的货币重新流回到作为阶级来看的资本家手中；至于为使资本家的收入在他们自己之间流通而预付的货币，则是通过这种流通不断地重新在资本家之间分配。

......

但是，如果生产规模不变，流通中已有的货币量就够用了，我们把为了使内部交往和外部交往的差额得到平衡用的现有贮藏货币也包括在内。但是，由于积累或规模扩大的再生产，应预付的可变资本的价值会增加，应作为收入进入每年流通的那部分产品价值也会增加，还有各资本家之间的价值周转额也会增加。如果我们撇开阻碍通货扩大的那些情况——货币作为支付手段的发展、信用事业及其形式的发展，由于人口稠密度提高和交通运输工具改良而使货币流通加快的情况——不谈，此外，我们假定是纯金属流通，那就很清楚，同金银相交换的那部分年国民剩余产品起先是作为各个资本家已出售的商品资本的货币形式流回来，然后作为流通手段进入流通，而不管是收入的流通还是资本的流通。

——《马克思恩格斯文集》第 8 卷，人民出版社 2009 年版，第 567—568 页。

尽管生活资料构成可变资本的物质存在形式，而可变资本在市场上，在流通领域内表现为劳动能力的购买者。

——《马克思恩格斯文集》第 8 卷，人民出版社 2009 年版，第 484 页。

劳动能力的买卖是属于流通领域的行为，但是就整个资本主义生产过程来看，劳动能力的买卖不仅是资本主义生产过程的要素和前提，而且是它的经常结果。

——《马克思恩格斯文集》第 8 卷，人民出版社 2009 年版，第 498 页。

古典经济学的缺点只在于：第一，他们不能证明，较多活劳动同较少物化劳动的这种交换怎样符合商品交换的规律，即商品价值决定于劳动时间的规律；第二，因此他们把流通过程中一定量对象化劳动同劳动能力的交换直接混同于生产过程中发生的，以生产资料形态存在的对象化劳动对活劳动的吸收。

——《马克思恩格斯文集》第 8 卷，人民出版社 2009 年版，第 498 页。

两个商品占有者作为买者和卖者的相互区别，不过是不断消失的区别，因为他们双方在流通领域中都要互相交替地扮演同样的角色。当然，在工人出卖了自身的劳动能力，把劳动能力转变为货币以后，他也要变成买者，资本家们也只是作为商品的卖者同他相对立。可是，工人手中的货币仅仅是流通手段。

——《马克思恩格斯文集》第 8 卷，人民出版社 2009 年版，第 495 页。

在流通中，在商品市场上，互相对立的是平等的商品占有者，他们像所有其他商品占有者一样，只是以他们的商品的物质内容，以他们彼此出售的商品的特殊使用价值而互相区别。或者说，这个关系的这种最初形式只不过是作为它的基础的资本主义关系的假象。

……

从流通中发生的引导过程，即劳动能力的买与卖来看，……这种买卖关系的不断更新仅仅以独特依赖关系的经常存在为中介，同时又使这种依赖关系的经常存在具有一种骗人的假象，似乎它是平等的，彼此同样自由的各个商品占有者之间的交易和契约。现在，这种引导关系的本身又表现为在资本主义生产中发生的对象化劳动对活劳动进行统治的内在要素。

——《马克思恩格斯文集》第 8 卷，人民出版社 2009 年版，第 545—546 页。

到目前为止（因为我们还没有谈到资本作为流动资本的规定，我们还在一方面研究流通，另一方面研究资本，也就是说，我们还是把生产看作流通的前提，或产生流通的根据），就是从生产的角度看，流通已经同消费和生产都有关系。

——《马克思恩格斯文集》第 8 卷，人民出版社 2009 年版，第 95 页。

世界市场危机必须看作是资产阶级经济一切矛盾的现实的综合和暴力方式的平衡。……危机的第一种形式是商品形态变化本身，即买与卖的分离。危机的第二种形式是货币作为支付手段的职能，这里货币在两个不同的，时间上彼此分开的时刻执行两种不同的职能。这两种形式都是十分抽象的，虽然第二种形式比第一种形式具体些。因此，在考察资本的再生产过程（它同资本的流通是一致的）时，首先要指出，上述两种形式在这里是简单的再现，或者更确切地说，在这里第一次获得了内容，获得了它们可以表现出来的基础。……不同资本的再生产过程或流通过程的这种相互联结和彼此交叉，一方面，由于分工而成为必然的；另一方面，又是偶然的，因此，危机的内容规定已经扩大了。

——《马克思恩格斯文集》第 8 卷，人民出版社 2009 年版，第 427—428 页。

资本的总流通过程或总再生产过程是资本的生产阶段和资本的流通阶段的统一，是把上述两个过程作为自身的不同阶段来经历的过程。

——《马克思恩格斯文集》第 8 卷，人民出版社 2009 年版，第 251 页。

商品作为资本的产物，与独立考察的单个商品是多么不同；我们越是往下跟踪研究资本主义生产过程和流通过程，这种差别就越来越明显，也就越来越影响现实的价格规定，等等。

——《马克思恩格斯文集》第 8 卷，人民出版社 2009 年版，第 447 页。

平均说来我们看到，在再生产过程（或者生产过程）不断进行的过程中一部分商品处于生产过程中，另一部分商品处于流通过程中，……［一切运输业，即资本借以不断处于生产过程中的一切产业，是例外。这种产业的真正产品，是被运输的商品（或者也包括人）的位置变换，即变动场所。商品只要处于运输业手中，就总是处

于流通中。因此，运输业给商品添加的价值，按照商品被运送的程度
而得到支付。它用这些货币不断地支付煤、工人等等，总之，支付运
输部门的消费资料（以及修理等等）。当然，这个价值的一部分总是
处于流通过程中，……铁路经常被出售的，是它提供的生产服务，例
如，出租的发动机。被出售的是它协助完成的运动。铁路、机车等不
像商品那样处在流通过程中。……我不是购买公共马车，而是对它的
运动进行支付，对它处在生产过程中进行支付，这种生产过程对我来
说是流通过程，是位置移动。……运输业是种特殊产业，它不同于其
他的产业，因为它的产品，它创造的使用价值，不能同它的生产过程
分离，因而不能像商品那样在这个生产过程之外流通。]

——《马克思恩格斯文集》第 8 卷，人民出版社 2009 年版，第
569—570 页。

从资本的角度来看生产过剩是不是可能的和必然的，这个问题的
整个争论焦点在于：资本在生产中的价值增殖过程是否直接决定资本
在流通中的价值实现；资本在生产过程中实现的价值增殖是否就是资
本的现实的价值增殖。

——《马克思恩格斯文集》第 8 卷，人民出版社 2009 年版，第
91—92 页。

至于断言货币生产得太少，实际上这不过是断言生产同价值实现
不一致，因而是生产过剩，或者同样可以说，这是产品不能转化为货
币的、不能转化为价值的生产；是不能在流通中得到证实的生产。由
此就产生了货币魔术师（蒲鲁东等等也包括在内）的幻想：由于货币
昂贵而流通手段短缺，因此必须人为地创造更多的货币。

——《马克思恩格斯文集》第 8 卷，人民出版社 2009 年版，第
93 页。

我们在这里研究的还只是生产资本，就是说，还只是用于直接生
产过程中的资本。后面我们还要谈到流通过程中的资本。只有到后面
研究资本作为商业资本所采取的特殊形态时，才能答复这样的问题：

商业资本所雇用的工人在什么范围内是生产的，在什么范围内是非生产的。

——《马克思恩格斯文集》第 8 卷，人民出版社 2009 年版，第 420 页。

在这里，初次考察生产过程时还存在的那种假象，即资本本身似乎会从流通中带来一些价值的假象消失了。

——《马克思恩格斯文集》第 8 卷，人民出版社 2009 年版，第 102 页。

无论如何，对于剩余资本 I 的形成来说，也就是说，对于占有他人劳动或占有对象化着这种劳动的价值来说，作为其条件表现出来的，是归资本家所有的、由他投入流通并由他提供给活劳动能力的价值的交换，——这种价值不是从资本家同活劳动的交换中产生的，换句话说，不是从他作为资本同劳动的关系中产生的。

现在我们设想，剩余资本又投入生产过程，又在交换中实现了它的剩余价值，并在第三次生产过程开始时又作为新的剩余资本出现。这个剩余资本 II 的前提和剩余资本 I 的前提不同。剩余资本 I 的前提是归资本家所有的并由他投入流通的价值，更确切地说，由他在同活劳动能力的交换中投入的价值。剩余资本 II 的前提无非是剩余资本 I 的存在，换句话说，就是这样一个前提：资本家不经过交换就占有他人劳动。这使资本家能够不断地重新开始过程。

——《马克思恩格斯文集》第 8 卷，人民出版社 2009 年版，第 105 页。

资本的循环过程经过三个阶段；根据第一卷的叙述，这些阶段形成如下的序列：

第一阶段：资本家作为买者出现于商品市场和劳动市场；他的货币转化为商品，或者说，完成 G—W 这个流通行为。

第二阶段：资本家用购买的商品从事生产消费。他作为资本主义商品生产者进行活动；他的资本完成生产过程。结果产生了一种商品，这种商品的价值大于它的生产要素的价值。

第三阶段：资本家作为卖者回到市场；他的商品转化为货币，或者说，完成 W—G 这个流通行为。

因此，货币资本循环的公式是：G—W…P…W′—G′。在这个公式中，虚线表示流通过程的中断，W′和 G′表示由剩余价值增大了的 W 和 G。

——《马克思恩格斯全集》第 24 卷，人民出版社 1972 年版，第 31 页。

在 G—W$\langle^A_{P_m}$中执行货币资本职能的货币的一部分，会由于这个流通本身的完成转而去执行一种职能，在这种职能上，它的资本性质消失了，但它的货币性质保留下来。货币资本 G 的流通分为 G—P_m 和 G—A，即购买生产资料和购买劳动力。……这是商品的第一个流通阶段或第一形态变化；从劳动的卖者方面看，就是他的商品转化为它的货币形式。工人把他由此获得的货币，逐渐地耗费在一个满足他的需要的商品额上，即耗费在消费品上。因此，他的商品的总流通表现为 A—G—W，首先是 A—G（＝W—G），然后是 G—W，也就是表现为简单商品流通的一般形式 W—G—W。这里，货币只是充当转瞬即逝的流通手段，只是充当商品和商品进行交换的媒介物。

——《马克思恩格斯全集》第 24 卷，人民出版社 1972 年版，第 35—36 页。

要使货币资本能够形成并且能够支配生产，需要商业发展到一定的阶段，因此也需要商品流通从而商品生产发展到一定阶段；因为不是为了出售，即不是作为商品生产的物品，是不能作为商品进入流通的。但是，只有在资本主义生产的基础上，商品生产才表现为标准的、占统治地位的生产形式。

——《马克思恩格斯全集》第 24 卷，人民出版社 1972 年版，第 40 页。

要使广大的直接生产者，广大的雇佣工人能完成 A—G—W 行为，必须不断有必要的生活资料以可买形式即商品形式和他们相对立。因此，这种情况要求产品作为商品的流通已经有了高度的发展，从而商品生产也已经有了广泛的规模。

——《马克思恩格斯全集》第 24 卷，人民出版社 1972 年版，第 43 页。

现在，W'的职能是一切商品产品的职能：转化为货币，卖掉，完成流通阶段 W—G。只要现在已经增殖的资本保留商品资本的形式，停滞在市场上，生产过程就会停止。……由于卖的速度不同，同一个资本价值就会以极不相同的程度作为产品形成要素和价值形成要素起作用，再生产的规模也会以极不相同的程度扩大或缩小。第一卷已经指出，一个一定量资本的作用程度，是由生产过程的各种潜能规定的，而这些潜能在一定程度上是和资本本身的价值量无关的。这里指出，流通过程推动了新的潜能，它们影响资本的作用程度，影响资本的扩张和收缩，而和资本的价值量无关。

——《马克思恩格斯全集》第 24 卷，人民出版社 1972 年版，第 48—49 页。

由于 W'—G' 的完成，预付资本价值和剩余价值都得到了实现。二者的实现，是在商品总量的分批出售或整批出售中同时进行的，表现为 W'—G'。但是，这同一个流通行为 W'—G'，对资本价值和剩余价值来说是不同的：它对二者来说代表着它们各自流通的不同阶段，代表着它们在流通领域所要经过的形态变化序列中的不同阶段。剩余价值 w 只是在生产过程中产生的。因此，它是第一次在商品市场上出现，并且是以商品形式出现的；这是它的第一流通形式，因此，w—g 行为，也是它的第一流通行为或它的第一形态变化，因而还要由相反的流通行为或相反的形态变化 g—w 来补充。

资本价值 W 在同一流通行为 W'—G' 中完成的流通，却不是这样。这个流通行为，对资本价值来说，是流通行为 W—G。这里，W＝P，等于原来预付的 G。资本价值作为 G，作为货币资本，开始它的第一流通行为，通过 W—G 行为回到相同的形式，因此，它已经经过两个互相对立的流通阶段：（1）G—W 和（2）W—G，而又处在可以重新开始同一循环过程的形式中。

——《马克思恩格斯全集》第 24 卷，人民出版社 1972 年版，第 50—51 页。

我们已经看到，流通过程在完成第一阶段 $G—W \langle^A_{Pm}$ 后，为 P 所中断，……中断的流通过程 G—W，必须以 W—G 来补充。但是，作为流通的第二阶段即终结阶段的承担者出现的，是一个物质上和价值上与第一个 W 不同的商品 W'。因此，流通序列表现为（1）$G—W_1$；（2）$W_2—G'$。

……

在这里又可以看到：在 G—W 和 W'—G'这两个属于流通的形态变化中，每一次都是同样大的、同时存在的价值互相对立，互相代替。

——《马克思恩格斯全集》第 24 卷，人民出版社 1972 年版，第 60、63 页。

可见，资本的循环过程是流通和生产的统一，包含二者在内。既然 G—W 和 W'—G'这两个阶段都是流通行为，所以资本流通是一般商品流通的一部分。但是，既然这两个阶段是不仅属于流通领域而且属于生产领域的资本循环的职能上确定的阶段，所以资本是在一般商品流通之内完成自己特有的循环的。一般商品流通，在第一阶段，使资本取得能够执行生产资本职能的形态；在第二阶段，使它抛弃不能重新进行循环的商品职能，同时为它创造一种可能，使它自己特有的资本循环同由它产生的剩余价值的流通分离开来。

——《马克思恩格斯全集》第 24 卷，人民出版社 1972 年版，第 70—71 页。

把 G—W…P…W'—G'肯定为唯一的形式，它就成了更为发展的重商主义体系的基础，因为在重商主义体系那里，不仅商品流通，而且商品生产，也表现为必要的要素。

只要把 G—W…P…W'—G' 肯定是一次的而不是流动的，不断更新的；从而只要把它不是当作循环形式的一种，而是当作唯一的循环形式，它的虚幻的性质以及与它相适应的虚幻的解释就会存在。

——《马克思恩格斯全集》第 24 卷，人民出版社 1972 年版，第73 页。

总流通表现的形式和它在货币资本循环中具有的形式相反。在货币资本的循环中，撇开价值规定不说，总流通的形式是 G—W—G（G—W·W—G）；在生产资本的循环中，同样撇开价值规定不说，总流通的形式都是 W—G—W（W—G·G—W），所以是简单商品流通的形式。

——《马克思恩格斯全集》第 24 卷，人民出版社 1972 年版，第76 页。

在 G…G' 中，流通形式是 G—W…W'—G' = G—W—G。在 P…P中，则相反，流通形式却是 W'—G'·G—W = W—G—W。在 W'…W' 中，流通形式与后一个形式相同。

——《马克思恩格斯全集》第 24 卷，人民出版社 1972 年版，第101 页。

W'…W' 是魁奈《经济表》的基础。他选用这个形式，而不选用P…P 形式，来和 G…G'（重商主义体系孤立地坚持的形式）相对立，这就显示出他的伟大的正确的见识。

——《马克思恩格斯全集》第 24 卷，人民出版社 1972 年版，第115 页。

把简单再生产和规模扩大的再生产总括在内的生产资本循环的总公式是：

$$\langle {}^{A}_{P_m} \cdots P \ (P')$$

如果 P = P，（2）项的 G 就 = G'—g；如果 P = P'，（2）项的 G 就大于 G'—g；这就是说，G 的全部或部分地转化为货币资本。

生产资本的循环是古典经济学用来考察产业资本循环过程的形式。

——《马克思恩格斯全集》第 24 卷，人民出版社 1972 年版，第 100 页。

如果用 Ck 代表总流通过程，三个公式可以表示如下：

（Ⅰ）$G—W\cdots P\cdots W'—G'$

（Ⅱ）$P\cdots Ck\cdots P$

（Ⅲ）$CK\cdots P（W'）$。

如果我们对这三个形式进行总体的考察，那末，过程的所有前提都表现为过程的结果，表现为过程本身所产生的前提。每一个因素都表现为出发点、经过点和复归点。总过程表现为生产过程和流通过程的统一；生产过程成为流通过程的媒介，反之亦然。

所有这三个循环都有一个共同点：价值增殖是决定目的，是动机。

……

实际上，任何一个单个产业资本都是同时处在所有这三种循环中。这三种循环，三种资本形态的这些再生产形式，是连续地并列进行的。

……

产业资本的连续进行的现实循环，不仅是流通过程和生产过程的统一，而且是它的所有三个循环的统一。

——《马克思恩格斯全集》第 24 卷，人民出版社 1972 年版，第 116、117、119 页。

商品来源的全面性，市场作为世界市场而存在，是产业资本流通过程的特点。

……

它的趋势是尽可能使一切生产转化为商品生产；它实现这种趋势的主要手段，正是把一切生产卷入它的流通过程。

——《马克思恩格斯全集》第 24 卷，人民出版社 1972 年版，第

127 页。

但是，一般商品流通的规律，只有在资本流通过程形成简单流通行为的序列时，才是适用的，而在简单流通行为的序列形成单个产业资本循环的职能上确定的阶段时，却是不适用的。

为了清楚地说明这一点，我们最好考察具有不间断联系的流通过程，这样的流通过程表现为以下两个形式：

$$（Ⅱ）\ P\cdots W' \begin{cases} W— \\ —G' \\ w— \end{cases} \begin{cases} G—W\big\langle{}^{A}_{P_m}\cdots P\ (P') \\ \\ g—w \end{cases}$$

$$（Ⅲ）\ W' \begin{cases} W— \\ —G' \\ w— \end{cases} \begin{cases} G—W\big\langle{}^{A}_{P_m}\cdots P—W' \\ \\ g—w \end{cases}$$

作为一般的流通行为的序列，流通过程（不论是 W—G—W，还是 G—W—G）只是代表商品形态变化的两个相反的序列，其中每一个形态变化又包含着别人的商品或和商品相对立的别人的货币方面的相反的形态变化。

——《马克思恩格斯全集》第 24 卷，人民出版社 1972 年版，第 130 页。

资本家以货币形式投入流通的价值，小于他从流通中取出的价值，这是因为他的商品形式投入流通的价值，大于他以商品形式从流通中取出的价值。既然他只是作为资本的人格化，只是作为产业资本家执行职能，他对商品价值的供给，总是大于他对商品价值的需求。如果在这一方面他的供给和需求相抵，那就是他的资本没有增殖……

资本家的供给和需求的差额越大，就是说，他所供给的商品价值越是超出他所需求的商品价值，资本家的资本增殖率就越大。他的目的，不在于使二者相抵，而是尽可能使它们不相抵，使他的供给超出他的需求。

就单个资本家来说是如此，就资本家阶级来说也是如此。

——《马克思恩格斯全集》第 24 卷，人民出版社 1972 年版，第

134 页。

我们已经知道，资本通过生产领域和流通领域两阶段的运动，是按照时间的顺序进行的。资本在生产领域停留的时间是它的生产时间，资本在流通领域停留的时间是它的流通时间。所以，资本完成它的循环的全部时间，等于生产时间和流通时间之和。

——《马克思恩格斯全集》第 24 卷，人民出版社 1972 年版，第 138 页。

一定资本的总流通时间，等于它的流通时间和它的生产时间之和。这就是从资本价值以一定的形式预付时起，到处在过程中的资本价值回到同一形式时止的一段时间。

——《马克思恩格斯全集》第 24 卷，人民出版社 1972 年版，第 171 页。

流通时间和生产时间是互相排斥的。……流通时间越等于零或近于零，资本的职能就越大，资本的生产效率就越高，它的自行增殖就越大。

……

因此，资本的流通时间，一般说来，会限制资本的生产时间，从而也会限制它的价值增殖过程。限制的程度与流通时间持续的长短成比例。

——《马克思恩格斯全集》第 24 卷，人民出版社 1972 年版，第 141—142 页。

但是政治经济学看到的是表面的现象，也就是流通时间对资本增殖过程的作用。它把这种消极的作用理解为积极的作用，因为这种作用的结果是积极的。并且因为这种假象似乎证明了资本有一个神秘的自行增殖的源泉，它来源于流通领域，与资本的生产过程，从而与劳动的剥削无关。所以政治经济学就更是抓住这个假象不放。我们以后会看到，甚至科学的经济学也不免受这种假象迷惑。以后也会表明，这种假象由于下述各种现象而根深蒂固。……在资本积累上，商品转变为追加可变资本是在流通领域内，在流通时间中发生的。因此，由此产生的积累，好象也是流通时间引起的。

　　——《马克思恩格斯全集》第 24 卷，人民出版社 1972 年版，第142—143 页。

由商品体本身的易坏程度所决定的商品资本流通时间的界限，就是流通时间的这一部分或商品资本作为商品资本能够经过的流通时间的绝对界限。一种商品越容易变坏，生产出来越要赶快消费，赶快卖掉，它能离开产地的距离就越小，它的空间流通领域就越狭窄，它的销售市场就越带有地方性质。……这种商品只有在人口稠密的地方，或者随着产销地点的距离由于运输工具的发展而缩短时，才能成为资本主义生产的对象。

　　——《马克思恩格斯全集》第 24 卷，人民出版社 1972 年版，第145 页。

无论如何，用在买卖上的时间，是一种不会增加转化了的价值的流通费用。这种费用是价值由商品形式转变为货币形式所必要的。

　　——《马克思恩格斯全集》第 24 卷，人民出版社 1972 年版，第150 页。

我们假定，这种买卖的当事人是出卖自己劳动的人。他在 W—G和 G—W 活动上，耗费自己的劳动力和劳动时间。……他和别人一样劳动，不过他的劳动的内容既不创造价值，也不创造产品。他本身属于生产上的非生产费用。

　　——《马克思恩格斯全集》第 24 卷，人民出版社 1972 年版，第149 页。

劳动时间除了耗费在实际的买卖上外，还耗费在簿记上；此外，簿记又耗费物化劳动，如钢笔、墨水、纸张、写字台、事务所费用。……这里的情况和买卖时间完全一样。……这部分资本是从生产过程中抽出来的，它归入流通费用，归入总收益的扣除部分。

——《马克思恩格斯全集》第24卷，人民出版社1972年版，第150、152页。

某些商品，如金和银，执行货币的职能，并且作为货币专门留在流通过程（也作为贮藏货币、准备金等等留在流通领域，虽然是以潜在的形式），这纯粹是生产过程的一定社会形式即商品生产过程的产物。……这些执行货币职能的商品，既不进入个人消费，也不进入生产消费。这是固定在充当单纯的流通机器的形式上的社会劳动。……金和银作为货币商品，对社会来说，是仅仅由生产的社会形式产生的流通费用。这是商品生产的非生产费用，这种费用，随着商品生产，特别是随着资本主义生产的发展而增大。它是社会财富中必须为流通过程牺牲的部分。

——《马克思恩格斯全集》第24卷，人民出版社1972年版，第153—154页。

由价值的单纯形式变换，由观念地考察的流通产生的流通费用，不加入商品价值。就资本家来考察，耗费在这种费用上的资本部分，只是耗费在生产上的资本的一种扣除。

——《马克思恩格斯全集》第24卷，人民出版社1972年版，第154页。

一般的规律是：一切只由商品的形式转化而产生的流通费用，都不会把价值追加到商品上。这仅仅是实现价值或价值由一种形式转变为另一种形式所需的费用。投在这种费用上的资本（包括它所支配的劳动），属于资本主义生产上的非生产费用。

——《马克思恩格斯全集》第24卷，人民出版社1972年版，第167页。

我们现在考察的那些流通费用的性质则不同。它们可以产生于生产过程，这种生产过程只是在流通中继续进行，因此，它的生产性质只是被流通的形式掩盖起来了。另一方面，从社会的观点看，它们又可以是单纯的费用，是活劳动或物化劳动的非生产耗费，但是正因为这样，对单个资本家来说，它们可以起创造价值的作用，成为他的商品出售价格的一种加价。……因此，商品变贵而不追加商品使用价值的费用，对社会来说，是生产上的非生产费用，对单个资本家来说，则可以成为发财致富的源泉。

——《马克思恩格斯全集》第 24 卷，人民出版社 1972 年版，第 154 页。

资本在商品资本形式上从而作为商品储备的存在，产生了费用，因为这些费用不属于生产领域，所以算作流通费用。这类流通费用同第一节所述的流通费用的区别在于，它们在一定程度上加入商品价值，因此使商品变贵……

如果形成商品储备所需要的流通费用，只是产生于现有价值由商品形式转化为货币形式的时间，就是说，只是产生于生产过程的一定的社会形式（只是由于产品是作为商品生产的，因此必须转化为货币），那末，这些流通费用和第一节所列举的流通费用的性质就完全相同。

——《马克思恩格斯全集》第 24 卷，人民出版社 1972 年版，第 156—157 页。

因此，如果储备的形成就是流通的停滞，由此引起的费用就不会把价值加到商品上。

——《马克思恩格斯全集》第 24 卷，人民出版社 1972 年版，第 164 页。

保管这种储备所需要的费用，也就是储备费用，即用于这方面的物化劳动或活劳动，不过是社会生产基金或社会消费基金的保管费用的一种变形。由此引起的商品价值的提高，只是把这种费用按比例分配在不同商品上，因为这种费用对不同种商品来说是不同的。储备费用仍然是社会财富的扣除，虽然它是社会财富的存在条件之一。

……商品储备已经不是不断出售的条件，而是商品卖不出去的结果。费用仍旧是一样的，但是，因为它现在完全是由形式产生，也就是由于商品必须转化为货币而产生，并且是由于这种形态变化发生困难而产生，所以它不加入商品价值，而成为在价值实现时的扣除，即价值损失。

——《马克思恩格斯全集》第 24 卷，人民出版社 1972 年版，第 166 页。

投在运输业上的生产资本，会部分地由于运输工具的价值转移，部分地由于运输劳动的价值追加，把价值追加到所运输的产品中去。后一种价值追加，就象在一切资本主义生产下一样，分为工资补偿和剩余价值。

……

以前讲过，商品生产的一般规律是：劳动生产率和劳动创造的价值成反比。这个规律，象适用于其他产业一样，也适用于运输业。在一定距离内运输商品所需要的死劳动和活劳动量越小，劳动生产力就越大；反之亦然。

在其他条件不变的情况下，由运输追加到商品中去的绝对价值量，和运输的生产力成反比，和运输的距离成正比。

在其他条件不变的情况下，由运输费用追加到商品价格中去的相对价值部分，和商品的体积和重量成正比。

其次，运输费用追加到一个物品中去的相对价值部分和该物品的价值成反比。

——《马克思恩格斯全集》第 24 卷，人民出版社 1972 年版，第 168—170 页。

商品在空间上的流通，即实际的移动，就是商品的运输。运输业一方面形成一个独立的生产部门，从而形成生产资本的一个特殊的投资领域。另一方面，它又具有如下的特征：它表现为生产过程在流通过程内的继续，并且为了流通过程而继续。

——《马克思恩格斯全集》第 24 卷，人民出版社 1972 年版，第

170 页。

因为资本的这两种形式（货币资本和商品资本——本书编者注）存在于流通领域，所以，正如我们以后会看到的，亚·斯密以来的经济学错误地把它们和生产资本的流动部分一起列入流动资本这个范畴。实际上，它们是与生产资本相对立的流通资本，但不是与固定资本相对立的流动资本。

　　——《马克思恩格斯全集》第 24 卷，人民出版社 1972 年版，第 187 页。

但这里考察的这个资本部分的流通是独特的流通。首先，这个资本部分不是在它的使用形式上进行流通，进行流通的只是它的价值，并且这种流通是逐步地、一部分一部分进行的，和从它那里转移到作为商品进行流通的产品中去的价值相一致。在它执行职能的全部时间内，它的价值总有一部分固定在它里面，和它帮助生产的商品相对立，保持着自己的独立。由于这种特性，这部分不变资本取得了固定资本的形式。

　　——《马克思恩格斯全集》第 24 卷，人民出版社 1972 年版，第 177 页。

固定资本的独特的流通，引起独特的周转。固定资本因损耗而在实物形式上丧失的那部分价值，作为产品的一部分价值来流通。产品通过流通由商品转化为货币；从而劳动资料中被产品带入流通的那部分价值也变为货币，而且随着这种劳动资料在多大程度上不再是生产过程的价值承担着，这部分价值也就在多大程度上从流通过程中作为货币一滴一滴地落下来。因此，这种劳动资料的价值这时获得双重存在。其中一部分仍然束缚在它的属于生产过程的使用价值形式或实物形式上，另一部分则作为货币，脱离这个形式。

　　——《马克思恩格斯全集》第 24 卷，人民出版社 1972 年版，第 182—183 页。

资本的周转时间等于它的生产时间和它的流通时间之和。因此，不言而喻，流通时间的长短不一会造成周转时间，从而造成周转期间的长短不一。

……

流通时间的一部分——相对地说最有决定意义的部分——是由出售时间，即资本处在商品资本状态的期间构成的。流通时间，从而整个周转期间，是按照这个时间的相对的长短而延长或缩短的。

……

商品的销售市场和生产地点的距离，是使出售时间，从而使整个周转时间产生差别的一个经常性的原因。……随着交通运输工具的变化，旧的生产中心衰落了，新的生产中心兴起了。

——《马克思恩格斯全集》第 24 卷，人民出版社 1972 年版，第 276—277 页。

如果从一方面说，随着资本主义生产的进步，交通运输工具的发展会缩短一定量商品的流通时间，那末反过来说，这种进步以及由于交通运输工具发展而提供的可能性，又引起了开拓越米越远的市场，简言之，开拓世界市场的必要性。运输中的并且是运往远地的商品会大大增加，因而，在较长时间内不断处在商品资本阶段、处在流通时间内的那部分社会资本，也会绝对地和相对地增加。与此同时，不是直接用作生产资料，而是投在交通运输工具以及为运用这些工具所必需的固定资本和流动资本上的那部分社会财富，也会增加。

——《马克思恩格斯全集》第 24 卷，人民出版社 1972 年版，第 279 页。

商品由生产地点到销售市场的运载过程的相对长度，不仅会在流通时间的第一部分即出售时间上引起差别，而且也会在第二部分即由货币再转化为生产资本要素也就是购买时间上引起差别。……由此引起的周转的差别，是各种信用期限的物质基础之一。正如海外贸易，象威尼斯和热那亚的海外贸易，一般说来也是真正的信用制度的源泉之一。

　　——《马克思恩格斯全集》第 24 卷，人民出版社 1972 年版，第 279—280 页。

　　现在我们来考察流通时间的第二段时间：购买时间，或者说，资本由货币形式再转化为生产资本要素的时间。在这期间，资本必须以或长或短的时间停留在货币资本的状态，……因此，预付资本的一定价值部分，不断地处于货币资本的状态，即处于不是属于生产领域，而是属于流通领域的形式。

　　——《马克思恩格斯文集》第 24 卷，人民出版社 1972 年版，第 281—282 页。

　　为了要处于连续生产的状态，资本必须按照生产期间和流通期间的相互比例分成两部分，一部分不断处于生产期间，另一部分则不断处于流通期间。在这里起作用的是同一个规律：不断执行职能的生产资本的量由流通时间和周转时间之比决定。

　　——《马克思恩格斯全集》第 24 卷，人民出版社 1972 年版，第 298 页。

　　流通过程中的资本，是作为商品资本和货币资本执行职能的。……作为商品，产品必须在流通过程中，通过它的出售来实现它的价值，取得它的转化形态即货币。……在流通行为中，商品资本只是作为商品，而不是作为资本执行职能。

　　——《马克思恩格斯文集》第 7 卷，人民出版社 2009 年版，第 382 页。

　　资本在流通过程中，只有同整个过程联系起来，在出发点同时表现为复归点的时候，在 G—W' 或 W—G' 中，才作为资本出现。……资本从来不进入流通，而是相反地表现为从流通中退出来的东西，表现为整个过程的结果。……它在自己的流通过程中从来不表现为资本，而只是表现为商品或货币。

　　——《马克思恩格斯文集》第 7 卷，人民出版社 2009 年版，第

383—384 页。

在现实的流通过程中，资本总是只表现为商品和货币，并且它的运动总是分解为一系列的买和卖。总之，流通过程分解为商品的形态变化。如果我们考察的是再生产过程的整体，情形就不同了。如果我们从货币出发；那就会看到，有一个货币额被支出，它经过一定时期以后，带着一个增长额流回来。预付的货币额得到补偿，并且加上了剩余价值。它经历一定的循环运动后，保存下来了，并且增加了。

——《马克思恩格斯文集》第 7 卷，人民出版社 2009 年版，第 385 页。

资本的总公式是 G—W—G'：这就是说，一个价值额投入流通，是为了从流通中取出一个更大的价值额。这个更大价值额的产生过程，是资本主义生产；这个更大价值额的实现过程，是资本的流通。

——《马克思恩格斯文集》第 7 卷，人民出版社 2009 年版，第 49 页。

在流通过程中起作用的，除了劳动时间，还有流通时间，它也限制着可以在一定时间内实现的剩余价值量。此外，还有一些来自流通的要素，也会对直接生产过程产生决定性的影响。直接生产过程和流通过程二者不断互相交织、互相渗透，从而不断使它们互相区别的特征分辨不清。以前已经说过，在流通过程中，剩余价值的生产和一般价值的生产一样，会获得新规定；资本会经历它的各种转化的循环。

——《马克思恩格斯文集》第 7 卷，人民出版社 2009 年版，第 52 页。

流通时间和劳动时间在它们的进程中会互相交错，好像二者同样地决定着剩余价值；资本和雇佣劳动互相对立的最初形式，会由于一些看来与此无关的关系的干扰而被掩盖起来；剩余价值本身也不是表现为占有劳动时间的产物，而是表现为商品的出售价格超过商品的成本价格的余额。成本价格因此也就容易表现为商品的固有价值，结果利润就表现为商品的出售价格超过商品的内在价值的余额。

　　——《马克思恩格斯文集》第 7 卷，人民出版社 2009 年版，第 52 页。

　　可见，流通时间表现为劳动生产率的限制 = 必要劳动时间的增加 = 剩余劳动时间的减少 = 剩余价值的减少 = 资本价值自行增殖过程的障碍或限制。因此，资本一方面要力求推毁交往即交换的一切地方限制，征服整个地球作为它的市场，另一方面，它又力求用时间去消灭空间，就是说，把商品从一个地方转移到另一个地方所花费的时间缩减到最低限度。资本越发展，从而资本借以流通的市场，构成资本流通空间道路的市场越扩大，资本同时也就越是力求在空间上更加扩大市场，力求用时间去更大地消灭空间。

　　——《马克思恩格斯文集》第 8 卷，人民出版社 2009 年版，第 169 页。

　　直接生产过程本身只是一个转瞬即逝的要素，它会不断转入流通过程，就像流通过程会不断转入生产过程一样，因此，关于生产过程中所获得的利益的源泉，即关于剩余价值的性质，虽然在生产过程中已经有了一点隐隐约约的感觉，但至多不过表现为一个和下述看法同样合理的要素，按照这种看法，已实现的余额，好像来源于与生产过程无关而由流通本身产生的运动，……难怪连现代经济学如拉姆富、马尔萨斯、西尼耳、托伦斯等人也直接用流通的这些现象来证明：……与劳动无关的剩余价值的独立源泉。

　　——《马克思恩格斯文集》第 7 卷，人民出版社 2009 年版，第 52—53 页。

　　现有资本的周期贬值，这个为资本主义生产方式所固有的、阻碍利润率下降并通过新资本的形成来加速资本价值的积累的手段，会扰乱资本流通过程和再生产过程借以进行的现有关系，从而引起生产过程的突然停滞和危机。

　　——《马克思恩格斯文集》第 7 卷，人民出版社 2009 年版，第

278 页。

在货币作为流通手段进行流通时，同一货币要经过不同人的手，就是说，反复完成同一职能，因此流通的货币量由流通速度来弥补。

——《马克思恩格斯文集》第 7 卷，人民出版社 2009 年版，第 338 页。

把商业界内部的周转撇开不说，在那里，一个商人总是把同一商品卖给另一个商人，在投机时期，这种流通显得非常旺盛。……尽管商人资本的运动独立化了，它始终只是产业资本在流通领域内的运动。……内部的依赖性和外部的独立性，会使商人资本达到这样一点：内部联系要通过暴力即通过一次危机来回复。因此，在危机中发生这种现象：危机最初不是在和直接消费有关的零售业中暴露和爆发的，而是在批发商业和向它提供社会货币资本的银行业中暴露和爆发的。

——《马克思恩格斯文集》第 7 卷，人民出版社 2009 年版，第 339 页。

我们关于信用制度所作的一般评述，可以归结为，……流通费用的减少。一项主要的流通费用，就是货币本身，因为货币自身具有价值。通过信用，货币以三种方式得到节约。相当大的一部分交易完全用不着货币。……信用又会加速商品形态变化的速度，从而加速货币流通的速度。

——《马克思恩格斯文集》第 7 卷，人民出版社 2009 年版，第 493—494 页。

资本家要成为资本，就必须把通过他本人的劳动或通过其他方式（只要不是通过已经存在的过去的雇佣劳动）创造出来的价值投入流通这样一个条件，就属于资本的洪水期前的条件，属于资本的历史前提，这些前提作为这样的历史前提已经成为过去，因而属于资本的形成史，但决不属于资本的现代史。

　　——《马克思恩格斯文集》第 8 卷，人民出版社 2009 年版，第
108 页。

　　独立的商人财产作为占统治地位的资本形式，意味着流通过程离
开它的两极而独立，而这两极就是进行交换的生产者自己。这两极对
流通过程仍保持独立，而流通过程对这两极也仍保持独立。产品在这
里通过商业而变成商品。在这里，正是商业使产品发展为商品，而不
是已经生产出来的商品以自己的运动形成商业。因此，资本作为资
本，在这里首先是在流通过程中出现的。在流通中，货币发展成为资
本。在流通中，产品首先发展成为交换价值，发展成为商品和货币。
资本在学会统治流通的两极，即以流通为中介的不同生产部门以前，
能够而且必定在流通过程中形成。货币流通和商品流通能够对组织极
不相同，按其内部结构主要仍然是从事使用价值生产的那些生产领域
起中介作用。使各个生产领域通过一个第三者而互相结合起来的这种
流通过程的独立化，表明两种情况。一方面，流通还没有支配生产，
而是把生产当作已经存在的前提。另一方面，生产过程还没有把流通
作为单纯的要素吸收进来。相反地，在资本主义生产中，这两种情况
都已发生。生产过程完全建立在流通的基础上，而流通只是生产的一
个要素，一个过渡阶段，……在这里，直接从流通中产生出来的资本
形式——商业资本——只是表现为资本在它的再生产运动中的形式
之一。

　　——《马克思恩格斯文集》第 7 卷，人民出版社 2009 年版，第
365—366 页。

　　在第一册中，我们研究的是资本主义生产过程本身作为直接生产
过程考察时呈现的各种现象，而撇开了这个过程以外的各种情况引起
的一切次要影响。但是，这个直接生产过程并没有结束资本的生活过
程。在现实世界里，它还要由流通过程来补充，而流通过程则是第二
册的研究对象。在第二册中，特别是在把流通过程作为社会再生产过
程的中介来考察的第三篇中指出：资本主义生产过程，就整体来看，
是生产过程和流通过程的统一。至于这个第三册的内容，它不能是对

这个统一的一般考察。相反地，这一册要揭示和说明资本运动过程作为整体考察时所产生的各种具体形式。

——《马克思恩格斯文集》第 7 卷，人民出版社 2009 年版，第 29 页。

预付货币额即必须增殖和必须转化为资本的货币额转化为生产过程的要素，这是商品流通的行为，交换过程的行为，它分解为一系列的购买。

——《马克思恩格斯文集》第 8 卷，人民出版社 2009 年版，第 458 页。

在流通过程中，在商品形式中，也就是在作为商品占有者的资本家的占有中，这些使用价值在它们按其特有目的在劳动过程中执行职能以前就已经存在（在市场上）。

——《马克思恩格斯文集》第 8 卷，人民出版社 2009 年版，第 460 页。

我们已经看到，从货币到资本的转化，分为两个独立的、属于完全不同领域的、彼此分离的过程。第一个过程属于商品流通领域，因而是在商品市场上进行的。这是劳动力的买与卖。第二个过程是已经买来的劳动能力的消费或生产过程本身。

——《马克思恩格斯文集》第 8 卷，人民出版社 2009 年版，第 481 页。

尽管生活资料构成可变资本的物质存在形式，而可变资本在市场上，在流通领域内表现为劳动能力的购买者。

——《马克思恩格斯文集》第 8 卷，人民出版社 2009 年版，第 484 页。

如果我们从这个在流通领域内，在商品市场上发生的过程过渡到直接生产过程本身，那么这个直接生产过程首先是劳动过程。

——《马克思恩格斯文集》第 8 卷，人民出版社 2009 年版，第 486 页。

古典经济学的巨大功绩就在于，把整个生产过程说成是对象化劳动和活劳动之间的这种交换过程，从而把与活劳动相对立的资本仅仅说成是对象化劳动，即借助于活劳动来自行增殖的价值。在这方面，它的缺点仅在于：第一，他们不能证明，较多活劳动同较少对象化劳动的这种交换怎样符合商品交换的规律，即商品价值决定于劳动时间的规律；第二，因此他们把流通过程中一定量对象化劳动同劳动能力的交换直接混同于生产过程中发生的，以生产资料形态存在的对象化劳动对活劳动的吸收。

——《马克思恩格斯文集》第 8 卷，人民出版社 2009 年版，第 489 页。

实际使用的资本和劳动的量在既定时刻是既定的，然而，它们又是可变的。……可变性的另一个因素是由再生产过程的性质产生的，因为再生产过程同时又是流通过程。……对于我们当前的研究目的来说，只需着重指出，再生产机制把年生产量的可变性算作自己的规律之一。这一点是由下述简单情况产生的：

（1）流通时间对资本中实际进入直接生产过程或再生产过程的那部分资本形成一个界限；

（2）这个界限本身不是不变的量，而是可变的量，是有一定伸缩性的量，所以这个界限可以较大或较小的程度上起界限的作用。

——《马克思恩格斯文集》第 8 卷，人民出版社 2009 年版，第 558 页。

最后，对一年周转不同次数的流动资本来说，同平均界限相比，同量预付资本的流通时间可以在极其宽广的界限内变动，即使是在与土地产品有关的情况下，即再生产具有自然界限——这些界限使土地产品一年流通一次——的情况下；每年流通时间在一定界限内可以把期限推迟或提前（以季节为转移），如果有对外贸易加进来，而且是按照世界市场扩大的相应程度加进来，这些产品的流回甚至会部分地由于从国外进口产品而或多或少地加快。

——《马克思恩格斯文集》第 8 卷，人民出版社 2009 年版，第 559 页。

生产上预付的价值的收回，特别是商品中包含的剩余价值，似乎不是单纯在流通中实现，而是从流通中产生的；这个假象特别由于以下两种情况而更加强化：首先是让渡的利润，这种利润取决于欺骗、狡诈、知情、机灵以及市场行情的千变万化；其次是这样一个情况，即除了劳动时间外，在这里又出现了第二个决定的因素，即流通时间。流通时间虽然只是对价值和剩余价值的形成起消极限制的作用，但是它具有一种假象，好像它和劳动本身一样是一个积极的原因，好像它会带来一个从资本的本性中产生的，不以劳动为转移的规定。

——《马克思恩格斯文集》第 7 卷，人民出版社 2009 年版，第 937 页。

货币转化为资本的这整个过程，既在流通领域中进行，又不在流通领域中进行。它是以流通为媒介，因为它以在商品市场上购买劳动力为条件。它不在流通中进行，因为流通只是为价值增殖过程做准备，而这个过程是在生产领域中进行的。所以，"在这个最美好的世界上，一切都十全十美"。

——《马克思恩格斯全集》第 23 卷，人民出版社 1972 年版，第 220—221 页。

那末很明显，以商品生产和商品流通为基础的占有规律或私有权规律，通过它本身的内在的，不可避免的辩证法转化为自己的直接对立物。表现为最初行为的等价物交换，已经变得仅仅在表面上是交换，……仅仅成为属于流通过程的一种表面现象，……因此，不论资本主义占有方式同最初的商品生产规律如何矛盾，但这种占有方式的产生决不是由于这些规律遭到造反，相反地，是由于这些规律得到应用。

——《马克思恩格斯全集》第 23 卷，人民出版社 1972 年版，第 640 页。

不管资本在直接生产过程中吸取了多少剩余价值并把它体现在商品中，商品中包含的价值和剩余价值都必须在流通过程中才能得到实现。

——《马克思恩格斯全集》第 25 卷，人民出版社 1974 年版，第 935 页。

虽然流通并不造成价值规定本身的任何要素，因为这种要素完全由劳动决定，但流通的速度却决定生产过程重复的速度，决定创造价值的速度，也就是说，虽然不决定价值，但在某种程度上却决定价值量，即在生产过程中创造出来的价值和剩余价值乘以生产过程在一定期间所能重复的次数。

——《马克思恩格斯全集》第 46 卷（下），人民出版社 1980 年版，第 32 页。

五　社会总资本流通

资本的再生产过程，既包括这个直接的生产过程，也包括真正流通过程的两个阶段，也就是说，包括全部循环。这个循环，作为周期性的过程，即经过一定期间不断地重新反复的过程，形成资本的周转。

无论我们考察的是 G…G' 形式的循环，还是 P…P 形式的循环，直接生产过程 P 本身始终只是这个循环的一个环节。在前一种形式中，它表现为流通过程的媒介；在后一种形式中，流通过程表现为它的媒介。它的不断更新，资本作为生产资本的不断再现，在这两种场合，都以资本在流通过程中的转化为条件。另一方面，不断更新的生产过程，是资本在流通领域不断地重新完成各种转化的条件，是资本交替地表现为货币资本和商品资本的条件。

——《马克思恩格斯全集》第 24 卷，人民出版社 1972 年版，第 359—390 页。

商品资本的流通，还包含剩余价值的流通，从而也包含对资本家的个人消费，即对剩余价值的消费起媒介作用的买和卖。

因此，各个单个资本综合而成的社会资本的循环，也就是说，就社会资本的总体来考察的循环，不仅包括资本流通，而且也包括一般的商品流通。……资本的循环也包括剩余价值的流通。

——《马克思恩格斯全集》第 24 卷，人民出版社 1972 年版，第 390—391 页。

显然，我们应当分析的是这个流通方式，在这里，消费必然会起作用；因为起点 $W' = W + W$，即商品资本，既包括不变资本价值和可变资本价值，也包括剩余价值。所以，它的运动既包括生产消费，也包括个人消费。……在这里，总的社会再生产过程既包括资本本身的再生产过程，也包括以流通为媒介的消费过程。

——《马克思恩格斯全集》第 24 卷，人民出版社 1972 年版，第 435—436 页。

第 I 部类的工人要不断地提供劳动力，第 I 部类的商品资本有一部分要再转化为可变资本的货币形式，第 II 部类的商品资本有一部分要用不变资本 II C 的实物要素来补偿——这一切必要的前提是互为条件的，但是，它们是用一个极复杂的过程作媒介的。这个过程，包括三个彼此独立进行但又互相交错在一起的流通过程。过程本身的复杂性，呈现出同样多的造成过程失常的原因。

——《马克思恩格斯全集》第 24 卷，人民出版社 1972 年版，第 559 页。

一切关于再生产总过程的表面的和颠倒的见解，都来自对商人资本的考察，来自商人资本特有的运动在流通当事人头脑中引起的观念。

……在资本主义生产当事人和流通当事人的头脑中，关于生产规律形成的观念，必然会完全偏离这些规律，必然只是表面运动在意识中的表现。商人、交易所投机者、银行家的观念，必然是完全颠倒的。工厂主的观念由于他们的资本所经历的流通行为，由于一般利润率的平均化而被歪曲了。

——《马克思恩格斯文集》第 7 卷，人民出版社 2009 年版，第348—349 页。

流通在社会再生产中所起的作用越是不重要，高利贷就越是兴盛。

——《马克思恩格斯文集》第 7 卷，人民出版社 2009 年版，第689 页。

资本愈多，劳动生产率愈高，总之，资本主义生产规模愈大，存在于从生产到消费（个人消费和生产消费）的过渡阶段，存在于流通中，存在于市场上的商品量就愈多，每一笔资本在市场上现成地找到自己再生产条件的把握也愈大。

——《马克思恩格斯全集》第 26 卷（Ⅱ），人民出版社 1973 年版，第 552 页。

资本的总流通过程或总再生产过程是资本的生产阶段和资本的流通阶段的统一，也就是把上述两个过程作为自己的不同阶段来通过的过程。这里包含着得到进一步发展的危机的可能性，或者说，包含着得到进一步发展的危机的抽象形式。因此，否认危机的经济学家们只坚持两个阶段的统一。如果这两个阶段只是彼此分离而不成为某种统一的东西，那就不可能强制地恢复它们的统一，就不可能有危机。如果它们只是统一的而彼此不会分离，那就不可能强制地把它们分离，而这样分离还是危机。危机就是强制地使已经独立的因素恢复统一，并且强制地使实质上统一的因素变为独立的东西。

——《马克思恩格斯全集》第 26 卷（Ⅱ），人民出版社 1973 年版，第 586 页。

危机的一般可能性在资本的形态变化过程本身就存在，并且是双重的。如果货币执行流通手段的职能，危机的可能性就包含着买和卖的分离中。如果货币执行支付手段的职能，货币在两个不同时刻分别起价值尺度和价值实现的作用，——危机的可能性就包含在这两个时刻的分离中。

——《马克思恩格斯全集》第 26 卷（Ⅱ），人民出版社 1973 年版，第 587 页。

再生产过程既然是流通和生产的统一，它就包含着本身是流通因素的消费。……货币转入商人之手就意味着商品的消费，或者从形式上，意味着商品从流通转入消费。

——《马克思恩格斯全集》第 26 卷（Ⅲ），人民出版社 1973 年版，第 212 页。

重农学派把关于剩余价值起源的研究从流通领域转到直接生产领域，这样就为分析资本主义生产奠定了基础。

——《马克思恩格斯全集》第 26 卷（Ⅰ），人民出版社 1973 年版，第 19 页。

重农学派还研究了资本在流通中所采取的形式（固定资本、流动资本，不过重农学派用的是别的术语），并且一般地确定了资本的流通过程和再生产过程之间的联系。

——《马克思恩格斯全集》第 26 卷（Ⅰ），人民出版社 1973 年版，第 16 页。

被拉姆富当作两个独立现象来考察的东西，——在再生产过程中，就全国而言，是以产品补偿产品，就单个资本家而言，是以价值补偿价值——可归结为两个观点，这两个观点即使对单个资本家来说，在分析资本的流通过程，同时也就是再生产过程时，都是应当加以考虑的。

——《马克思恩格斯全集》第 26 卷（Ⅰ），人民出版社 1973 年版，第 88 页。

不同资本的再生产过程或流通过程的这种相互联结和彼此交叉，一方面，由于分工而成为必然的，另一方面，又是偶然的，因此对危机的内容的规定已经扩大了。

——《马克思恩格斯全集》第 26 卷（Ⅱ），人民出版社 1973 年版，第 583 页。

在商品流通中，接着又在货币流通中发展起来的矛盾，——因而还有危机的可能性，——自然会在资本中再现出来，因为实际上只有在资本的基础上才有发达的商品流通和货币流通。

——《马克思恩格斯全集》第 26 卷（Ⅱ），人民出版社 1973 年版，第 585 页。

所谓积累不过是流通现象（储备等等是流通的蓄水池）。

——《马克思恩格斯全集》第 26 卷（Ⅰ），人民出版社 1973 年版，第 6 页。

如果把生产过程和流通过程这两大要素当作两个要素来看，那么其中每一个又都以双重身份出现。这样，我们可以从流通出发，也可以从生产出发，现在已经确定的是，流通本身是生产的一个要素，因为资本通过流通成为资本；如果把流通本身当作生产过程的整体考察，那么生产只是流通的要素。

——《马克思恩格斯全集》第 46 卷（下），人民出版社 1980 年版，第 11 页。

流通过程是总再生产过程的一个阶段。但是在流通过程中，不生产任何价值。

——《马克思恩格斯全集》第 25 卷，人民出版社 1974 年版，第 311 页。

剩余价值转化为利润，既是由生产过程决定的，也同样是由流通过程决定的。

——《马克思恩格斯全集》第 25 卷，人民出版社 1974 年版，第 936 页。

生产过程如果不能转入流通过程，看来就要陷入绝境。

——《马克思恩格斯全集》第 46 卷（上），人民出版社 1979 年版，第 388 页。

商品只要最终退出流通，不论在生产活动中或在本来意义的消费中被消费，它就在某一个点上被抛出流通，完成自己最后的使命。

——《马克思恩格斯全集》第 46 卷（上），人民出版社 1979 年版，第 150 页。

投入流通的商品达到了它们的目的；它们互相进行了交换，每个商品成了需要的对象并被消费。流通就此结束。

——《马克思恩格斯全集》第 46 卷（上），人民出版社 1979 年版，第 217 页。

附录2　马克思、恩格斯、列宁、斯大林论消费

1. 生产消费与个人生活消费的区别在于：后者把产品当作个人的生活资料来消费，而前者则把产品当作劳动即活的个人发挥作用的劳动力的生活资料来消费。因此，个人消费的产物是消费者本身，生产消费的结果是与消费者不同的产品。

——《马克思恩格斯文集》第5卷，人民出版社2009年版，第214页，还可见第659页。

2. 工人的消费有两种。在生产本身中他通过自己的劳动消费生产资料，并把生产资料转化为价值高于预付资本价值的产品。这是他的生产消费。同时这也是购买他的劳动力的资本家对他的劳动力的消费。另外，工人把购买他的劳动力而支付给他的货币用于生活资料：这是他的个人消费。可见，工人的生产消费和个人消费是完全不同的。在前一种下，工人起资本动力的作用，属于资本家；在后一种消费下，他属于自己，在生产过程以外执行生活职能。前一种消费的结果是资本家的生存，后一种消费的结果是工人自己的生存。

在考察"工作日"等等时，有些场合已经表明：工人往往被迫把自己的个人消费变成生产过程的纯粹附带的事情。在这种情况下，他给自己添加生活资料，是为了维持自己劳动力的运转，正像给蒸汽机添煤加水，给机轮上油一样。在这里，它的消费资料只是一种生产资料的消费资料，他的个人消费是直接生产的消费。

——《马克思恩格斯文集》第7卷，人民出版社2009年版，第659—660页。

3. 在资本主义社会里，用来交换劳动力的资本转化为生活资料，这种生活资料的消费是为了再生产现有工人的肌肉、神经、骨骼、脑髓和生出新的工人。因此，工人阶级的个人消费，在绝对必要的限度内，只是把资本用来交换劳动力的生活资料再转化为可供资本重新剥削的劳动力。这种消费是资本家最不可少的生产资料即工人本身的生产和再生产。可见，工人的个人消费，不论在工场、工厂等以内或以外，在劳动过程以内或以外进行，总是资本生产和再生产的一个要素。

——《马克思恩格斯文集》第 5 卷，人民出版社 2009 年版，第 660 页。

4. 工人的消费对他自己来说是非生产的，因为这种消费仅仅是再生产贫困的人；而对资本家和国家来说是生产的，因为它生产了创造他人财富的力量。……工人阶级的个人消费，在一定限度内，也不过是资本再生产过程的一个要素。……个人消费一方面保证他们维持自己和再生产自己，另一方面通过生活资料的耗费来保证他们不断重新出现在劳动市场上。罗马的奴隶是由锁链，雇佣工人则由看不见的线系在自己所有者手里。

——《马克思恩格斯文集》第 5 卷，人民出版社 2009 年版，第 661—662 页。

5. 如果这种收入（即资本收入）只是充当资本家的消费基金，或者说，它周期地获得，也周期地消费，那么，在其他条件不变的情况下，这就是简单再生产。……工人既生产了我们暂时只看作资本家的消费基金的剩余价值，也生产了付给他自己报酬的基金即可变资本。

——《马克思恩格斯文集》第 5 卷，人民出版社 2009 年版，第 654 页。

6. 古典经济学强调指出，积累过程的特点是，剩余产品由生产工人消费，而不是由非生产工人消费，这一点是对的。但它的错误也正是从这里开始。亚当·斯密使人形成一种流行的看法，把积累仅仅看成剩余产品由工人消费，或者说，把剩余价值的资本化仅仅看成剩余价值转变为劳动力……

李嘉图和一切以后的经济学家追随亚当·斯密一再重复地说："加入资本的那部分收入，是由生产工人消费的，"这就大错特错了。根据这种看法，所有转化为资本的剩余价值都要成为可变资本了。其实，剩余价值和原预付价值一样，分成不变资本和可变资本，分成生产资料和劳动力。劳动力是可变资本在生产过程中存在的形式。在这个过程中，它本身被资本家消费了。……不言而喻，政治经济学不会不利用亚当·斯密的所谓纯产品中转化为资本的部分完全由工人阶级消费这一论点，来为资本家阶级的利益服务。

——《马克思恩格斯文集》第5卷，人民出版社2009年版，第680—682页。

7. 读者会注意到，收入（Revenue）一词有双重用法：第一是指剩余价值，即从资本周期地产生的果实；第二是指这一果实中被资本家周期地消费掉或加入他的消费基金的部分。我保留了这一双重意义，因为它同英法两国经济学家的用语相一致。

——《马克思恩格斯文集》第5卷，人民出版社2009年版，第682页。

8. 在前一章里，我们把剩余价值或剩余产品只看做资本家的个人消费基金，在这一章里，到现在为止把它只看做积累基金。但是，剩余价值不仅仅是前者，也不仅仅是后者，而是二者兼而有之。剩余价值一部分由资本家作为收入消费，另一部分用做资本或积累起来。

——《马克思恩格斯文集》第5卷，人民出版社2009年版，第682—683页。

9. 古典的资本家谴责个人消费是违背他的职能的罪恶，是对积累的"节制"，而现代化的资本家却能把积累看做是对自己的享受冲动的"禁欲"。"啊，他的胸中有两个灵魂，一个是要想同另一个分离！"

在资本主义生产方式的历史初期，——而每个资本主义的暴发户都个别地经过这个历史阶段，——致富欲与贪欲作为绝对的欲望占统治地位。但资本主义生产的进步不仅创立了一个享乐世界；随着投机和信用事业的发展，它还开辟了千百个突然致富的源泉。在一定的发展阶段上，已经习以为常的挥霍，作为炫耀富有从而取得信贷的手段，甚至成了"不幸的"资本家营业上的一种必要。奢侈被列入资本的交际费用。此外，资本家财富的增长，不是像货币贮藏者那样同自己的个人劳动和个人消费的节约成比例，而是同他榨取别人的劳动力的程度和强使工人放弃一切生活享受的程度成比例的。……资本家的挥霍仍然和积累一同增加，一方决不会妨害另一方。

——《马克思恩格斯文集》第 5 卷，人民出版社 2009 年版，第 685 页。

10. 在剩余产品分为收入和追加资本的比例保持不变的情况下，资本家的消费可以增加，而积累基金并不减少。积累基金的相对量甚至可以靠牺牲消费基金而增加，而由于商品变得便宜，资本家享用的消费品仍和过去相等甚至比过去还多。

——《马克思恩格斯文集》第 5 卷，人民出版社 2009 年版，第 697 页。

11. 资本由于连续的积累而增加得越多，分为消费基金和积累基金的价值额也就增加得越多。因此，资本家既能过更优裕的生活，又能更加"禁欲"。

——《马克思恩格斯文集》第 5 卷，人民出版社 2009 年版，第 703 页。

12. 雇佣工人阶级是在 14 世纪下半叶产生的。……对雇佣劳动的需求随着资本积累而迅速增加，而雇佣劳动的供给只是缓慢地跟在后面。后来转化为资本积累基金的一部分国民产品，在当时还是工人的消费基金。

——《马克思恩格斯文集》第 5 卷,人民出版社 2009 年版,第 847 页。

13. 工人要不断作为可供资本家剥削的材料出现在市场上,他首先得活下去,就得通过个人的消费来维持自己。但是,在这里,把这种消费本身作为前提,⋯⋯只是因为工人通过他的个人消费,把自己作为劳动力来维持和再生产。⋯⋯人们的买商品,归根到底只是为了它的使用价值,以便使它进入消费过程(撇开转卖不说),——要么是个人消费,要么是生产消费,这要看所购物品的性质。

——《马克思恩格斯文集》第 6 卷,人民出版社 2009 年版,第 69 页。

14. W'从一开始作为商品资本出现的,而全部过程的目的,发财致富(价值增殖),决不排斥资本家的消费量随着剩余价值量(从而也随着资本量)而增大,倒是正好包含这种增大。

——《马克思恩格斯文集》第 6 卷,人民出版社 2009 年版,第 81 页。

15. 发财致富(价值增殖),决不排斥资本家的消费随着剩余价值量(从而也随着资本量)增大,倒是正好包含这种增大。⋯⋯资本家的存在又以他消费剩余价值为条件。⋯⋯商品量的最后进入消费,可以在时间和空间上同这个商品量作为资本家的商品资本执行职能时所经历的形态变化完全分离开来。⋯⋯在 W—G—W 中,货币只执行铸币的职能;这个流通的目的是资本家的个人消费。庸俗经济学把不进入资本循环的流通,即价值产品中作为收入消费的那个部分的流通,说成是资本特有的循环,这就典型地说明他们是多么痴呆。

——《马克思恩格斯文集》第 6 卷,人民出版社 2009 年版,第 81—82 页。

16. 在 A—G——W 这一包含工人消费在内的工人流通中,只有作为 G—A 结果的第一个环节进入资本循环。⋯⋯对于资本家阶级来说，工人阶级的经常存在是必要的。因此，以 G—W 为中介的工人的消费，也是必要的。

要使资本价值的循环继续下去，要使资本家消费剩余价值，W'—G'行为所要求的只是 W'转化为货币，被卖掉。当然，W'被购买，只是因为这种物品是一种使用价值，可供某种生产消费或个人消费。但是如果 W'继续流通，……整个过程继续进行。与此同时，由此决定的资本家和工人的个人消费也继续进行。这一点，考察危机时很重要。

——《马克思恩格斯文集》第 6 卷，人民出版社 2009 年版，第 88 页。

17. 随着资本的这种再生产，工人的个人消费（需求）也可能扩大，因为这个过程是以生产消费为先导和中介的。这样，剩余价值的生产，从而资本家的个人消费，可以增长起来，整个再生产过程可以处在非常繁荣的状态中。但商品的一大部分只是表面上进入消费，实际上是堆积在转卖者的手中没有卖掉，事实上仍然停留在市场上。这时，商品的潮流一浪一浪涌来，最后终于发现，以前涌入的潮流只是表面上被消费吞没。……于是危机爆发了。它不是表现在消费需求，即个人消费需求的直接缩减上，而是表现在资本对资本的交换，即资本再生产过程的缩减上。

——《马克思恩格斯文集》第 6 卷，人民出版社 2009 年版，第 89 页。

18. 在 W…W'形式中，全部商品产品的消费是资本本身循环正常进行的条件。全部个人消费包括工人的个人消费和剩余产品中非积累部分的个人消费。因此，消费是全部——个人的消费和生产的消费——作为条件进入 W'的循环。生产消费（其实也包括工人的个人消费，因为在一定界限内，劳动力是工人个人消费的不断的产物）是由每个单个资本家自己进行的。个人消费——除了资本家个人生存所必需的消费——只是被看作社会的行为，而决不是作为单个资本家的行为。

　　——《马克思恩格斯文集》第 6 卷，人民出版社 2009 年版，第 108—109 页。

　　19. W'…W' 是唯一的这样的一个循环，……只要剩余价值作为收入花掉已包含在这个循环中，个人的消费也就包含在这个循环中了。其次，个人的消费包含在内，还由于起点的商品 W，是作为某种使用物品存在着；而每一种按资本主义方式生产的物品，不论它的使用形式决定它要用于生产的消费，还是要用于个人消费，还是要用于二者，都是商品资本。……W'…W' 既然在它的始极上已经表明是资本主义商品生产的形态，所以一开始就把生产消费和个人消费包括在内。

　　——《马克思恩格斯文集》第 6 卷，人民出版社 2009 年版，第 113 页。

　　20. 储备有三种形式：生产资本的形式、个人消费基金的形式、商品储备或商品资本的形式。虽然就绝对量来说，三种形式的储备可以同时增加，但是一种形式的储备在另一种形式的储备增加时相对地减少。不言而喻，在生产是直接为了满足自身需要，只有很小一部分是为了交换或出售的地方，商品形式的储备或商品储备只是财富的很小的、微小的部分。但是，消费基金，特别是真正的生活资料的消费基金，在这里相对地说却是很大的。

　　——《马克思恩格斯文集》第 6 卷，人民出版社 2009 年版，第 158 页。

　　21. 运输工具在它执行生产职能，从而停留在生产领域时产生的那种有用效果即场所变更，同时可以进入个人消费，例如旅客的个人消费。这时，旅客使用运输工具就像使用其他消费资料一样，也要支付报酬。

　　——《马克思恩格斯文集》第 6 卷，人民出版社 2009 年版，第 178 页。

22. 信用制度只有在不仅加速生产、而且加速消费的情况下，才会使周转发生变化。

———《马克思恩格斯文集》第 6 卷，人民出版社 2009 年版，第 203、210、357 页。

23. 斯密的一个大错误，是把全部社会财富分成：1. 直接消费基金；2. 固定资本；3. 流动资本。按照这种分法，财富就得分成：1. 消费基金，它不构成执行职能的社会资本的部分，虽然它的某些部分能够不断执行资本职能；和 2. 资本。按照这种分法，财富的一部分执行资本职能，另一部分则执行非资本或消费基金的职能。

……所以，很清楚，从商品资本取出的，既有生产资本的固定要素和流动要素，又有消费基金的一切要素。这实际上无非是说，在资本主义生产的基础上，生产资料和消费资料首先是作为商品资本出现的。

———《马克思恩格斯文集》第 6 卷，人民出版社 2009 年版，第 231—232 页。

24. 资本主义生产方式中，……商品的出售，商品资本的实现，从而剩余价值的实现，不是受一般社会的消费要求的限制，而是受大多数人总是处于贫困状态，而且必然是处于贫困状态的那种社会的消费需求的限制。

———《马克思恩格斯文集》第 6 卷，人民出版社 2009 年版，第 350 页。

25. 社会资本运动的总过程，既包含生产消费（直接的生产过程）和作为其中介的转化形式（从物质方面考察，就是交换），也包含个人消费和作为其中介的形式转化或交换。……商品资本的流通，还包含剩余价值流通，从而也包含对资本家的个人消费，即对剩余价值的消费起中介作用的买与卖。……进入个人消费的商品的循环，也就是工人用工资、资本家用剩余价值（或其中的一部分）购买的那些商品的循环。

　　——《马克思恩格斯文集》第 6 卷，人民出版社 2009 年版，第 390 页。

　　26. 年产品既包括补偿资本的那部分社会产品，即社会再生产，也包括归入消费基金的，由工人和资本家消费的那部分社会产品，就是说，既包括生产消费，也包括个人消费。这种消费包括资本家阶级和工人阶级的再生产（即维持）。……在这里，消费必然会起作用；因为起点 $W' = W + w$，即商品资本，既包含不变资本价值和可变资本价值，也包含剩余价值。所以，它的运动既包括生产消费，也包括个人消费。在 $G—W \cdots P \cdots W1—G1$ 循环和 $P \cdots W1—G1—W \cdots$ 循环中，资本的运动是起点和终点：这一运动自然也包括消费，因为商品，即产品，必须出售。

　　——《马克思恩格斯文集》第 6 卷，人民出版社 2009 年版，第 435—436 页。

　　27. 工人用工资和资本家用剩余价值所消费的那部分社会商品产品的运动，不仅是总产品运动的一个不可缺少的环节，而且同各单个资本的运动交织在一起。……直接摆在我们面前的问题是：生产上消费掉的资本，就它的价值来说，应由年产品得到补偿？这种补偿的运动怎样同资本家对剩余价值的消费和工人对工资的消费交织在一起？因此，首先要研究原有规模的再生产。

　　——《马克思恩格斯文集》第 6 卷，人民出版社 2009 年版，第 436 页。

　　28. 社会的总产品，从而社会的总生产，分成两大部类：

　　Ⅰ. 生产资料：具有必须进入或至少能够进入生产消费的形式的商品。

　　Ⅱ. 消费资料：具有进入资本家阶级和工人阶级的个人消费的形式的商品。

　　——《马克思恩格斯文集》第 6 卷，人民出版社 2009 年版，第 438—439 页。

29. 认为危机是由于缺少有支付能力的消费或缺少有支付能力的消费者引起的。这纯粹是同义反复。除了需要救济的贫民的消费或"盗贼"的消费外，资本主义制度只知道进行支付的消费。商品卖不出去，无非是找不到有支付能力的买者，也就是找不到消费者（因为购买商品归根结底是为了生产消费或个人消费）。

——《马克思恩格斯文集》第 6 卷，人民出版社 2009 年版，第456—457 页。

30. 简单再生产实质上是以消费为目的，虽然攫取剩余价值表现为单个资本家的动机；但是，剩余价值——不管它的比例量如何——在这里最终只是用于资本家的个人消费。

既然简单再生产是每个规模扩大的年再生产的一部分，并且还是它最重要的一部分，所以，这种个人消费的动机总是和发财致富的动机本身相伴而生，同时不和它对立。实际上，问题表现得更复杂，因为掠夺物——资本家的剩余价值——的分享者，会作为独立于资本家以外的消费者出现。

——《马克思恩格斯文集》第 6 卷，人民出版社 2009 年版，第457—458 页。

31. 事实上，剩余价值的一部分作为收入花掉，另一部分则转化为资本。只有在这个前提下，才有实际的积累。积累是靠牺牲消费来进行的这种一般的说法，不过是和资本主义生产的本质相矛盾的一种幻想，因为这种幻想假定，资本主义生产的目的和动机是消费，而不是剩余价值的攫取和资本化，即积累。

——《马克思恩格斯文集》第 6 卷，人民出版社 2009 年版，第566 页。

32. 资本家生产商品，不是为了商品本身，不是为了商品的使用价值或他的个人消费。资本家实际关心的产品，不是可以摸得着的产品本身，而是产品的价值超过在产品上消费的资本的价值的余额。

——《马克思恩格斯文集》第 7 卷，人民出版社 2009 年版，第

49 页。

33. 说到供给和需求，那么供给等于某种商品的卖者或生产者的总和，需求等于这同一种商品的买者或消费者（包括个人消费和生产消费）的总和。……作为总体的一个原子来发生作用，并且也就在这个形式上，竞争显示出生产和消费的社会性质。

——《马克思恩格斯文集》第 7 卷，人民出版社 2009 年版，第 215 页。

34. 在某一个看不见的点上，商品堆积起来卖不出去了；或者是一切生产者和中间商人的存货逐渐变得过多了。消费通常正好在这个时候兴旺到了极点。

——《马克思恩格斯文集》第 7 卷，人民出版社 2009 年版，第 239—240 页。

35. 剩余产品的所有者只有在这种产品对他来说再转化为资本的时候，才能让这种产品由消费去支配。最后，如果有人说资本家只需要在他们之间互相交换和消费商品，那么这就忘记了资本主义生产的全部性质，忘记了这里的问题是资本的增殖，而不是资本的消费。

——《马克思恩格斯文集》第 7 卷，人民出版社 2009 年版，第 286 页。

36. 商品被买来当作生产资料或生活资料，以便进入生产消费或个人消费——即使有些种类商品能达到这两个目的，也不会引起任何变化。因此，生产者和消费者都对商品有需求。

——《马克思恩格斯文集》第 7 卷，人民出版社 2009 年版，第 209 页。

37. 进行直接剥削的条件和实现这种剥削的条件，并不是一回事。二者不仅在时间和地点上是分开的，而且在概念上也是分开的。前者只受社会生产力的限制，后者受不同生产部门的比例关系和社会消费力的限制。但是社会消费力既不是取决于绝对的生产力，也不是取决于绝对的消费力，而是取决于以对抗性的分配关系为基础的消费力；这种分配关系，使社会与绝大多数人的消费缩小到只能在相当狭小的界限以内变动。其次，这个消费力还受到追求积累的欲望，扩大投资和扩大剩余价值生产规模的欲望的限制。……但是生产力越发展，它就越和消费关系的狭隘基础发生冲突。在这个充满矛盾的基础上，资本过剩和日益增加的人口过剩结合在一起是完全不矛盾的。

——《马克思恩格斯文集》第 7 卷，人民出版社 2009 年版，第 272—273 页。

38. 商品经营资本的反复周转，始终只是表示买和卖的反复；而产业资本的反复周转，则表示总再生产过程（其中包括消费过程）的周期性和更新。……把再生产消费所造成的限制撇开不说，商人资本的周转最终要受全部个人消费的速度和规模的限制，因为商品资本中加入消费基金的整个部分，取决于这种速度和规模。……在危机中发生这样的现象：危机最初不是在和直接消费有关的零售业中暴露和爆发的，而是在批发商业和向它提供社会货币资本的银行业中暴露和爆发的。

——《马克思恩格斯文集》第 7 卷，人民出版社 2009 年版，第 338—339 页。

39. 这种流通就它从来不会加入个人的消费来说，首先不以个人消费为转移，但是它最终要受个人消费的限制，因为不变资本的生产，从来不是为了不变资本本身而进行的，而只是因为那些生产个人消费品的生产部门需要更多的不变资本。

——《马克思恩格斯文集》第 7 卷，人民出版社 2009 年版，第 340 页。

40. 我们把全部资本分成两大部类：第 I 部类生产生产资料；第 II 部类生产个人消费资料。某些产品（例如马、谷物）既可以供个人消费又可以用做生产资料的事实，丝毫也不会排除这种分类的绝对正确性。这种分类实际上不假说，而只是事实的表现。我们拿一个国家的年产品来说。这个产品的一部分，尽管能够充当生产资料，却进入个人消费。……第Ⅱ部类的全部产品，即进入个人消费的全部产品，从而收入借以花费出去的全部产品，……是只投在消费资料生产上的资本的产品。……构成不变资本的绝大部分产品，从物质方面看也是处在不能进入个人消费的形式上。即使它能够进入个人消费，例如，农民可以吃掉他的谷物，可以杀掉他的役畜，可是在经济上的限制给农民带来的感觉和这个部分好像处在不能消费的形式上完全一样。

——《马克思恩格斯文集》第 7 卷，人民出版社 2009 年版，第 448 页。

41. 待花费的收入的量表示消费的规模。

——《马克思恩格斯文集》第 7 卷，人民出版社 2009 年版，第 506 页。

42. 商业信用中的……这种支付取决于再生产的顺畅进行，也就是说，取决于生产过程和消费过程的顺畅进行。

——《马克思恩格斯文集》第 7 卷，人民出版社 2009 年版，第 543 页。

43. 在这里，信用的最大限度，等于产业资本的最充分的利用，也就是等于产业资本的再生产能力不顾消费界限而达到紧张。这些消费界限也会因再生产过程本身的紧张而扩大：一方面这种紧张会增加工人和资本家对收入的消费，另一方面这种紧张和生产消费的紧张是一回事。

——《马克思恩格斯文集》第 7 卷，人民出版社 2009 年版，第 546 页。

44. 一切现实的危机的最终原因，总是群众的贫困和他们的消费受到限制，而与此相对比的是，资本主义生产竭力发展生产力，好像只有社会的绝对的消费力才是生产力发展的界限。

——《马克思恩格斯文集》第 7 卷，人民出版社 2009 年版，第

548 页。

45. 非生产阶级和靠固定收入为生的人的收入和，在同生产过剩和投机过度同时发生的价格猛涨期间，绝大部分还是保持不变。所以，他们的消费能力会相对下降，同时他们对再生产总额中平常应归他们消费的那部分的补偿能力也会相对下降。他们的需求即使名义上保持不变，实际上也在减少。

——《马克思恩格斯文集》第 7 卷，人民出版社 2009 年版，第 556 页。

46. 要作为收入来花费的部分，是会逐渐消费掉的，但在消费之前的那段时间内，它会作为存款，构成银行家的借贷资本。……随着信用事业及其组织的发展，甚至收入的增加，即产业资本家和商业资本家消费的增加，也表现为借贷资本的积累。并且，一切逐渐消费的收入，例如地租、高级工资、非生产阶级的收入等等，也是这样。……一切收入，不论是预定用于消费还是用于积累的，……都是实现积累的表现和结果。

——《马克思恩格斯文集》第 7 卷，人民出版社 2009 年版，第 570 页。

47. 英国向印度签发的汇票过多，会使印度对英国商品需求增加。它间接增加印度对欧洲商品的消费能力。……不管这些商品是供输出还是供国内消费，货币市场所受的影响都是一样的。

——《马克思恩格斯文集》第 7 卷，人民出版社 2009 年版，第 654 页。

48. 认为必要生活资料的消费不会随着生活资料变得便宜而增长，是错误的。……如果价格的暂时的突然降低来不及对扩大消费发生充分的影响，那么，在价格降低是由于起调节作用的生产价格本身的下降引起，因而带有持久性质的场合，就会出现相反的情况。第三，一部分谷物可以以白兰地酒或啤酒的形式消费。并且，这两种商品的增

长的消费，决不会局限于狭窄的界限内。……一个出口谷物的国家
（到18世纪中叶为止英国就是这样的国家），以致需要不单纯是由国
内消费的界限来调节。

　　——《马克思恩格斯文集》第7卷，人民出版社2009年版，第
741页。

　　49. 如果在那些产品可供工人消费的生产部门内，由于节约等等，
不变资本的支出减少了，那么，这就会和所使用的劳动本身的生产率
直接提高一样，由于使工人的生活资料便宜，引起工资的减少，从而
引起剩余价值的增加。

　　——《马克思恩格斯文集》第7卷，人民出版社2009年版，第
972页。

　　50. 如果我们把工资归结为它的一般基础，也就是说，归结为工
人本人劳动产品中加入工人个人消费的部分；如果我们把这个部分从
资本主义限制下解放出来，把它扩大到一方面为社会现有的生产力
（也就是工人自己的劳动作为现实的社会劳动所具有的社会生产力）
所许可，另一方面为个性的充分发展所必要的消费的范围；……如果
我们把工资和剩余价值，必要劳动和剩余劳动的独特的资本主义性质
去掉，——那么，剩下的就不再是这几种形式，而只是它们的为一切
生产方式的共有的基础。

　　——《马克思恩格斯文集》第7卷，人民出版社2009年版，第
992页。

　　51. 在低于价值出售的商品作为个人消费品加入作为收入来消费
的那部分价值时，利润和地租会表现为更多的产品。

　　——《马克思恩格斯文集》第7卷，人民出版社2009年版，第
943页。

　　52. 在任何一种社会生产（例如自然发生的印度公社的社会生
产，或秘鲁人的多半是人为发展起来的共产主义的社会生产）中，总

是能区分出劳动的两部分，一部分的产品直接由生产者及其家属用于个人的消费，另一部分即始终是剩余劳动的那部分的产品，总是用于满足一般的社会需求。

——《马克思恩格斯文集》第 7 卷，人民出版社 2009 年版，第 993—994 页。

53. 一种消费品形式的收入同另一种消费品形式的收入交换，事实上也就是消费品同消费品交换。它们的交换过程不决定于它们两者都是收入，而是决定于它们两者都是消费品。从形式上来说它们都是收入，这种情况在这里是毫无关系的。诚然，这种情况在相互交换的商品的使用价值上，在它们两者都加入个人消费这一点上会显露出来，但这也无非说明，一部分消费品同另一部分消费品交换。

……消费品的一部分在这些消费品的生产者本身之间转手。这些生产者每人都不以自己的产品形式，而是以别人的产品形式消费自己收入（利润和工资）的一部分。他所以能够这样做，只是因为别人也不消费自己的产品，而是消费他人的可消费的产品。这就好比每个人都把自己的可消费的产品中代表自己收入的那部分消费掉一样。

——马克思：《马克思恩格斯全集》第 26 卷（Ⅰ），人民出版社 1972 年版，第 236—238 页。

54. 年产品总量就分为两部分：一部分作为收入被消费，另一部分以实物形式补偿已消费的不变资本。

——马克思：《马克思恩格斯全集》第 26 卷（Ⅰ），人民出版社 1972 年版，第 233 页。

55. 某一生产部门（生产可供个人消费的商品的生产部门）的一部分收入以另一生产部门的收入的形式被消费，关于这一部分收入，可以说，需求同它本身的供给相等（在生产按照应有的比例进行的情况下）。这就好比这些生产部门各自消费了自己的这一部分收入。这里只有形式上的商品形态变，W—G—W′。

——马克思：《马克思恩格斯全集》第 26 卷（Ⅰ），人民出版社

1972 年版，第 236 页。

56. 第三，直到现在我们所找到的解决办法是：为生产最终加入个人消费的产品提供原料和劳动工具的一切生产者，都不是以自己产品的形式来消费自己的收入，即代表新加劳动的利润和工资。他们只能以这里所说的可直接消费的产品形式，或者同样可以说，以交换来的、具有同等价值、其他生产者的可直接消费的产品形式，来消费他们的产品中归结为收入的那部分价值。……

……

总之，如果把这一点撇开不谈，那末加进的（例如一年内加进的）新劳动的总额——等于利润和工资总额，即年收入总额——就统统花在那些加入个人消费的产品如食物、衣服、燃料、住宅、家具等等上面。

这些加入消费的产品总额，按其价值来说，等于一年新增加劳动的总额（收入的价值总额）。

——马克思：《马克思恩格斯全集》第 26 卷（Ⅰ），人民出版社 1972 年版，第 129—130 页。

57. 我们在这里不谈再转化为资本的那部分利润，……只能以直接为个人消费而进行生产的那些部门的产品的形式来消费。其余一切生产部门的产品只能作为资本来消费，只能加入生产消费。

……

到现在为止，在 12 码中，（1）4 码被织布业者消费；（2）2 码被纺纱业者消费；（3）2/3 码被机器制造业者消费。

——马克思：《马克思恩格斯全集》第 26 卷（Ⅰ），人民出版社 1972 年版，第 122—123 页。

58. 总之，麻布这一成品的价值分为两部分，一部分用来重新购买这个时期生产出来的不变资本的各个要素，另一部分则用在消费品上。……我们假定，工资加利润，即加到不变资本上的全部劳动量，都作为收入被消费掉。……经过整整二十个商人的手，经过二十次买而再卖，那末，在第二十次，麻布终究还是要被商人卖给实际消费者。因此，实际消费者事实上或者支付给生产者，或者支付给最后一个即第二十个商人，而这个商人对消费者来说，是代表第一个商人即实际生产者。

——马克思：《马克思恩格斯全集》第26卷（Ⅰ），人民出版社1972年版，第96—97页。

59. 这8码麻布本身包含了、吸收了整个不变资本的价值，——这个价值在12小时的织布劳动期间，转移到产品中，加入到产品的生产过程中，而现在以供直接的个人消费（不是生产消费）的产品形式存在，——这8码麻布本身又将怎样呢？

这8码属于资本家。如果资本家想自己把这8码消费掉，就象他把代表他的利润的三分之二码消费掉一样，那他就不能把加入12小时织布过程的不变资本再生产出来了。

——马克思：《马克思恩格斯全集》第26卷（Ⅰ），人民出版社1972年版，第95页。

60. 在这里，亚当·斯密又避开了他应该回答的问题——关于商品全部价格的第四个部分，即不归结为工资、利润、地租的那一部分的问题。……那些从性质上说不用于个人消费而用于生产消费的产品并不加入直接消费基金，这一点，是与问题毫无关系的。例如，种子（播种用的那部分小麦），从性质来说也可以加入消费基金，但是从经济上说必须加入生产基金。其次，说用于个人消费的产品的全部价格同产品一起都加入消费基金，是完全错误的。例如麻布，如果不是用来作帆或用于别的生产目的，它就作为产品全部加入消费。

——马克思：《马克思恩格斯全集》第26卷（Ⅰ），人民出版社1972年版，第83—84页。

61. 但是，我们且往前走，先看看斯密是否始终贯彻了自己的观点：一切商品的价值都可以归结为某一收入源泉或全部收入源泉——工资、利润、地租，也就是说，一切商品都可以作为供消费用的产品来消费掉，或者说，无论如何都可以这样或那样地用于个人需要（而不是用于生产消费）。

……

按照这种说法，一切商品的全部价值都可以分解为各种收入，并且作为消费基金而归于依靠这种收入过活的这个或那个阶级。……商品的总额——劳动的年产品，即总收入，也就能够在一年内以这种形式消费掉。

——马克思:《马克思恩格斯全集》第 26 卷（Ⅰ），人民出版社 1972 年版，第 80—81 页。

62. 如果有第三部类 C，它的产品既能用于生产消费，又能用于个人消费，例如谷物可以充当人的食物或牲畜的饲料，也可以用来做种子或烤面包，又如大车、马、牲畜等等；这丝毫也不会使问题有所改变。就这些产品加入个人消费的那部分来说，它们必须是它们自己的生产者，或者由它们所包含的那部分不变资本的（直接的或间接的）生产者，作为收入直接或间接地消费掉。因而在这种情况下，它们属于 A 部类。就这些产品不加入个人消费的那部分来说，它们属于 B 部类。

——马克思:《马克思恩格斯全集》第 26 卷（Ⅰ），人民出版社 1972 年版，第 244 页。

63. 凡是只用于个人消费的产品，或者说，凡是加入个人消费的产品，在它加入这种消费的范围内，都只能同回收入交换。它不能用于生产消费，这一点正好说明，它只能作为收入来消费，即只能用于个人消费。

……各种消费品中代表自己的生产者的收入的那一部分，或者直接地由生产者消费，或者间接地，通过生产者所需要的消费品的相互交换，由生产者消费。

——马克思:《马克思恩格斯全集》第 26 卷（Ⅰ），人民出版社 1972 年版，第 242 页。

64. 这样,我们就把整个 A 部类的产品和 B 部类的一部分产品处理了。产品 A 全部被消费:1/3 由它们自己的生产者消费;2/3 由 B 的生产者消费,B 的生产者不能以自己的产品形式消费自己的收入。B 的生产者以 2/3 的产品 A 形式消费自己产品中代表收入的那部分价值,这 2/3 同时以实物形式补偿 A 的生产者的不变资本,即为他们提供用于生产消费的那些商品。……除了他们以自己的产品形式消费的这种劳动外,他们没有进行任何其他的劳动。A 的其余 2/3,即由 B 部类的产品补偿并由产品 B 的生产者消费的部分,代表 B 的生产者加到自己的不变资本上的全部劳动时间。他们没有加入任何更多的劳动,他们也没有更多的东西可消费。

——马克思:《马克思恩格斯全集》第 26 卷(Ⅰ),人民出版社 1972 年版,第 248—249 页。

65. 大多数反驳斯密关于生产劳动和非生产劳动的区分的著作家,都把消费看作对生产的必要刺激。因此,在他们看来,那些靠收入来生活的雇用劳动者,即非生产劳动者(对他们的雇用并不生产财富,而雇用本身却是财富的新的消费),甚至从创造物质财富的意义来说,也和生产工人一样是生产劳动者,因为他们扩大物质消费的范围,从而扩大生产的范围。可见,这种看法大部分是从资产阶级经济学观点出发,一方面为有闲的富人和提供服务给富人消费的"非生产劳动者"辩护,另一方面为开支庞大的"强大政府"辩护,为国债的增加,为占有教会和国家的肥缺的人、各种领干薪的人等等辩护。……

另一些政治经济学家,例如马尔萨斯,……说生产和消费是等同的,或者说,消费是一切生产的目的或生产是一切消费的前提,都毫无用处。……

生产和消费是内在地不可分离的。由此可以得出结论:因为它们在资本主义生产体系内实际上是分离的,所以它们的统一要通过它们的对立来恢复,就是说,如果 A 必须为 B 生产,B 就必须为 A 消费。……这里始终是这样的观念:一方是为生产而生产,因此另一方就是消费别国的产品。这种重商主义体系的观念在佩利博士的《道德哲学》一书第二卷第十一章中也表现出来:"节俭而勤劳的民族,用自己的活动去满足沉湎于奢侈的富有国家的需要。"……加尔涅等人提出这样的总原则：消费是生产的原因，因而消费愈多愈好。"在贫国，人民是安乐的，在富国，人民通常是贫苦的"。

——马克思：《马克思恩格斯全集》第 26 卷（Ⅰ），人民出版社1972 年版，第 291—294 页。

66. 资本主义生产条件下生产和消费的矛盾。主要消费品生产过剩转化为普遍生产过剩。……说生产者和消费者是一回事，那是最可笑不过的了，因为对于很大数量的生产部门——所有不生产直接消费品的部门——来说，大多数参加生产的人是绝对被排斥购买他们自己的产品之外的。……在这里也可以看出，"消费者"这个词是模糊不清的，把"消费者"这个词同"买者"这个词等同起来是错误的。……主张把资本主义生产中的消费者（买者）和生产者（卖者）等同起来，从而否定危机，是再荒谬不过的了。这两者是完全不一样的。……反过来，说消费者就是生产者，也同样是错误的。土地所有者（收取地租的人）不生产，可是他消费。

——马克思：《马克思恩格斯全集》第 26 卷（Ⅱ），人民出版社1973 年版，第 591—593 页。

67. 因此，在社会中消费者和生产者不是等同的：第一个范畴即消费者范畴（消费者的收入有一部分不是第一性的，而是第二性的，是从利润和派生的）比第二个范畴（即生产者范畴）广得多，因而，消费者花费自己收入的方式以及收入的多少，会使经济生活过程，特别是资本的流通和再生产过程发生极大的变化。

——马克思：《马克思恩格斯全集》第 26 卷（Ⅱ），人民出版社1973 年版，第 562 页。

68. 李嘉图关于资本积累与消费的理论可图示如下：

$$资本积累\begin{bmatrix}不变资本—生产资料—生产消费\\可变资本—生活资料—生活消费\end{bmatrix}消费$$

——马克思：《马克思恩格斯全集》第 26 卷（Ⅱ），人民出版社 1973 年版，第 537—541 页。

69. 资本愈多，劳动生产率愈高，总之，资本主义生产的规模愈大，存在于从生产到消费（个人消费和生产消费）的过渡阶段，存在于流通中，存在于市场上的商品量就愈多，每一笔资本在市场上现成地找到自己再生产条件的把握也就愈大。

——马克思：《马克思恩格斯全集》第 26 卷（Ⅱ），人民出版社 1973 年版，第 552 页。

70. 消费者范畴……比生产者范畴广得多，因而消费者花费自己收入的方式以及收入的多少，会使经济生活过程，特别是资本的流通和再生产过程发生极大的变化。

——马克思：《剩余价值理论》第二册，人民出版社 1975 年版，第 562 页。

71. 在古代，尽管处在那样狭隘的民族、宗教、政治境界里，毕竟还是把人看作生产的目的；这种看法就显出比现代世界高明得多，因为现代世界总是把生产看成人的目的，又把财富看成生产的目的。

——马克思：《政治经济学批判大纲》第 3 分册，人民出版社 1963 年版，第 104 页。

72. 这里也可以看出，"消费者"这个词是模糊不清的，把"消费者"这个词同"买者"这个词等同起来是错误的……

因此，为了否定危机而断言资本主义生产中的消费者（买者）和生产者（卖者）是一回事，这是再荒谬不过了。这两者是完全不一样的……

工人实际上生产的是剩余价值。只要他们生产剩余价值，他们就有东西消费。一旦剩余价值的生产停止了，他们的消费也就因他们的生产停止而停止。但是，他们有东西消费，决不是因为他们自己的消费生产了等价物……

因上如果把关系简单地归结为消费者和生产者的关系，那就忘记了从事生产的雇佣劳动（者）和从事生产的资本家是两类完全不同的生产者，更不用说那些根本不从事生产活动的消费者了。

——《马克思恩格斯文集》第 8 卷，人民出版社 1975 年版，第 257—258 页。

73. 李嘉图是大工业的经济学家，他从大资产者的角度来看事物。为生产而生产，再生产最大可能地增长，特别是劳动生产率（力）的增长，是最终的和决定的目的。但是，李嘉图认为，为了这个目的没有必要宣传节约。既然资本主义生产方式对他来说是自然的和绝对的社会生产形式，因而消费是一切生产的自然目的，那么，生产的自由发展必然包括一切形式的消费的发展。因此同资本一样，分为奢侈品的消费和其他产品的消费，是由资本主义生产性质决定的。……说到奢侈品的消费，他甚至证明，对工人来说，地主消费这些奢侈品比资本家消费这些奢侈品更为有利，因为这些商品的消费会推动许多的工人，因为地主消费这些商品需要更多的食客、仆役等等，而头脑清醒的资本家却宁愿获得长久的奢侈品。

——《马克思恩格斯文集》第 8 卷，人民出版社 2009 年版，第 582—583 页。

74. 西斯蒙第感觉到了大工业的矛盾，坚决反对为生产而生产，反对生产力在这样一种生产方式的基础上绝对发展，在这种生产方式中，现有资本的价值增殖从另外一方面来说是最终目的。因此，他希望使一定条件下的一定消费成为生产的调节者。因此，他特别关心资本（从而生产消费）和收入的比例；虽然他在任何地方都没有对这个问题作出经济学上多少有些意义的发现。但是，……不断扩大机器和固定资本的使用，因而也就伴随有工人阶级状况的不断恶化。

——《马克思恩格斯文集》第 8 卷，人民出版社 2009 年版，第 584 页。

75. 马尔萨斯一方面追随西斯蒙第；一方面在他那里又冒出重农

主义的传统，这种传统认为，非劳动者阶级的消费基金实际上是与生产基金完全不同的基金，为了使它的再生产不致停顿，它必须被消费掉。……也就是说，在资本家的胸中积累欲和消费欲并存。这两种欲望是规模不断扩大的再生产所必需的。但是，这两种结合在一个人身上的欲望会互相损害。如果积累欲压倒了消费欲，这时就会出现生产过剩。如果消费欲压倒了积累欲，这时资本主义生产的精神和火焰就会熄灭。因此，这两种欲望必须分开，而在这种情况下，地主、教会和国家的消费欲越是迅速地得到它的满足手段，资本家的积累欲就越会得到热心的支持。不过，因为剩余生产在这个基础上必然同剩余消费结合在一起，所以在马尔萨斯的这种奇谈怪论中也有某种正确的东西。……然而，积累欲压倒消费欲是必要的，并且是同资本主义生产方式相适应的。

——《马克思恩格斯文集》第 8 卷，人民出版社 2009 年版，第 584—588 页。

76. 生活资料是资本在工人通过出卖自身劳动能力来取得生活资料之前就同工人相对立的特殊物质存在形式。但是，只要生产过程一开始，劳动能力就已经卖出，生活资料就转变成了工人的消费基金，至少在法律上是如此……在资本主义生产中，工人所支配的全部时间实际上都被资本所吸收，从而生活资料的消费实际上表现为劳动过程本身单纯的附属事项，正像蒸汽机消费煤、轮子消费油或马消费草一样，正像劳动着的奴隶的全部私人消费一样。

——《马克思恩格斯文集》第 8 卷，人民出版社 2009 年版，第 483—484 页。

77. 虽然个人消费是再生产过程的必要和内在的环节，消费和生产决不是一个东西，个人消费决不是资本主义生产方式的决定性动机。后面这种情况只能出现在生产者就是消费者的场合，而资本主义生产方式恰恰建立在这样的基础上：直接生产者、生产者大众、工人的消费和生产彼此完全不成比例；相反，它们随着资本主义生产方式的发展而越离越远。另一方面，这些环节的相互异化和它们的内在联系，或者说，它们的相互依赖，会在它们被强制地达到一致即在危机中表现出来。因此，反对危机的论据，即认为生产和消费处于一定的内在均衡中并且相互之间有一定的比例，而且生产量最终总是必然受消费量调节……

消费过程直接进入再生产过程指的是：消费过程的废料以不同的形式构成新生产的要素。但是，消费的发生并不是为了生产出它的这些废料。

——《马克思恩格斯文集》第 8 卷，人民出版社 2009 年版，第 577 页。

78. 为了研究这些剩余产品的哪种消费方式适合于资本主义生产方式的本质，我们先假定积累基金等于零，从而剩余产品完全不进入积累基金……如果没有这种基金，不仅简单再生产会受到威胁，而且连作为价值增殖过程本身的动因和动机，从而作为为生产而生产（在一定限度内）的动因和动机的资本主义生产精神也熄灭了。代之而起的，是享受本身被看做最终目的。因此，这样消耗剩余产品是与资本主义生产方式的条件和精神相矛盾的。……但是，在重商主义者和重农主义者这些资本主义生产方式的最初解释者那里，我们可以看到对这种消费的赞扬。

——《马克思恩格斯文集》第 8 卷，人民出版社 2009 年版，第 580 页。

79. 首先说重商主义者。资本家阶级当时力量还弱，尚未成年……在重商主义者那里产生了在当时是正确的本能。在基督教国家，特别是在英国和荷兰，整个民族充满了商业精神，经济的繁荣建立在新形成的世界市场上，发财致富被看成是目的本身，重商主义者宣传节欲、俭省，愤怒地反对挥霍，只愿意当帮手去推动别的国家消费，而自己则想成为财宝贮藏者。特别宣传挥霍的是法国重商主义者，而这是同资本家阶级在法国的发展联系在一起的。

——《马克思恩格斯文集》第 8 卷，人民出版社 2009 年版，第 580—581 页。

80. 重农主义者的情况完全不同。按照他们的学说，全部剩余产品掌握在土地所有者手中，而不是掌握在资本家手中。土地所有者得到的剩余产品最初是在货币形式上的预付。如果他们没有把它全部消费掉，那么租地农场主等等的一部分商品资本就卖不出去，从而年再生产就会发生困难……在重农主义体系中，土地所有者手中所掌握的剩余产品：（1）必须补偿全部国家支出；（2）补偿宗教（学校）方面的支出；（3）土地所有者的职能是，他们必须把自己的一部分剩余产品花费在农业较长期的固定投资上；（4）租地农场立脚点在利息形式上从他们那里取走一部分剩余产品。

只有在热·加尔涅（督政府和波拿巴的人）和加尼耳那里，重商主义者和重农主义者关于（非生产）消费的观点才接近进来。

——《马克思恩格斯文集》第 8 卷，人民出版社 2009 年版，第 581 页。

81. 亚当·斯密表现出资本主义生产的真正精神，他宣布积累（规模不断扩大的再生产）是最高规律……亚当·斯密宣传节约。他对国家的挥霍浪费表示不满。他把生产工人人数最大限度的增长看作是所有健康的经济的最终目的。这样，他描绘了他对生产工人的善意，这种善意在他那里一直延伸到公牛身上，把公牛看成生产工人。而且他相信（这一点对当时的发展水平来说在某种程度上也是正确的），随着剩余产品转化成生产资本，因而随着积累，对劳动的需求会增长，从而工资会提高，生产工人的状况会得到改善。

——《马克思恩格斯文集》第 8 卷，人民出版社 2009 年版，第 581—582 页。

82. 关于生态消费的问题，马克思曾指出，"人类的本性"，"人的本质的新的充实"，反映"人的复归、反映人和自然之间，人和人之间的矛盾的真正解决"。"对人的本质的真正占有"，实现"人的复归"。

——《马克思恩格斯全集》第 42 卷，人民出版社 1979 年版，第 120 页。

马克思指出，社会发展的高级阶段，是"建立在个人全面发展和他们的共同社会生产能力成为他们的社会财富这一基础上的自由个性"。

——《马克思恩格斯全集》第46卷（上册），人民出版社1979年版，第104页。

83. 在消费中，产品变成享受的对象，个人占有的对象……最后，在消费中，产品脱离这种社会运动，直接变成个人需要的对象和仆役，供个人享受而满足个人需要。因此，生产表现为起点，消费表现为终点，分配和交换表现为中间环节……在消费中，物立体化；在分配中，社会以一般的，占统治地位的规定的形式，担任生产和消费之间的中介；在交换中，生产和消费由个人的偶然的规定性来中介。

生产、分配、交换、消费因此形成一个正规的三段论法：生产是一般，分配和交换是特殊，消费是个别，全体由此结合在一起……消费这个不仅被看成终点而且被看成最后目的的结束行为，除了反过来作用于起点并重新引起整个过程之外，本来不属于经济学范围。

——《马克思恩格斯文集》第8卷，人民出版社2009年版，第12—13页。

84. 消费直接也是生产，正如在自然界中元素和化学物质的消费是植物的生产一样。例如，在吃喝这种消费形式中，人生产自己的身体，这是明显的事。而对于以这种或那种方式从某一方面来生产人的其他任何消费方式也都可以这样说。消费的生产。可是，经济学却说，这种与消费同一的生产是第二种生产，是靠消灭第一种生产的产品引起的。在第一种生产中，生产者物化；在第二种生产中，生产者所创造的物人化。因此，这种消费的生产——虽然它是生产同消费的直接统一——是与原来意义上的生产根本对立的。生产同消费合一和消费同生产合一的这种直接统一，并不排斥它们直接是两个东西。

可见，生产直接是消费，消费直接是生产。每一方直接是它的对方。可是同时在两者之间存在着一种中介运动。生产中介着消费，它创造出消费的材料，没有生产，消费就没有对象。但是消费也中介着生产，因为正是消费替产品创造了主体，产品对这个主体才是产品。产品在消费中才得到最后完成。一条铁路，如果没有通车，不被磨损，不被消费，它只是可能性的铁路，不是现实的铁路。没有生产，就没有消费；但是，没有消费，也就没有生产，因为如果没有消费，生产就没有目的。消费从两个方面生产着生产：

（1）因为产品只是在消费中才成为现实的产品，例如，一件衣服由于穿的行为才现实地成为衣服；一间房屋无人居住，事实上就不成其为现实的房屋；因此，产品不同于单纯的自然对象，它在消费中才证实自己是产品，才成为产品。消费是在把产品消灭的时候才使产品最后完成，因为产品之所以是产品，不在于它是物化了的活动，而只是在于它是活动着的主体的对象。

（2）因为消费创造出新的生产的需要，也就是创造出生产的观念上的内在动机，后者是生产的前提。消费创造出生产的动力；它也创造出在生产中作为决定目的东西而生的作用的对象。如果说，生产在外部提供消费的对象是显而易见的，那么，同样显而易见的是，消费在观念上提出生产的对象，把它作为内心的图象，作为需要、作为动力和目的提出来。消费创造出还是在主观形式上的生产对象。没有需要，就没有生产。而消费则把需要再生产出来。

——《马克思恩格斯文集》第 8 卷，人民出版社 2009 年版，第 14—15 页。

85. 因此，生产生产着消费：（1）是由于生产为消费创造材料；（2）是由于生产决定消费的方式；（3）是由于生产通过它起初当作对象生产出来的产品在消费者身上引起需要。因而，它生产出消费的对象、消费的方式、消费的动力。同样，消费生产出生产者的素质，因为它在生产者身上引起追求一定目的需要。

——《马克思恩格斯文集》第 8 卷，人民出版社 2009 年版，第 16 页。

86. 生产为消费创造的不只是对象。它也给予消费以消费的规定性，消费的性质，使消费得以完成……饥饿总是饥饿，但是用刀叉吃熟肉来解除的饥饿不同于用手、指甲和牙齿啃生肉来解除的饥饿。因此，不仅消费的对象，而且消费的方式，不仅在客体方面，而且在主体方面，都是生产所生产的。所以，生产创造消费者。

——《马克思恩格斯文集》第8卷，人民出版社2009年版，第16页。

87. 消费同生产之间的同一性表现在三个方面：

（1）直接的同一性：生产是消费；消费是生产。消费的生产。生产的消费。国民经济学家把两者都称为生产的消费，可是还作了一个区别。前者表现为再生产；后者表现为生产的消费。关于前者的一切研究是关于生产的劳动或非生产的劳动的研究；关于后者的研究是关于生产的消费或非生产的消费的研究。

（2）每一方表现为对方的手段；以对方为中介；这表现为它们的相互依存；这是一个运动，它们通过这个运动彼此发生关系，表现为互不可缺，但又各自处于对方之外。生产为消费创造作为外在对象的材料；消费为生产创造作为内在对象，作为目的的需要。没有生产就没有消费；没有消费就没有生产。这一点在经济学中是以多种形式出现的。

（3）生产不仅直接是消费，消费不仅直接是生产；生产也不仅是消费的手段，消费也不仅是生产的目的，就是说，每一方都为双方提供对象；两者的每一方不仅直接就是对方，不仅中介着对方，而且，两者的每一方由于自己的实现才创造对方；每一方都把自己当作对方创造出来。消费完成生产行为，只是由于消费使产品最后完成其为产品，只是由于消费把它消灭，把它的独立的物体形式消耗掉；只是由于消费使得在最初生产行为中发展起来的素质通过反复的需要上升为熟练技巧；所以，消费不仅是使产品成为产品的终结行为，而且也是使生产者成为生产者的终结行为。另一方面，生产生产出消费，是由于生产创造出消费的一定方式，其次是由于生产把消费的动力，消费能力本身当作需要创造出来。这第三项所说的这个最后的同一性，在经济学中常常是以需求与供给、对象与需要、社会创造的需要和自然需要的关系来说明的。

这样看来，对一个黑格尔主义者来说，把生产和消费等同起来，是最简单不过的事……萨伊说，就一个民族来说，它的生产就是它的消费。或者被人类一般说来也是如此。

——《马克思恩格斯文集》第 8 卷，人民出版社 2009 年版，第 17—18 页。

88. 无论我们把生产和消费看做一个主体的活动或者许多个人的活动，它们总是表现为一个过程的两个要素，在这个过程中，生产是实际的起点，因而也是起支配作用的要素。消费，作为必需，作为需要，本身就是生产活动的一个内在要素。但是生产活动是实现的起点，因而也是实现的起支配作用的要素，是整个过程借以重新进行的行为。个人生产出一个对象和通过消费这个对象返回自身，然而，他是作为生产的个人和自我再生产的个人。所以，消费表现为生产的要素。

……在生产者和产品之间出现了分配，分配借社会规律决定生产者在产品世界中的份额，因而出现在生产和消费之间。

——《马克思恩格斯文集》第 8 卷，人民出版社 2009 年版，第 18 页。

89. 一定的生产决定一定的消费、分配、交换和这些不同要素相互间的一定关系。当然，生产就其单方面形式来说也决定于其他要素。……最后，消费的需要决定着生产。……

当我们从政治经济学的角度考察某一国家的时候，我们从该国的人口、人口的阶级划分，人口在城乡、海洋、在不同生产部门的分布，输出和输入，全年的生产和消费、商品价格等等开始。

——《马克思恩格斯文集》第 8 卷，人民出版社 2009 年版，第 23—24 页。

90. 因为世界市场（其中包括每一单个人的活动）的独立化（如果可以这样说的话），随着货币关系（交换价值）的发展而增长，以及后者随着前者的发展而增长，所以生产和消费的普遍联系和全面依

赖随着消费者和生产者的相互独立和漠不关心而一同增长；因为这种
矛盾导致经济危机等等。

　　——《马克思恩格斯文集》第 8 卷，人民出版社 2009 年版，第
55 页。

　　91. 人们说，从社会的观点来看，生产和消费是一回事，因此绝
对不会出现过剩，或两者之间发生不协调。在这里，社会的观点是指
这样一种抽象，它恰恰抽掉了一定的社会结构和社会关系，因而也抽
掉了由它们所产生的各种矛盾。例如，施托尔希当时在反驳萨伊时就
很正确地指出，很大一部分消费不是供人们直接使用的消费，而是生
产过程中的消费，例如机器、煤、油、必要的建筑物等等的消费。这
种消费同这里所说的消费决不是一回事。马尔萨斯和西斯蒙第也正确
地指出，例如工人的消费本身对资本家来说决不是充分的消费。在把
生产和消费说成一回事的情况下，是把价值增殖这个要素完全抛弃
了，并把生产和消费简单地加以对比……

　　……

　　最后，按比例生产（这一点李嘉图等人早已提到过）只不过表
示，如果说资本有按照正确比例来分配自己的趋势，那么，由于资本
无限度地追求超额劳动、超额生产率、超额消费等等，它同样有超过
这种比例的必然趋势。

　　——《马克思恩格斯文集》第 8 卷，人民出版社 2009 年版，第
93—94 页。

　　92. 在投入消费储备的各种物品当中，有些物品由于是很缓慢地
被消费的，并且能被许多个人轮流消费，因而被规定为固定资
本，……

　　真正的经济——节约——是劳动时间的节约（生产费用的最低限
度——和降到最低限度）。而这种节约就等于发展生产力。可见，决
不是禁欲，而是发展生产力，发展生产的能力，因而既是发展消费的
能力，又是发展消费的资料。消费能力是消费的条件，因而是消费的
首要手段，而这种能力是一种个人才能的发展，生产力的发展。

——《马克思恩格斯文集》第8卷，人民出版社2009年版，第203页。

93. 至于个人消费，那么乍一看来它并不包括在单个商品的再生产过程中。如果商品按实物形式来说预定要进入个人消费，那么W—G，即商品形态变化的第一部分，实际上最终等同于商品进入消费过程，从而以消费过程为前提。但是，商品不一定必须是被消费的物品，或者说，如果它是这样的物品，它可以重新作为生产资料进入另一生产过程；另一方面，如果它进入个人消费，它不一定要进入自己生产者的个人消费……

如果考察再生产的整体，那么消费就是它的一个内在环节。

——《马克思恩格斯文集》第8卷，人民出版社2009年版，第576页。

94. 资本和劳动的关系在这里就像货币和商品的关系一样；如果说一方是财富的一般形式，那么，另一方就只是以直接消费为目的的实体。

……

他们不再是奴隶了，但并没有成为雇佣工人，而是成为自给自足的，为自己有限消费而劳动的农民。

——《马克思恩格斯文集》第8卷，人民出版社2009年版，第69—70页。

95. 原始的生产条件当然包括不经劳动而直接可以消费的物品，如果实、动物等等，所以说消费储备本身就是原始生产储备的一个组成部分。

——《马克思恩格斯文集》第8卷，人民出版社2009年版，第143页。

96. 古代的观点和现代世界相比，就显得崇高得多。根据古代的观点，人，不管是处在怎样狭隘的民族的、宗教的、政治的规定性上，总是表现为生产的目的。在现代民办，生产表现为人的目的，而财富则表现为生产的目的。

　　——《马克思恩格斯文集》第 8 卷，人民出版社 2009 年版，第 137 页。

　　97. 正像达尔文发现有机界的发展规律一样，马克思发现了人类历史的发展规律，即历来为繁茂芜杂的意识形态所掩盖着的一个简单事实：人们首先必须吃、喝、住、穿，然后才能从事政治、科学、艺术、宗教等；所以，直接的物质的生活资料的生产，因而一个民族或一个时代的经济发展阶段，便构成基础，人们的国家制度、法的观点、艺术以至宗教观念，就是从这个基础上发展起来的，因而，也必须由这个基础来解释，而不是像过去那样做得相反。

　　——《马克思恩格斯选集》第 3 卷，人民出版社 1972 年版，第 574 页。

　　98. 艾利生在上面引用过的文中支援了马尔萨斯的理论，他诉诸土地的生产力，并用以下的事实来反对马尔萨斯的原理：每一个成年人能够生产出多于他本人消费所需的东西。如果不存在这个事实，人类就不可能繁衍，甚至不可能生存。

　　——《马克思恩格斯选集》第 1 卷，人民出版社 2009 年版，第 79 页。

　　99. 竞争关系的真谛就是消费对生产力的关系。在一种与人类相称的状态下，不会有除这种竞争之外别的竞争。社会应当考虑，靠它所支配的资料能够生产些什么，并根据生产力和广大消费者之间的这种关系来确定，应该把生产提高多少和缩减多少，应该允许生产或限制生产多少奢侈品。

　　——《马克思恩格斯选集》第 1 卷，人民出版社 2009 年版，第 76 页。

　　100. 在竞争的波动不大，需求和供给、消费和生产几乎都彼此相等的时候，在生产发展过程中必定会出现这样一个阶段，在这个阶段上，生产力大大过剩，结果，广大人民群众无以为生、人们纯粹由于过剩而饿死。长期以来，英国就处于这种荒诞的状态中。

——《马克思恩格斯选集》第 1 卷，人民出版社 2009 年版，第 77 页。

101. 我们的目的是要建立社会主义制度，这种制度将给所有的人提供健康而有益的工作，给所有的人提供充裕的物质生活和闲暇时间，给所有的人提供真正的充分的自由。

——《马克思恩格斯选集》第 1 卷，人民出版社 2009 年版，第 570 页。

102. 资本主义生产方式的生产人为地使广大真正的生产者同享受资料和发展资料隔绝起来。

——《马克思恩格斯全集》第 34 卷，人民出版社 1972 年版，第 163 页。

103. 垄断至少具有使消费者不受欺骗的意图，虽然它不可能实现这种意图。消灭垄断，就会为欺骗敞开大门。

——《马克思恩格斯文集》第 1 卷，人民出版社 2009 年版，第 84 页。

104. 遗憾的是，群众的消费水平低，他们的消费仅仅限于维持生活和延续后代所必需的东西，这并不是什么新的现象。自从有了剥削阶级和被剥削阶级以来，这种现象就存在着。即使在群众的状况特别好的时期，例如 15 世纪的英国，群众的消费仍然是不足的。他们远没有能支配自己的全部年产品来用于消费。因此，如果说消费不足是数千年来的经常的历史现象，而是由生产过剩所引起的，爆发于危机中的普遍的商品滞销，只是最近 50 年来才变得明显，那么，只有具备杜林先生的庸俗经济学的全部浅薄见解，才能够不是用生产过剩这种新现象，而是用存在了几千年的消费不足这一老现象来解释新的冲突……群众的消费不足，是一切建立在剥削基础上的社会形式的一个必然条件，因而也是资本主义社会形式的一个必然条件；但是，只有资本主义的生产形式才造成危机。因此，群众的消费不足，也是危机的一个先决条件，而且在危机中起着一种早已被承认的作用；但是，群众消费不足既没有向我们说明过去不存在危机的原因，也没有向我们说明现时存在危机的原因。

　　——《马克思恩格斯文集》第 9 卷，人民出版社 2009 年版，第302 页。

105. 用消费不足来解释危机，起源于西斯蒙第，在他那里，这种解释还有一定的意义。洛贝尔图期从西斯蒙第那里借用了这种解释，而杜林先生又以他惯有的肤浅方式从洛贝尔图斯那里把它抄袭过来。

　　——《马克思恩格斯文集》第 9 卷，人民出版社 2009 年版，第303 页。

106. 在中世纪的社会里，特别是在最初几个世纪，生产基本上是为了供自己消费。它主要只是满足生产者及其家属的需要。在那些有人身依附关系的地方，例如在农村中，生产还满足封建地主的需要。因此，在这里没有交换，产品也不具有商品的性质。

　　——《马克思恩格斯文集》第 3 卷，人民出版社 2009 年版，第429—430 页。

107. 恩格斯在谈到人类社会发展到较高阶段时指出："能够不仅生产生活必需品，而且生产奢侈品……这样，生存斗争就变成为享受而斗争，不再是单纯为生存资料而斗争，而且也是为发展资料、为社会地生产发展资料而斗争。"

　　——《马克思恩格斯全集》第 34 卷，人民出版社 1972 年版，第163 页。

108. 恩格斯精辟地描绘出未来社会消费质量提高的远景。他说：

"通过社会生产，不仅可能保证一切社会成员有富足的和一天比一天充裕的物质生活，而且还可能保证他们的体力和智力获得充分的自由的发展和运用。"

——《马克思恩格斯全集》第 3 卷，人民出版社 1972 年版，第 322 页。

109. 增长最快的制造生产资料的生产资料生产，其次是制造消费资料的生产资料生产，最慢的是消费资料生产。即使没有马克思在《资本论》第二卷中所做的研究，根据不变资本有比可变资本增长得更快的趋势的规律也能够得出上面的结论，因为所谓生产资料增长最快，不过是把这个规律运用于社会总生产时的另一种说法而已。

……

生产资料增长最快这个规律的全部意义和作用就在于：机器劳动的代替手工劳动（一般指机器时代的技术进步）要求加紧发展煤、铁这种真正制造生产资料的生产资料"生产"。

——《列宁全集》第 1 卷，人民出版社 1955 年版，第 71、88 页。

110. 西斯蒙第的危机理论（也是洛贝尔图斯所抄袭的）在经济学上是很出名的，它是用消费不足来说明危机的理论的典型。

——《列宁全集》第 2 卷，人民出版社 1959 年版，第 117 页。

111. 积累确实是生产超过收入（消费品）。为了扩大生产（绝对意义上的"积累"），必须首先生产生产资料，而要做到这一点，就必须扩大制造生产资料的社会生产部门，就必须把工人吸收到那一部门中去，这些工人也就对消费口若悬河提出需要。因而，"消费"是跟着"积累"或者跟着"生产"而发展的——不管这看起来多么奇怪，但是在资本主义社会中也只能是这样。……因而，个人消费品在资本主义生产总额中所占的地位日益缩小。这是完全符合资本主义的历史"使命"及其特殊的社会结构的：前者正是在于发展社会的生产力（为生产而生产），后者则使居民群众不能利用生产力。

——《列宁全集》第2卷，人民出版社1959年版，第122页。

112. 这里的问题正在于如何实现，即社会产品的各个部分是如何补偿的。因此，把社会产品分为截然不同的两类即生产资料和消费品，应该是谈论社会资本和社会收入（也就是谈论资本主义社会的产品实现）的出发点。前者只能用于生产消费，后者只能用于个人消费。

——《列宁全集》第2卷，人民出版社1959年版，第110页。

113. 只有采取这样一种手段才能终止资本对劳动的剥削，那就是消灭劳动工具的私有制，所有工厂和矿山以及所有大地产等等都归整个社会所有，实行工人自己进行的、共同的社会主义生产。那时，共同劳动的产品将由劳动者自己来享用，超出他们需要的剩余产品，将用来满足工人自己的各种需要，用来充分发展他们的各种才能，来平等地享受科研和艺术的一切成果。

——《列宁全集》第2卷，人民出版社1959年版，第81页。

114. 从西斯蒙第的时代起……他们认为应该把"消费"当做特殊的科学部门而同"生产"分开；他们说生产是以自然规律为转移，而消费决定于以人们意志为转移的分配，如此等等。……

如果我们一贯把"生产"看做生产中的社会关系，那末无论"分配"或"消费"都会丧失任何独立的意义。如果生产中的关系阐明了，各个阶级获得的产品份额也就清楚了，因而，"分配"和"消费"也就清楚了。相反地，如果生产关系没有阐明（例如，不了解整个社会总资本的生产过程），关于消费和分配的任何论断都会变成废话，或者变成天真的浪漫主义的愿望。

——《列宁全集》第2卷，人民出版社1959年版，第166—167页。

115. 马克思的实现论对我们所关心的国内市场问题做出的主要结论如下；资本主义生产的扩大，因而也就是国内市场的扩大，与其说是靠消费品，不如说靠生产资料，换句话说，生产资料的增长超过消费品的增长。我们看到，事实上消费品（第二部类）中的不变资本是在同生产资料（第一部类）中的可变资本＋额外价值进行交换。而按资本主义生产的一般规律来看，不变资本比可变资本增长得快些。因而，消费品中的不变资本应该比消费品中的可变资本和额外价值增长得快些，而生产资料中的不变资本应该增长得最快，它既要超过生产资料中的可变资本（＋额外价值）的增长，也要超过消费品中的不变资本的增长。因此，制造生产资料的社会生产部类应该比制造消费品的部类增长得快些。可见，资本主义国内市场的扩大，在某种程度上并"不依赖"个人消费的增长，而更多地靠生产的消费。但是如果把这种"不依赖性"理解为生产消费完全脱离个人消费，那就错了……生产消费归根到底总是同个人消费相关联的。

——《列宁全集》第 3 卷，人民出版社 1959 年版，第 33—34 页。

116. "社会消费能力"和"不同生产部门的比例"——这决不是什么别的、独立的、彼此没有联系的条件。相反地，一定的消费状况乃是比例的要素之一。实际上，对现实的分析表明，资本主义国内市场的形成，与其说是靠消费品，不如说是靠生产资料。因此，社会产品的第一部类（生产资料的制造）能够而且应当比第二部类产品的生产（消费品制造）发展得快。但是决不能由此得出结论说，生产资料的生产可以完全不依赖消费品的生产而发展，也不能说二者毫无联系。关于这一点，马克思写道："我们看到（第二卷第三篇），在不变资本与不变资本之间，产生了一种不断的流通，这种流通从来不加入个人消费的领域，就这个意义而言，它是不以个人消费为转移的，但是归根到底它还是受个人消费的限制，因为不变资本的生产并不是为了本身的需要而进行的，这仅仅是由于生产个人消费的部门需要更多的不变资本。"由此可见，生产消费（生产资料的消费）归根到底总是同个人消费联系着，总是以个人消费为转移的。

——《列宁全集》第 4 卷，人民出版社 1958 年版，第 44 页。

117. 政治经济学决不研究"生产"，而是研究人们在生产上的社会关系、生产社会制度。如果这种社会关系一经阐明和彻底分析，各个阶级在生产中的地位也就决定了。因而，他们获得的国民消费份额也决定了。

——《列宁全集》第 3 卷，人民出版社 1959 年版，第 42 页。

118. 为了更清楚地说明我们的思想，我们举个例子。假定讲的不是民主主义革命，而是社会主义变革。危机日益成熟，无产阶级专政的时代日益临近。这时，机会主义者把消费合作社的口号提到了第一位，而革命者把无产阶级夺取政权的口号提到第一位。机会主义者争辩道：消费合作社是无产阶级的现实力量，是争取来的现实的经济阵地、是真正的社会主义的一部分……

革命者当然回答说：认为消费合作社在一定意义上是社会主义的一部分，我们是同意的。第一，社会主义社会是一个为了消费而有计划组织起来的大消费合作社；第二，没有强有力的多方面的工人运动，社会主义就不能实现，而消费合作社就是这许多方面的一个方面。但问题并不在这里。只要政权还掌握在资产阶级手里，消费合作社就是可怜的一小部分，它保证不了任何的变动，引不起任何有决定意义的变化，有时反倒使人脱离争取变革的严重斗争。工人在消费合作中获得的本领非常有用，这是无可争辩的。但是，只有政权转入无产阶级手中以后，才能充分利用这些技能。那时，剩余价值将由消费合作社体系支配，而现在运用这个有益机构的范围，由于工资微薄而被限制得很狭窄。那时，这将是真正自由的工作人员的组织，而现在，这是受资本压榨折磨的雇佣奴隶的组织。总之，消费合作社是社会主义的一部分。

——《列宁全集》第 9 卷，人民出版社 1959 年版，第 356—357 页。

119. 社会主义社会是一个为了消费而有计划组织生产的大消费合作社。

——《列宁全集》第 9 卷，人民出版社 1959 年版，第 356 页。

120. 只有社会主义才可能根据科学的见解来广泛推行和真正支配产品的生产和分配，也就是如何使全体劳动者过最美好、最幸福的生活。只有社会主义才能实现这一点。我们知道社会主义应该实现这一点，而马克思主义的全部困难和全部力量，也就在于了解这个真理。

　　——《列宁全集》第 27 卷，人民出版社 1958 年版，第 385 页。

121. 既然在消费品的分配方面存在着资产阶级法权，那当然一定要有资产阶级国家，因为如果没有一个能够迫使人们遵守法权范围的机构，法权也就等于零。

　　——《列宁全集》第 25 卷，人民出版社 1958 年版，第 458 页。

122. 将全体居民强制地联合到生产消费公社里来。

　　不要废除（暂时地）货币和禁止单干户个别地签定买卖合同，我们应该首先通过生产消费公社依法实现所有这些合同。

　　……

　　对所有富人（每月收入在 500 卢布以上的人，雇用工人的企业主和雇有佣人的家庭等）实行（必须的）劳动消费（收支）登记制……

　　买卖可以不通过公社（在运输、市场及其他等等方面），但是假如买卖超过一定限额，就必须把这笔买卖记入劳动消费登记簿。

　　……

　　为了逐步拉平各行业间的一切报酬，必须在国内各个不同的（所有的）生产消费公社之间组织竞赛。

　　——《列宁全集》第 27 卷，人民出版社 1958 年版，第 143—144页。

123. 社会主义国家只能在这种情况下产生：它已经成为一个由许多生产消费公社构成的体系，而这些公社都能诚实地计算自己的生产和消费，节省劳动，不断提高劳动生产率，因而能够把每日劳动时间减少到七小时或六小时，以至于更少。在这里，如果不搞好对粮食和粮食生产（然后，再对一切其他必需品）的最严格的、无所不包的全民计算和监督，是不行的。

——《列宁全集》第 27 卷，人民出版社 1958 年版，第 232—233 页。

124. 1921 年春天形成了这样的政治形势：要求必须立刻采取迅速的、最坚决的、最紧急的办法来改善农民的生活状况和提高他们的生产力。

为什么不是改善工人的生活状况，而是改善农民的生活状况呢？

因为要改善工人生活状况，就需要粮食和燃料。从整个国家经济的角度看，现在最大的"阻碍"正是从这里产生的。要增加粮食的生产和收成，增加燃料的收购和运输，非得改善农民生活状况，提高他们的生产力不可。应该从农民方面开始。谁若不明白这一点，谁若认为把农民提到第一位就等于"放弃"或者类似于放弃无产阶级专政，那他可是不去认真思考问题，而陷入空谈……现在，最迫切的就是采取那种能够立刻提高农民经济生产力的办法。只有经过这种办法才能做到既改善工人生活状况，又巩固工农联盟，巩固无产阶级专政。那些想不经过这种办法来改善工人生活状况的无产者或无产阶级代表，实际上只会是白卫分子和资本家的帮凶。

——《列宁全集》第 32 卷，人民出版社 1958 年版，第 331—332 页。

125. 全俄苏维埃第九次代表大会……要求中央和地方的各级苏维埃机关贯彻下列指示：

1. 苏维埃代表大会认为一切经济机关的主要而迫切的任务是：供给农民大量商品以提高农业生产，改善劳动农民生活，并且必须在最短期间取得实际成绩。

2. 一切工业管理机关都不应忽视这一最主要目的，当然也不允许丝毫削弱充分供应红军的任务，为了保持苏维埃共和国的国防力量，应当把这项任务放在第一位。

3. 工人生活的改善应当服从同一目的，一切工人组织（首先是工会）都有责任关心如何组织工业生产，使工业能够迅速而充分地满足农民的需要，同时应当随着这方面所获得的成绩的大小，增加产业工人工资，改善他们生活。

4. 财政人民委员部的工作也必须服从这一目的……

5. 所有管理国内贸易和对外贸易的机关，如中央消费合作总社、对外贸易人民委员部等等，都应当把这个目的放在首位。

——《列宁全集》第 33 卷，人民出版社 1957 年版，第 150—151 页。

126. 资本主义生产的目的是取得利润，至于消费，只有在保证取得利润这一任务的限度内，才是资本主义所需要的。在这以外，消费问题对于资本主义就失去意义。人及其需要就从视野中消失了。

——《斯大林文选》，人民出版社 1962 年版，第 633 页。

127. 现代资本主义基本经济规律的主要特点和要求，可以大致表述如下：用剥削本国大多数居民并使他们破产和贫困的办法，用奴役和不断掠夺其他国家人民，特别是落后国家人民的办法，以及用旨在保证最高利润的战争和国民经济军事化的办法，来保证最大限度的资本主义利润。

——《斯大林文选》，人民出版社 1962 年版，第 601 页。

128. 社会主义的基本经济规律的主要特点和要求，可以大致表述如下：用在高度技术基础上使社会主义生产不断增长和不断完善的办法，来保证最大限度地满足整个社会经常增长的物质和文化需要。

——《斯大林文选》，人民出版社 1962 年版，第 602 页。

129. 决不能说消费对生产占首要地位，或生产对消费占首要地位。如果这样说，那是不正确的。因为生产和消费是两个完全不同的领域。诚然，这是两个互相联系着，但毕竟各不相同的领域。

——《斯大林文选》，人民出版社 1962 年版，第 632 页。

130. 科罗申柯同志想保持生产对消费的所谓"占首要地位"，于是断定说："社会主义的基本经济规律"就是社会的物质和文化条件的生产不断增长和日益完善。这是完全不对的。

——《斯大林文选》，人民出版社 1962 年版，第 634 页。

附：西方经济学界对消费的论述

1. "我们常用一个人每年领取的金额，来表示这个人的收入。但所以如此，只因为这个金额，可以支配他的购买力，换言之，可以支配他每年所能取得的消费品的价值。我们仍然认为，构成他的收入的，是这种购买力或消费力，而不是含有这种力量的金块"。

——亚当·斯密：《国民财富的性质和原因研究》（上卷），商务印书馆 1972 年版，第 267 页。

2. "一切生产之最后目的，都在于满足消费者"。

——凯恩斯：《就业、利息和货币通论》，商务印书馆 1996 年版，第 42 页。

"消费乃是一切经济活动之唯一目的，唯一对象"。

——凯恩斯：《就业、利息和货币通论》，商务印书馆 1996 年版，第 91 页。

"消费一部分可以用当前所产物质产品来满足，一部分可以用以往所产物品来满足，即用负投资来满足"。

——凯恩斯：《就业、利息和货币通论》，商务印书馆 1996 年版，第 91 页。

3. 英国著名经济学家马歇尔曾说过："一切需要的最终调节者是消费者的需要"。

——马歇尔：《经济学原理》（上册），商务印书馆 1981 年译本，第 111 页。

4. "人类劳动的唯一目的是供应自己的需要"。

——西斯蒙第：《政治经济学新原理》，商务印书馆 1964 年版，第 81 页。

"一旦生产猛然超过消费，就会引起严重的贫困"。

——西斯蒙第：《政治经济学新原理》，商务印书馆 1964 年版，第 221 页。

"一切不和收入交换的消费都是国家的损失；任何一种和新收入交换的消费，都是新繁荣的源泉"。

——西斯蒙第：《政治经济学新原理》，商务印书馆 1964 年版，第 214 页。

5. 法国经济学家萨伊认为"仅仅鼓励消费并无益于商业，因为困难并不在于刺激消费的欲望，而在于供给消费的手段。我们已经看到，只有生产能供给这些手段。所以，激励生产是贤明的政策，鼓励消费是拙劣的政策"。

——萨伊：《政治经济学概论》，商务印书馆 2011 年版，第 160 页。

后　记

在成果付梓之前，还有几句话要说。2013 年 10 月，本人以《中国经济发展战略理论基础研究——马克思劳动价值理论及其在当代的应用与发展》这个研究题目，向中国社会科学院科研局申请并获得立项。从此开始，本人就全力以赴投入这个项目的研究。面前的这个成果是我将近两年的辛勤研究的结晶，请大家评论其中的是非。欢迎提出宝贵意见。

财经战略研究院的科研处、财务处、办公室、贸易与投资研究室的同志们给予了很多帮助和支持。特向他们致以谢意。本书计算机方面的大量工作是由夫人郝梅瑞教授帮助完成的，在此也表示谢意。

杨圣明
2015 年 10 月 1 日